AF533845

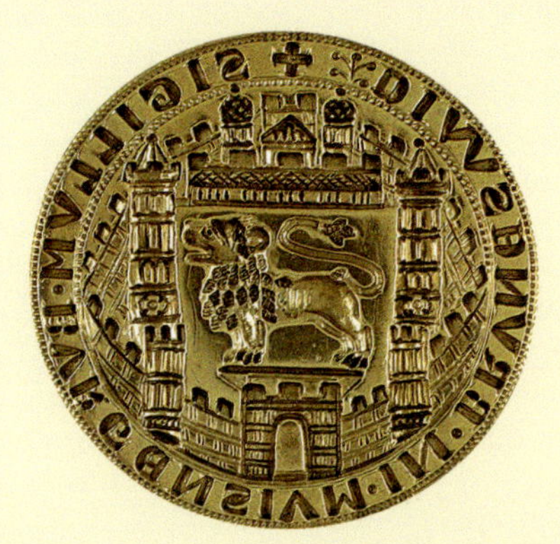

DER

BRAUNSCHWEIGER

BURGLÖWE

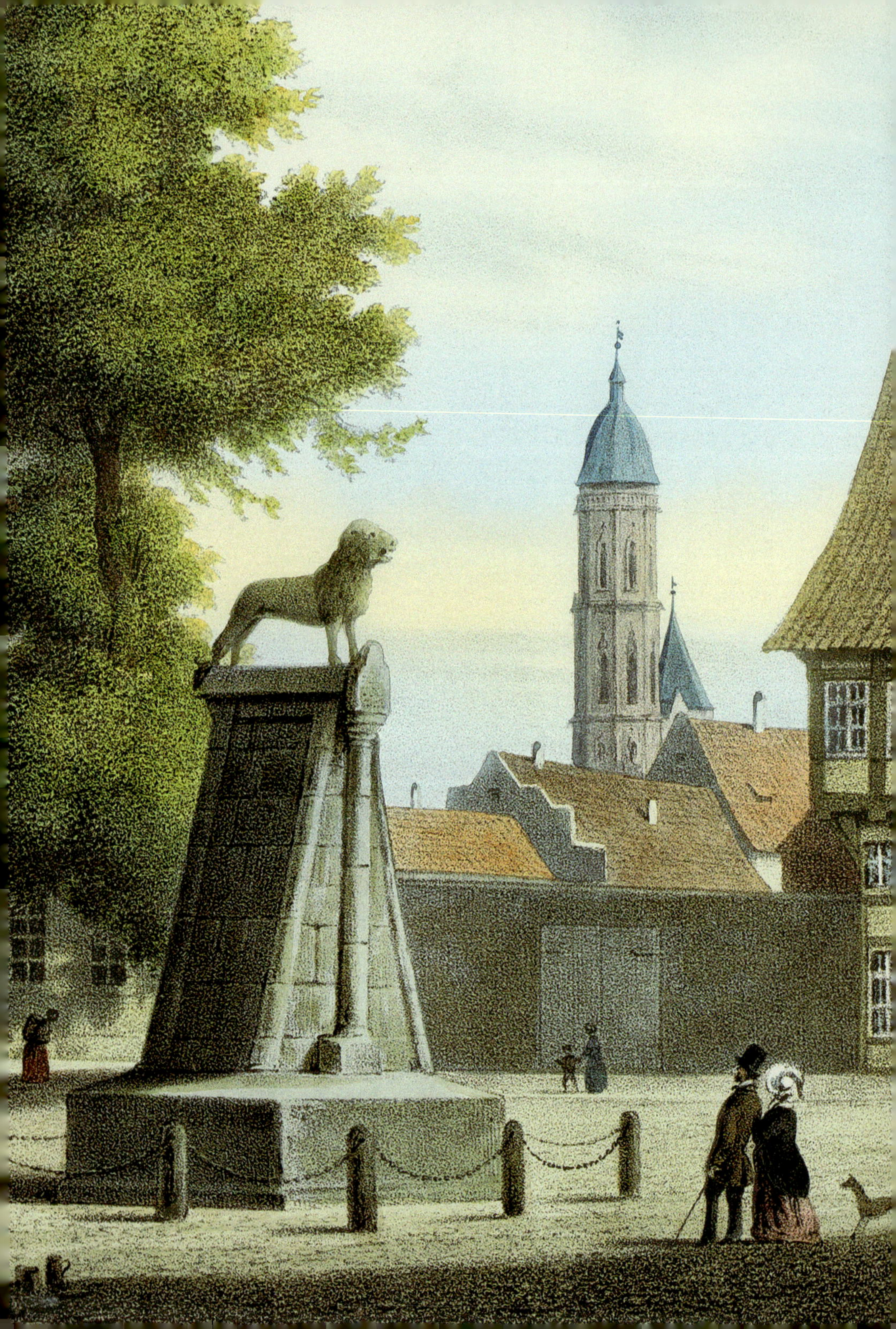

Alfred Walz

DER BRAUNSCHWEIGER BURGLÖWE

DEUTUNGEN UND GESCHICHTE DES MONUMENTS

Herausgeber:
Herzog Anton Ulrich-Museum

MICHAEL IMHOF VERLAG

INHALT

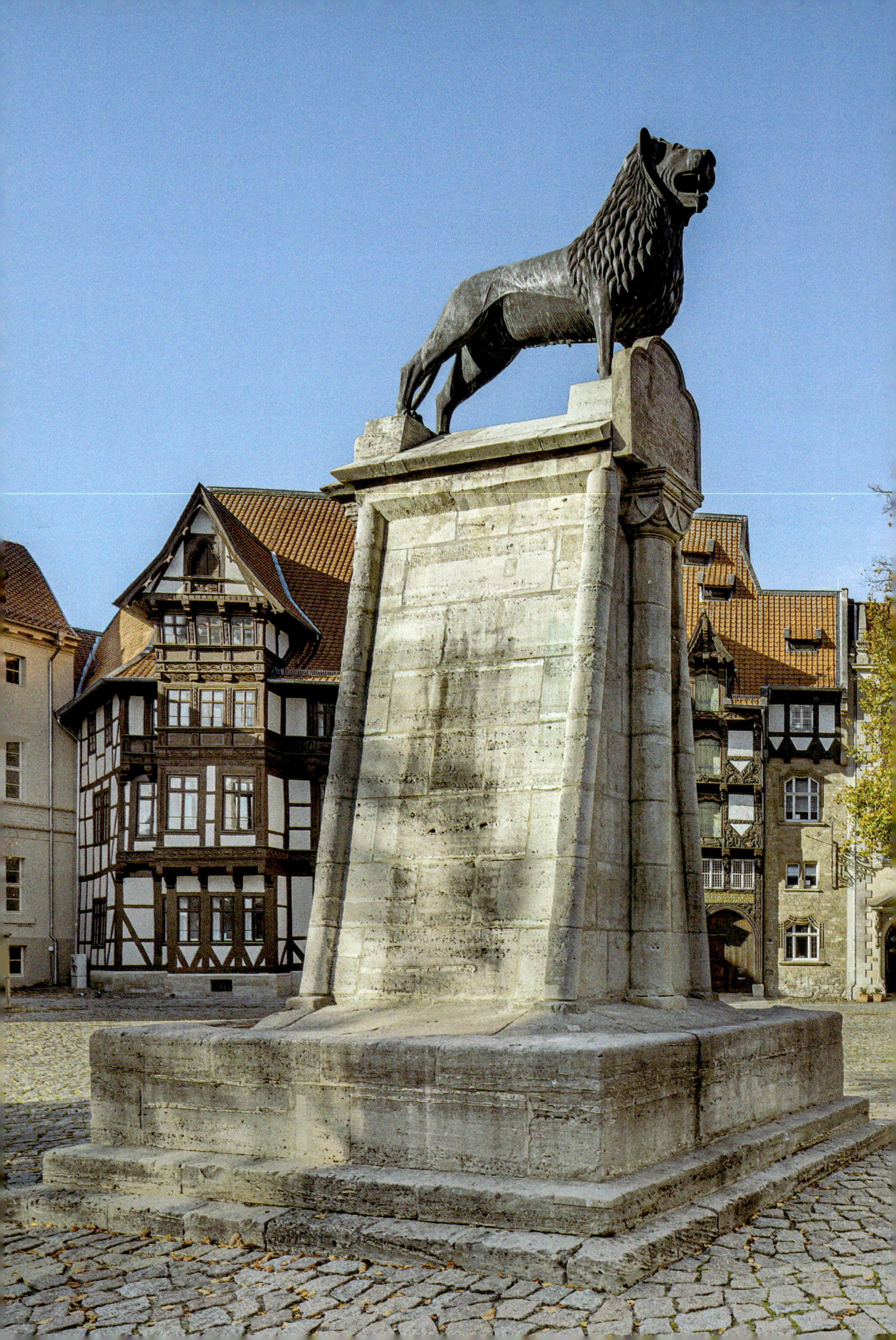

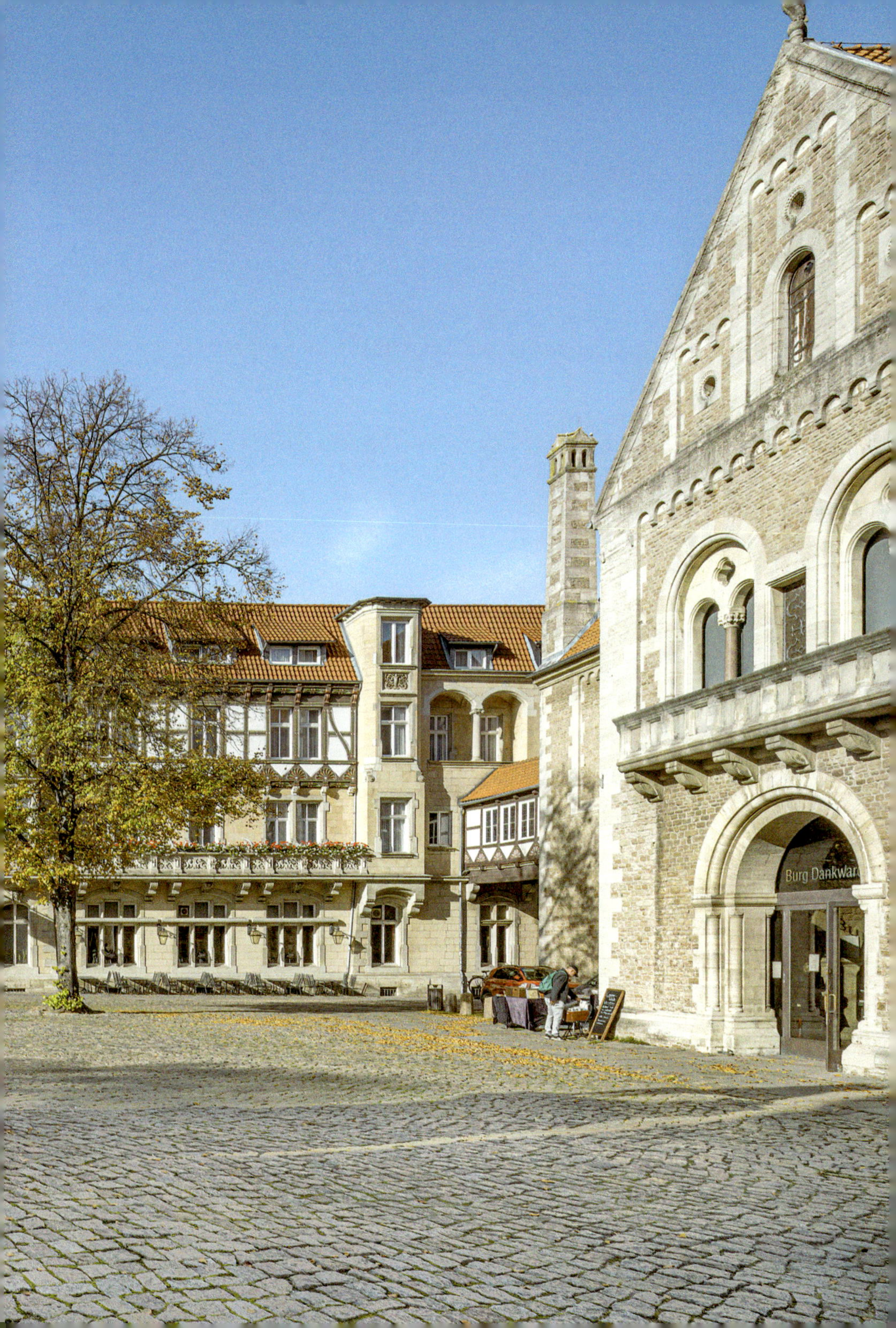

VORWORT

Neben den im 20. und 21. Jahrhundert erschienenen Fachpublikationen zum Braunschweiger Burglöwen gibt es eine Flut von nichtwissenschaftlichen Beiträgen. Eine populärwissenschaftliche Überblicksdarstellung zu den bisherigen Forschungsergebnissen sucht man darunter vergebens. Diese Lücke soll der vorliegende Band schließen. Er widmet sich hauptsächlich den Deutungen und der Rezeptionsgeschichte des Monuments.

Im Mittelpunkt der Deutungen steht seine Ausrichtung nach Osten. Sie wird hier zum ersten Mal in einen Zusammenhang mit der christlichen, heilsgeschichtlichen Bedeutung der östlichen Himmelsrichtung gebracht. Dabei nehmen zentrale Inhalte des Evangeliars Heinrichs des Löwen und Mathildes von England eine Schlüsselposition ein. Angeregt wurde die christlich begründete Deutung durch Tendenzen der jüngeren Forschung, den Löwen-Beinamen Herzog Heinrichs in einen christlich-biblischen Kontext zu stellen.

Rund 140 Abbildungen illustrieren den Text der Abhandlung. Sie bilden zugleich einen Kosmos unterschiedlicher Darstellungsformen und -konventionen der abendländischen Kunst- und Bildgeschichte. Darin eingebettet sind etwa 60 Darstellungen, die den Burglöwen mit einer mehr oder weniger großen Genauigkeit wiedergeben. In keiner der bisherigen Publikationen ist auch nur annähernd eine so große Anzahl von Darstellungen des Standbilds zu finden.

Das Zustandekommen des Buchs wurde von verschiedenen Personen und Institutionen unterstützt. Dafür danke ich allen Beteiligten. Namentlich zu nennen sind: Prof. Dr. Peter Seiler für den anregenden fachlichen Austausch und die Überlassung seiner Habilitationsschrift, Dr. Thomas Richter für die wohlwollende Begleitung des Projekts und die Förderung der Drucklegung durch das Herzog Anton Ulrich-Museum, Prof. Dr. Anja Hesse für die von ihr initiierte Förderung der Drucklegung durch den Fachbereich Kultur und Wissenschaft der Stadt Braunschweig, Dr. Regine Marth für die freundliche Unterstützung des Projekts, Dr. Gerd Spies für fachliche Hinweise und die Bereitstellung von Fotovorlagen, Dr. Dirk Jäckel für die kritische Durchsicht des Manuskripts und die daraus resultierenden Korrekturvorschläge, Gunnar Schulz-Lehnfeld für die aufwändigen Fotoaufnahmen in der Brüdernkirche, Sarah Pleikies für die Anfertigung der Schaubilder, Daniela Selbmann für die Ausarbeitung des Burgplatzgrundrisses, Nina Walz-Schröter für das Korrekturlesen. Dr. Michael Imhof danke ich für das Angebot zur Veröffentlichung, Vicki Schirdewahn für ihr Engagement bei der Herstellung des Layouts.

Alfred Walz

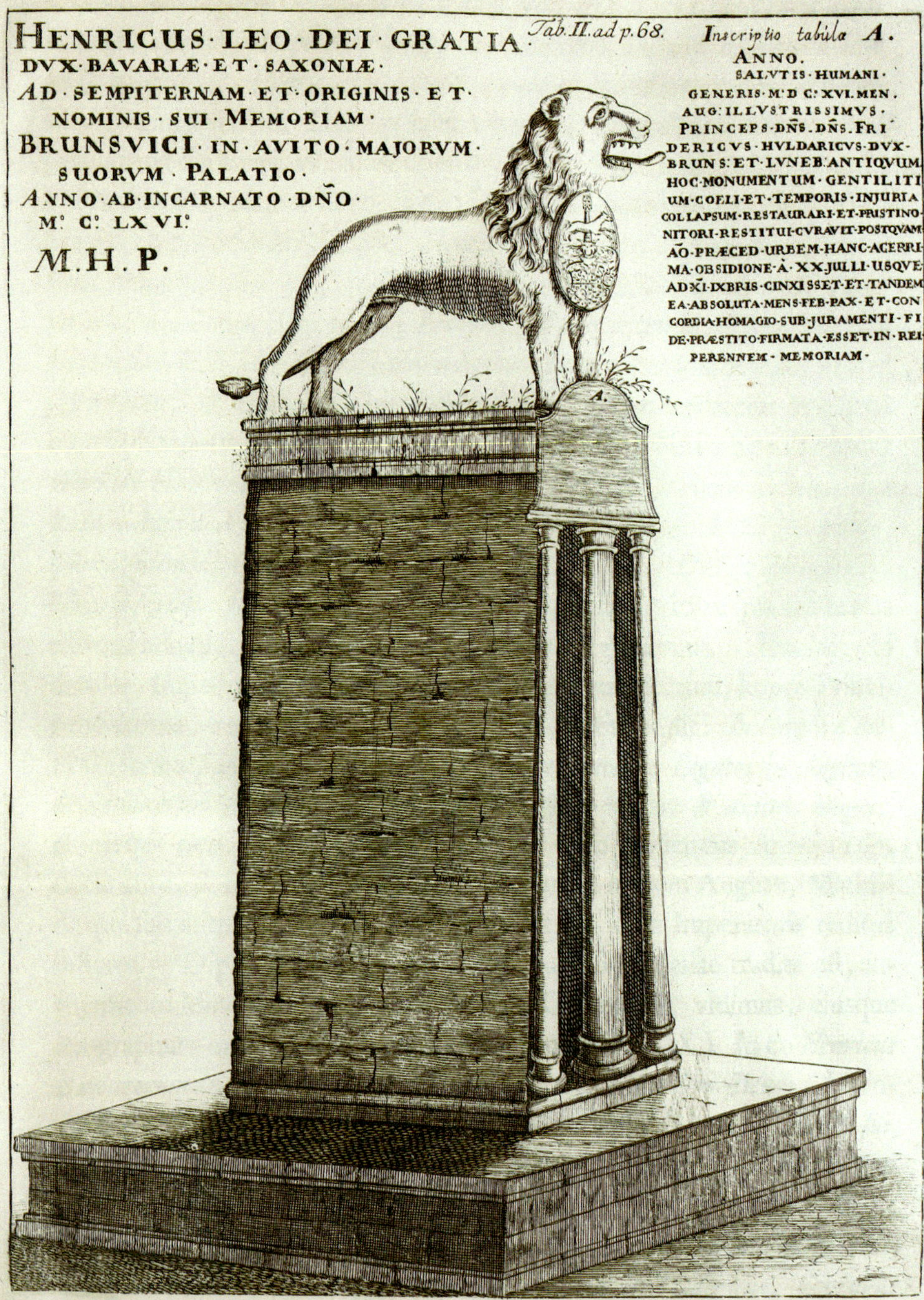
Tab. II. ad p. 68.
HENRICUS · LEO · DEI · GRATIA ·
DVX · BAVARIÆ · ET · SAXONIÆ ·
AD · SEMPITERNAM · ET · ORIGINIS · ET ·
NOMINIS · SUI · MEMORIAM ·
BRUNSVICI · IN · AVITO · MAJORVM ·
SUORVM · PALATIO ·
ANNO · AB · INCARNATO · DNO ·
M°. C°. LXVI°.
M.H.P.
Inscriptio tabulæ A.
ANNO.
SALVTIS · HUMANI ·
GENERIS · M: D C: XVI. MEN.
AUG: ILLVSTRISSIMVS ·
PRINCEPS · DNS. DNS. FRI
DERICVS · HVLDARICVS · DVX ·
BRUNS: ET · LVNEB: ANTIQVUM
HOC · MONUMENTUM · GENTILITI
UM · COELI · ET · TEMPORIS · INJURIA
COLLAPSUM · RESTAURARI · ET · PRISTINO ·
NITORI · RESTITUI · CVRAVIT · POSTQVAM
AO · PRÆCED · URBEM · HANC · ACERRI
MA · OBSIDIONE · À · XX JULLI · USQVE
AD XI · IXBRIS · CINXISSET · ET · TANDEM
EA · ABSOLUTA · MENS · FEB · PAX · ET · CON
CORDIA · HOMAGIO · SUB · JURAMENTI · FI
DE · PRÆSTITO · FIRMATA · ESSET · IN · REI
PERENNEM · MEMORIAM ·
A.

EINLEITUNG

HERZOG HEINRICH DER LÖWE (* zwischen 1129 und 1135, † 1195 in Braunschweig)

Herzog Heinrich der Löwe war der Sohn des welfischen Herzogs Heinrich des Stolzen von Sachsen und Bayern und Gertruds von Sachsen, der Tochter Kaiser Lothars III. In erster Ehe war er mit Clementia von Zähringen verheiratet. Die Ehe wurde 1162 aufgelöst. 1168 heiratete er Mathilde Plantagenêt, eine Tochter König Heinrichs II. von England. Aus der Verbindung gingen fünf Kinder hervor, von denen vier das Erwachsenenalter erreichten. 1142 wurde Heinrich der Löwe mit dem Herzogtum Sachsen und 1156 mit dem Herzogtum Bayern belehnt und war damit zum mächtigsten Fürsten des römisch-deutschen Reichs aufgestiegen. Er unterstützte über zwei Jahrzehnte seinen Vetter Kaiser Friedrich I. Barbarossa, der seinerseits den Herzog vor seinen Gegnern im Reich in Schutz nahm. Als er sich gegen die Italienpolitik des Kaisers stellte, kam es zum Bruch der gegenseitigen Unterstützung. Auf Betreiben der Reichsfürsten wurden Heinrich dem Löwen 1180 die beiden Herzogtümer Sachsen und Bayern entzogen. Seine Macht zerfiel. Er wurde gezwungen, für einige Jahre ins Exil zu gehen. Seine Versuche, den Status eines Reichsfürsten wiederzuerlangen, blieben ohne Erfolg.

Heinrich der Löwe trat als ein außerordentlich machtbewusster und zielstrebiger Herrscher in Erscheinung. Für das Erreichen seiner ehrgeizigen politischen Ziele setzte er sowohl bewährte als auch innovative Strategien ein. Seine Herrschafts- und Repräsentationsformen kamen denen von Königen und Kaisern gleich. In mehreren offiziellen Texten verweist er auf die Abstammung seiner Person und die seiner Gemahlin Mathilde aus königlichem/kaiserlichem Geschlecht.

In der zweiten Lebenshälfte baute er die Stadt Braunschweig zu seinem Herrschaftsmittelpunkt aus. Das war außergewöhnlich, da zu seiner Zeit die abendländischen Fürsten, Könige und Kaiser in der Regel nicht in festen Residenzen, sondern an wechselnden Aufenthaltsorten residierten. Um 1160 ließ er seinen Herrschaftssitz, die Burg Dankwarderode, und 1173 (Grundsteinlegung) die Stiftskirche, den Blasius-Dom, errichten. Die Architektur der beiden Bauwerke und die Qualität ihrer Ausstattung hatten höchsten Ansprüchen zu genügen. Die noch erhaltenen der von ihm in Auftrag gegebenen bzw. gestifteten Kunstgegenstände zählen zu den hervorragendsten Arbeiten des Hochmittelalters. Heinrich der Löwe förderte auch Literatur und Gelehrsamkeit. An seinem Hof weilten gebildete Geistliche, die zur führenden Klerikerschicht im Reich gehörten. •

Der auf dem Burgplatz aufgestellte bronzene Löwe wird im Allgemeinen als Burglöwe oder Braunschweiger Löwe bezeichnet. Doch bei der Figur unter freiem Himmel handelt es sich gar nicht um den echten Bronzelöwen, sondern um eine im Jahr 1980 fertiggestellte Kopie (Abb. 22) (s. S. 186 und 199). Der originale Burglöwe befindet sich in der an den Burgplatz angrenzenden Burg Dankwarderode. Dort ist er in der Mittelalterabteilung des Herzog Anton Ulrich-Museums zu besichtigen.

QUELLEN DES 12. UND 13. JAHRHUNDERTS

Den Auftrag zur Herstellung des Löwenmonuments erteilte Heinrich der Löwe. Das Standbild wird in vier unterschiedlichen schriftlichen Quellen des 12. und 13. Jahrhunderts erwähnt. Noch zu Lebzeiten des Herzogs, in den Jahren um 1185, schreibt der Gelehrte Gottfried von Viterbo, der dem Hof der Staufer angehörte: „Der Herzog ließ einen großen Löwen aus Bronze gießen. Und er benahm sich selbst wie ein Löwe, der Schrecken verbreitet. So verhalten sich die Welfen seit jeher."

Der Geschichtsschreiber Abt Arnold von Lübeck, ehemaliger Mönch des Braunschweiger Ägidienklosters, berichtet in seiner um 1210 abgeschlossenen Slawenchronik über einen 1209 unter König Otto IV. in Braunschweig veranstalteten Hoftag. Dabei soll sich Herzog Bernhard von Sachsen dem „gegossenen Löwen, der von Herzog Heinrich aufgestellt worden war", zugewandt und ihm zugerufen haben: „Weswegen richtest du deinen Rachen nach Osten? Lass es, du hast doch bereits, was du wolltest! Wende dich jetzt gegen Norden!"

Von dem Bremer Franziskanermönch und Geschichtsschreiber Albert von Stade erfahren wir, dass angeblich im Jahre 1166 „Herzog Heinrich der Löwe das Löwenstandbild aufstellen und die Stadt mit einem Graben und einem Wall umgeben ließ." Doch der Autor nennt unter der vorangestellten Jahreszahl 1166 vier weitere Ereignisse, die nachweislich nicht in diesem Jahr stattgefunden haben. Folglich kann man nicht davon ausgehen, dass das Löwenmonument tatsächlich im Jahr 1166 fertiggestellt wurde. Nachzulesen ist die Nachricht in Albert von Stades Weltchronik, deren Niederschrift vermutlich 1240 begonnen und 1256 vollendet wurde.

In der zwischen 1279 und 1292 verfassten Braunschweigischen Reimchronik heißt es:

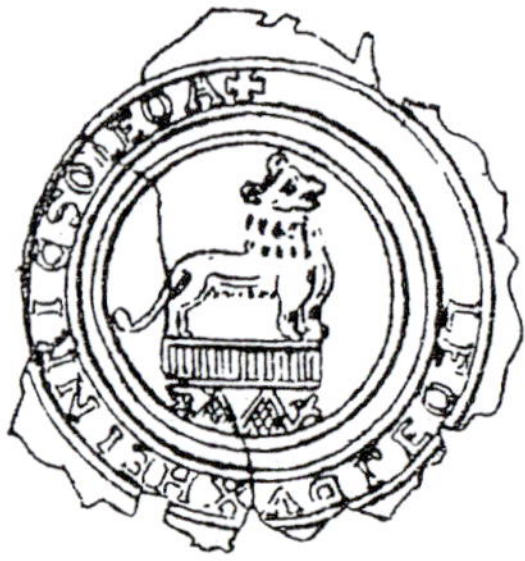

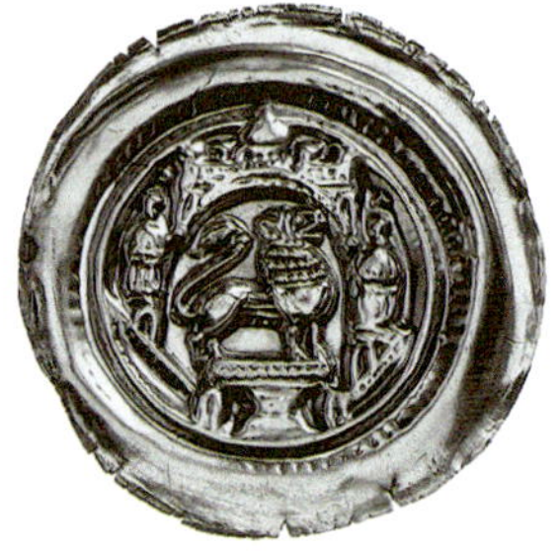

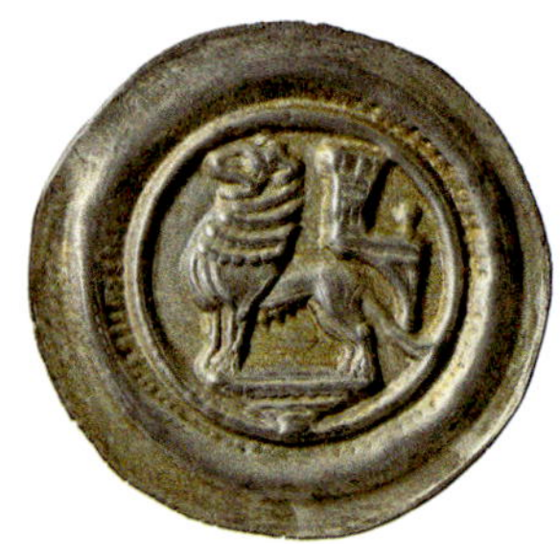

1 | *Darstellung des Löwenmonuments, Münze Heinrichs des Löwen, zwischen 1163 und 1195, Zeichnung des verlorenen Originals*

2 | *Darstellung des Löwenmonuments, Münze Heinrichs des Löwen, Silber, zwischen 1163 und 1195*

3 | *Darstellung des Löwenmonuments, Münze Heinrichs des Löwen, Silber, zwischen 1163 und1195*

„… und heyz gezen von metalle
eynen lewen von richer kost,
dhen her setzete uf eynen post
von steyne vil wol gehowen,
so men noch mach scowen,
in dher burch zo Bruneswich.
daz thete dher vurste Heynrich
dhusent jar, han ich gehort,
hundert sex und sexich von gotes bort,
nach sines namen scine und ort.“

(„… und ließ aus Metall einen kostbaren Löwen gießen und auf ein wohlgestaltetes steinernes Postament setzen. Das kann man sich noch heute auf dem Burgplatz in Braunschweig anschauen. Wie ich hörte, veranlasste dies der Fürst Heinrich 1166 nach Christi Geburt, um damit seinen Beinamen und dessen Herkunft in Erscheinung treten zu lassen.“)

Zwischen 1163 und 1195 hatte Heinrich der Löwe drei unterschiedliche Münzen mit je einer Darstellung des Standbilds in Umlauf gebracht (Abb. 1–3). Wie bei hochmittelalterlichen Abbildungen nicht anders zu erwarten, zeigt keines der Münzbilder eine detailgetreue Wiedergabe des Löwenmonuments. Jedoch lassen spezifische Merkmale der Löwenfigur wie die Stellung der Beine oder der nach unten geführte Schwanz sowie der zugehörige Sockel keinen Zweifel daran, dass es sich um Darstellungen des Burglöwen handelt.

DIE FRÜHEN QUELLEN ZUM BURGLÖWEN – EIN GLÜCKSFALL

Dass das Löwenmonument mehrfach durch frühe schriftliche Erwähnungen und bildliche Darstellungen bezeugt ist, darf als Glücksfall bezeichnet werden. Zu anderen Kunstwerken des Hochmittelalters, die aufgrund einer ähnlichen Bedeutung und Qualität mit dem Löwenmonument verglichen werden können, sind in der Regel weit weniger frühe Quellen erhalten. Als Beispiel sei der gegen Mitte des 13. Jahrhunderts geschaffene Magdeburger Reiter angeführt, der heute einen ähnlichen Bekanntheitsgrad besitzt wie der Burglöwe. Die früheste erhaltene schriftliche Quelle zu dem Standbild wurde etwa einhundert Jahre nach dessen Entstehung, die früheste bekannte bildliche Darstellung um 1550 angefertigt. •

HERZOG HEINRICHS SELBSTIDENTIFIZIERUNG ALS LÖWE

Die enge Verbindung des männlichen oder auch weiblichen Löwen mit einer Herrscherfigur hat eine weit zurückreichende Tradition. Für die Zeit des Altertums können zahlreiche Beispiele genannt werden. Die mit am beeindruckendsten und wohl auch bekanntesten sind die ägyptischen Sphingen mit ihren Löwenkörpern und menschlichen Köpfen. Häufig stellen sie einen Pharao dar. Zahlreich erhalten sind schriftliche und bildliche Belege der Löwenjagd, die als ein Privileg vieler Herrscher des Alter-

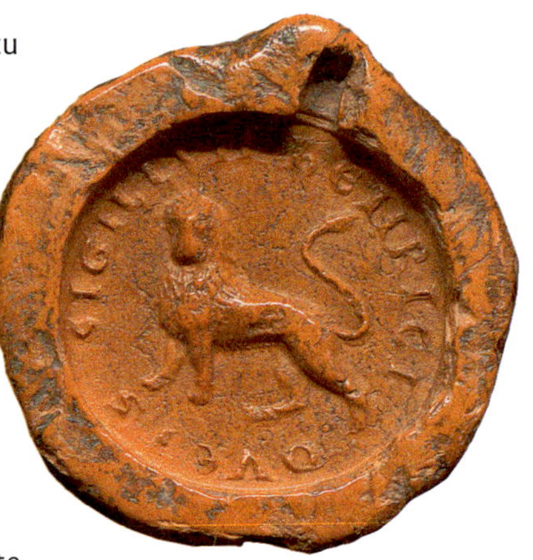

4 | *Originalabdruck des jüngsten Siegels Heinrichs des Löwen, Wachs, 1194*

tums galt. Sie ist in den Regel dahingehend zu interpretieren, dass durch das Bezwingen eines Löwen dessen Kräfte dem siegreichen Bezwinger zuteil wurden.

Mehrere hochmittelalterliche Herrscher, vornehmlich Könige und Kaiser, wurden als Löwen bezeichnet bzw. mit einem Löwen verglichen (s. S. 51f.). Doch nur wenige von ihnen identifizierten sich wie Heinrich der Löwe in so starkem Maße mit dem König der Tiere, dass sein Name zu ihrem ständigen Beinamen werden konnte. Außer dem Löwenmonument und den Münzen mit der Darstellung des Standbilds sind weitere Zeugnisse der Löwen-Selbstidentifizierung bzw. -Propagierung des Herzogs erhalten.

Der Geschichtsschreiber Helmold von Bosau schreibt in seiner um 1167 verfassten Slawenchronik, dass Heinrich, Herzog von Sachsen, den Beinamen „der Löwe" erhielt, nachdem er 1156 zusätzlich zum Herzog von Bayern ernannt worden war. Der Herzog brachte Münzen in Umlauf, in die ein Löwe mit der Umschrift „Henricus Leo" („Heinrich der Löwe") eingeprägt ist. Eine andere Münze zeigt zwei Löwen, die zu den Füßen des thronenden Herzogs kauern. Für die Zeit ab 1188 war ein Siegel des Herzogs mit der Darstellung eines stehenden Löwen in Gebrauch (Abb. 4). Nach dem verheerenden Brand der Stadt Lübeck im Jahre 1157 gründete Heinrich der Löwe in deren Umgebung eine neue Stadt, der er den Namen Löwenstadt gab.

DEUTUNGEN

In der aktuellen Forschungsliteratur herrscht weitgehende Übereinstimmung darüber, dass der Burglöwe als ein für den Herzog stehendes Bildwerk angefertigt wurde. Der Historiker

Otto Gerhard Oexle sieht in ihm „ein stellvertretendes Bildnis Heinrichs.“ Demzufolge geht die Deutung des Löwenmonuments weitgehend mit der Deutung des Löwenbeinamens des Herzogs überein. Nur auf das Bildwerk zu beziehende Deutungsansätze ergeben sich aus den spezifischen Eigentümlichkeiten des Monuments wie beispielsweise der Beschaffenheit des Materials oder der Gestaltung der Löwenfigur.

DIE QUELLENLAGE ZUM BURGLÖWEN

Die verhältnismäßig häufige Erwähnung des Burglöwen im 12. und 13. Jahrhundert sowie seine Darstellung auf Münzen Heinrichs des Löwen sollten nicht darüber hinwegtäuschen, dass wir über die Beweggründe seiner Aufstellung nicht aus erster Hand informiert sind. Ebenso wenig wissen wir darüber, weswegen sich der Herzog als Löwe identifizierte. Da bereits die frühesten, oben zitierten Quellen die Aufstellung des Standbilds unterschiedlich begründen (s. S. 13f.), ist die Forschung darauf angewiesen, durch indirekte Schlussfolgerungen seiner ursprünglichen Bedeutung auf die Spur zu kommen. Allerdings lassen sich auf diese Weise in der Regel keine sicheren Erkenntnisse gewinnen. •

Auf die oben zitierten frühen Schriftquellen zum Burglöwen wurde im Laufe der weiteren, sich über rund sieben Jahrhunderte hinziehenden, schriftlich niedergelegten Auseinandersetzungen mit dem Standbild immer wieder zurückgegriffen. Mit der Etablierung der Kunstgeschichte und der Geschichtswissenschaft im 19. Jahrhundert kamen neue, auf historischer Forschung beruhende Deutungen hinzu.

Der kriegerische Löwe

Das Zitat Arnolds von Lübeck, demzufolge sich der Löwe gegen die Feinde im Osten richtet, bezieht sich auf eine konkrete historische Situation, die nach dem Tod Heinrichs des Löwen aufgetreten war. Einige der späteren Autoren gehen dennoch davon aus, dass die von Bernhard von Sachsen auf die Feinde im Osten bezogene Ausrichtung des Löwen von Beginn an intendiert war.

Der Kunsthistoriker Peter Seiler, der sich intensiv mit dem Burglöwen auseinandergesetzt hat, deutet das Standbild ganz allgemein als kriegerisches Monument. Er verweist dabei auf zeitgleiche italienische Löwenfiguren, „die auf Stadttoren, Türmen und Säulen als Zeichen militärischer Stärke aufgestellt wurden." Die Deutung als ausschließlich kriegerisches, profanes Monument scheint jedoch nicht mit dem Selbstverständnis eines hochmittelalterlichen christlichen Herrschers in Einklang zu stehen.

DER CHRISTLICHE HERRSCHER

Das Selbstverständnis mittelalterlicher Herrscher wurde im Wesentlichen durch antike und christliche Ideale bestimmt. Entscheidend dabei waren die christlichen, da die Herrschaft unabdingbar durch ihre Einbindung in den Heilsplan Gottes legitimiert war. Der christliche Herrscher begründete sein Recht zur Herrschaftsausübung letztlich mit der ihm als Gnadenerweis von Gott verliehenen Macht. In einer Urkunde Heinrichs des Löwen heißt es: „Von Gott, unserem Schöpfer, sind wir durch Reichtum, Ruhm und Macht barmherzig erhöht worden."

Kaum ein anderes Relikt dokumentiert mit ähnlicher Deutlichkeit das im Christentum verankerte herrscherliche Selbstverständnis des Herzogs als das von ihm initiierte Herrschaftszentrum in Braunschweig, bestehend aus der Burg Dankwarderode, der Stiftskirche St. Blasius (Braunschweiger Dom) und dem Burglöwen (Abb. 14). Bei der Burg handelte es sich nicht um einen reinen Profanbau. Integriert in das Bauwerk war eine der heiligen Gertrud und dem heiligen Georg geweihte zweigeschossige Kapelle. Wie heute noch zu erkennen dominiert der Dom das Architekturensemble. •

Eine christlich begründete Deutung des Burglöwen als kriegerisches Monument bieten der Kirchenhistoriker Reinhart Staats und der Historiker Dirk Jäckel an. Beide Autoren sprechen dem Kampf gegen die Ungläubigen bzw. dem Kreuzzugsgedanken eine große, kaum zu überschätzende Bedeutung zu. „Der Löwe versinnbildlicht den erbarmungslosen Heidenkämpfer und Kreuzfahrer. Unter anderem bei Heinrich dem Löwen spielt diese Deutungsebene eine wesentliche Rolle." (Jäckel)

Der von Heinrich dem Löwen unternommene Kreuzzug führte diesen jedoch nicht ins Heilige Land, sondern in das nordöstlich von Sachsen gelegene Herrschaftsgebiet der zu unterwerfenden und für das Christentum zu bekehrenden heidnischen Slawen. Die Heerfahrt gegen die Slawen wurde vom Papst als gleichbedeutend mit einer Kreuzfahrt ins Heilige Land anerkannt. Helmold von Bosau bemerkt zur Niederwerfung eines Slawenaufstands durch Heinrich den Löwen: „Durch solche Taten wurden die Slawen gedemütigt, und sie erkannten, dass der Löwe mächtig ist unter den Tieren und vor niemandem umkehrt." Der zweite Teil des Satzes ist einer alttestamentlichen Bibelstelle entnommen: „Der Löwe, mächtig unter den Tieren, kehrt vor niemandem um." (Sprüche, Kapitel 30, Vers 30)

In der Einleitung des vom Pfaffen Konrad nach einer französischen Vorlage wohl im dritten Viertel des 12. Jahrhunderts in deutscher Sprache verfassten Rolandslieds wird Heinrich der Löwe, der das Werk in Auftrag gegeben hatte, als Heidenkämpfer gepriesen: „Gott gab ihm [Heinrich] die Macht, / alle seine Feinde zu besiegen. / Er hat die Christen erhöht, / die Heiden wurden von ihm bekehrt."

Herzog Roland, der tapfere und edelmütige Held des Versepos, kämpft im Heer Kaiser Karls des Großen aufopferungsvoll gegen die heidnischen Sarazenen und verliert dabei sein Leben. Jäckel ist der Ansicht, dass „es nicht fern liegt, eine von Konrad gewünschte Nähe zwischen Heinrich [dem Löwen] und dem Heidenkämpfer Roland zu vermuten." Wie Herzog Heinrich wird auch Roland als löwengleicher Krieger charakterisiert („Alle schauten auf den Löwen [Roland].") Zudem schützt er sich im Feld mit einem Schild, in den ein goldener Löwe eingearbeitet ist. Im Vergleich zu den älteren französischen Versionen zeigt das Rolandslied des Pfaffen Konrad eine sehr viel stärkere religiöse Ausrichtung.

Die Deutung eines einen Herrscher oder eine Herrschaft symbolisierenden Löwen als kriegerische Figur ist ohne Weiteres nachvollziehbar. Seit alters her werden dem männlichen Löwen bevorzugt Eigenschaften wie Stärke, Kraft, Mut oder Standhaftigkeit nachgesagt, die auch einem Krieger zur Ehre gereichen.

Bei jenen Autor*innen, die den Burglöwen als kriegerischen Löwen deuten, wird in die Figur gelegentlich ein zum Angriff bereites Verhalten hineininterpretiert. Festgemacht wird dies hauptsächlich am Standmotiv mit den weit zurückgesetzten Hinterbeinen (Abb. 5). So beschreibt 1921 der Kunsthistoriker Georg Dehio den Burglöwen wie folgt: „Dieser Löwe ist morphologisch kein Löwe, aber er hat den heißen Atem des königlichen Raubtieres; den Kopf erhoben, herrisch drohendes Gebrüll ausstoßend und die Hinterbeine in Sprungbereitschaft aufgestemmt."

Dehio unterschlägt bei seiner Interpretation, dass bei einem sprungbereiten Löwen die Hinterbeine nicht gestreckt, sondern angewinkelt sein müssten. Ein Blick auf Fotos und naturnahe

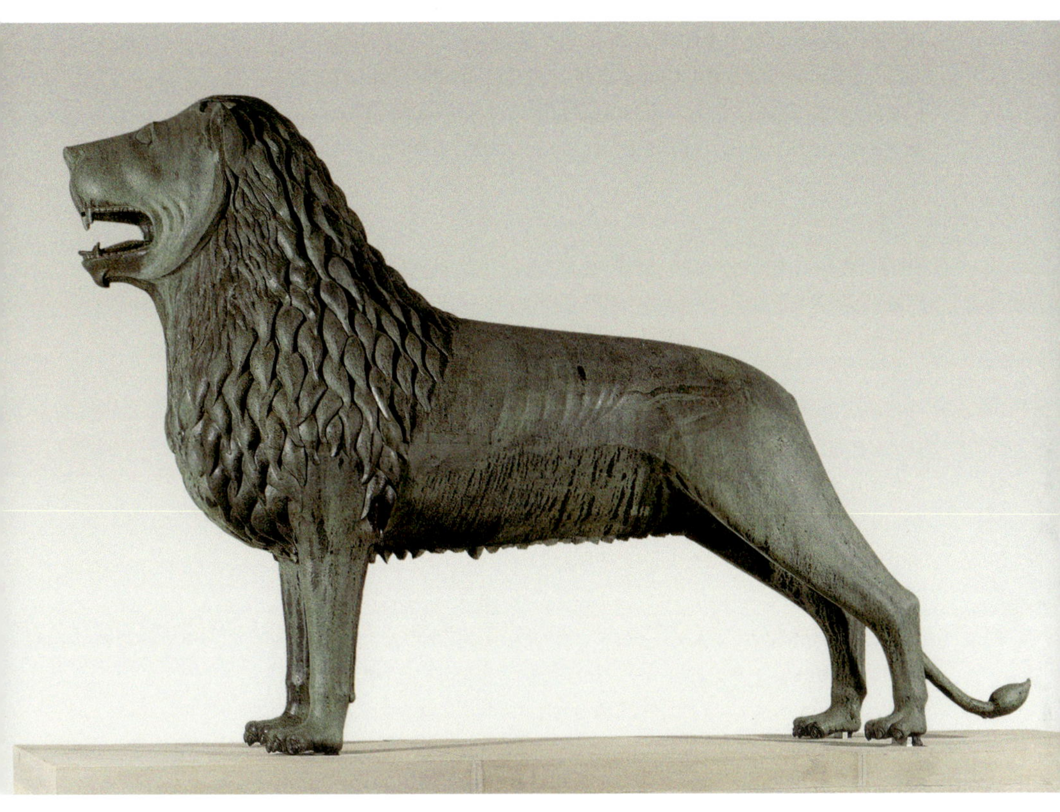

5 | *Burglöwe, Original*

künstlerische Wiedergaben stehender Löwen zeigt, dass man dabei auch entspanntes Stehen mit weit zurückgesetzten Hinterbeinen beobachten kann.

Die Kunsthistorikerin Ursula Mende, die den Zoologen Peter Mühling um Rat gefragt hatte, fasst dessen Beurteilung folgendermaßen zusammen: „Es handelt sich [beim Burglöwen] um einen in völliger Ruhe stehenden Löwen, aufmerksam, aber nicht einmal in direkter Anspannung, das Maul geöffnet – dabei jedoch nicht brüllend –, insgesamt glaubhaft an der Natur orientiert."

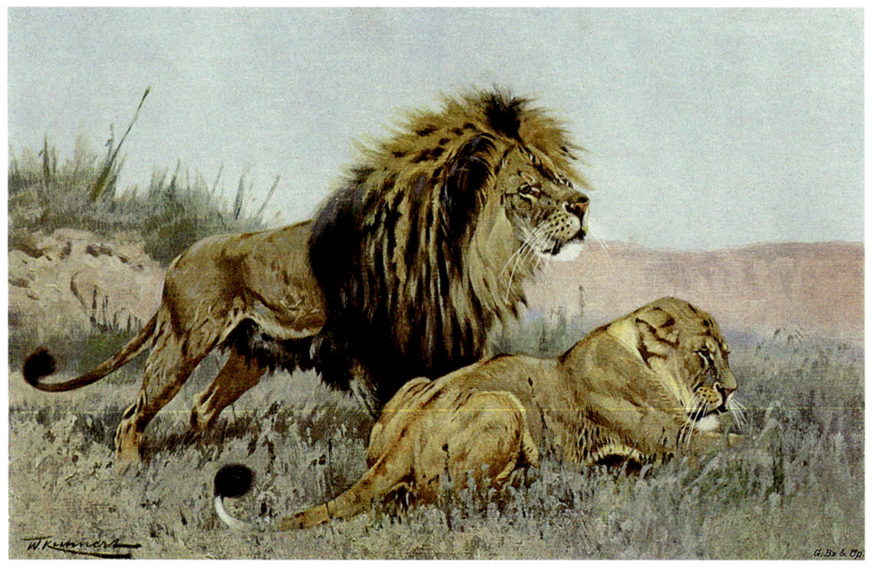

6 | *Wilhelm Kuhnert, Löwe und Löwin, in: Das Tierleben der Erde, 1901*

DIE LÖWENDARSTELLUNGEN DES KÜNSTLERS WILHELM KUHNERT

Der renommierte Tiermaler Wilhelm Kuhnert (1865–1926) studierte in Afrika das Verhalten wilder Tiere in freier Natur und hielt seine Beobachtungen vor Ort mit dem Zeichenstift fest. Unter den von ihm danach angefertigten Darstellungen stehender Löwen sind einige zu finden, deren Körperhaltung mit der des Burglöwen erstaunlich weitgehend übereinstimmt (Abb. 6). Ähnlich sind die weit zurückgesetzten Hinterbeine, der nach oben angehobene Kopf sowie der nach unten geführte Schwanz mit nach oben angewinkelter Quaste. Der Blick der Kuhnertschen stehenden Löwen ist in die Ferne gerichtet. Mühlings Charakterisierung des Burglöwen trifft auch für Kuhnerts Löwen zu: „stehend in völliger Ruhe, aufmerksam, nicht in direkter Anspannung.“ •

„nach sines namen scine und ort"

Laut dem Autor der Braunschweigischen Reimchronik (s. S. 14) wurde der bronzene Löwe auf dem Burgplatz aufgestellt, damit er „den Namen des Herzogs in Erscheinung (scine) bringe und darüber hinaus auch seinen Ursprung, seine Herkunft (ort)." (Beate Kellner, Mediävistin) In der Forschung herrscht Uneinigkeit darüber, wie der Begriff Herkunft (ort) zu deuten ist. Ein Teil der Fachleute ist der Meinung, dass er auf das Welfengeschlecht bzw. die Bezeichnung des Adelsgeschlechts „die Welfen" zu beziehen sei. Dabei wird der mittelhochdeutsche Begriff „Welf", lateinisch „catulus", der gleichbedeutend ist mit dem Begriff „Welpe", mit „junger Löwe" aufgelöst.

Abgesehen von der problematischen Auflösung des Begriffs „Welf" spricht gegen diese Interpretation hauptsächlich, dass in keiner der Schriftquellen, die am Hof oder im höfischen Umkreis Heinrichs des Löwen entstanden sind, der Herzog als Welfe bezeichnet wird. Ein weiteres Argument, das eine bewusste Bezugnahme auf den Geschlechternamen „die Welfen" fraglich erscheinen lässt, ergibt sich aus der Vergabe der Namen für die insgesamt acht ehelichen Kinder Herzog Heinrichs: Heinrich, Richenza und Gertrud aus erster Ehe sowie Richenza/Mathilde, Heinrich, Otto, Lothar und Wilhelm aus zweiter Ehe. Ausnahmslos sind die Namen in der mütterlichen Linie Heinrichs des Löwen sowie in der mütterlichen Linie der Kinder (englische Königsfamilie) zu finden. Heinrich, Otto und Lothar sind aber auch Namen römisch-deutscher, hauptsächlich sächsischer Kaiser. Der Leitname Welf des Welfengeschlechts war offensichtlich nicht gefragt.

Von Teilen der Forschung wird dennoch vorgeschlagen, den Burglöwen als eine Darstellung des „welfischen Löwen" zu deuten. Dies setzt voraus, dass Bilder des Löwen bei den männlichen Vorfahren Heinrichs des Löwen in der Bedeutung eines dynastischen Symbols in Gebrauch waren. Als Nachweise werden genannt: Löwen-Münzen Heinrichs des Stolzen und Welfs VI., ein

DIE WELFEN

Die Vorfahren Heinrichs des Löwen in männlicher Linie waren in Süddeutschland beheimatet. Ihr Stammsitz war Altdorf, seit der Mitte des 11. Jahrhunderts Ravensburg. Vom Beginn des 11. Jahrhunderts bis 1191 trugen sechs Vertreter der süddeutschen Welfen in ebenso vielen aufeinanderfolgenden Generationen den Namen Welf. Heinrich der Schwarze, der Großvater Heinrichs des Löwen in männlicher Linie, war ein Bruder Welfs V. Der Sohn Heinrichs des Schwarzen, Heinrich der Stolze, der Vater Heinrichs des Löwen, war ein Bruder Welfs VI. Mit Welf VI. starb 1191 die männliche Linie der süddeutschen Welfen aus. Deren Besitztümer gingen an Kaiser Friedrich I. Barbarossa über, dessen Mutter eine Welfin war.

Die welfische Hausgeschichtsschreibung des 12. Jahrhunderts bietet für die Herkunft des Namens Welf zwei unterschiedliche Erklärungen an. Zum einen soll er – lateinisch catulus – auf den vornehmen, angeblich blutsverwandten Römer Lucius Sergius Catilina (vermutlich 108 bis 62 v. Chr.) zurückgehen. Zum anderen habe ein nicht näher bezeichneter Kaiser einen neugeborenen Knaben des Welfengeschlechts scherzhaft einen Welfen (in der Bedeutung Welpe) genannt und diesen Namen dadurch hoffähig gemacht. Die Bezeichnung „die Welfen" war im 12. Jahrhundert noch nicht geläufig. Sie wird gelegentlich von außerwelfischen Geschichtsschreibern, wie beispielsweise Gottfried von Viterbo (s. S. 13), verwendet. •

Reitersiegel Welfs VI. mit der Darstellung je eines steigenden Löwen auf dem Kampfschild und auf der Lanzenfahne sowie ein um 1200 datiertes Steinrelief mit einer Darstellung eines Löwen, das aus dem Kloster Steingaden stammt, dem Hauskloster der süddeutschen Welfen. Die Aussagekraft des Reitersiegels ist dadurch geschwächt, dass „70% aller Tierdarstellungen auf Siegeln aus der Zeit vor 1170 Abbildungen von Löwen sind." (Dirk Jäckel). Beim Steinrelief aus dem Kloster Steingaden steht die Vermutung im Raum, dass die Form des Schildes erst nachträglich ausgemeißelt wurde. Letztlich sind die genannten Nachweise nicht ausreichend, um auf eine welfische Tradition des Löwensymbols im 12. Jahrhundert schließen zu können.

Der Kampfschild auf dem Reitersiegel Welfs VI., das durch eine schildartige Binnenform gegliederte Steinrelief sowie der Kampfschild mit steigendem Löwen, der auf zwei Reitersiegeln Heinrichs des Löwen zu finden ist (Abb. 7), werden von manchen fachwissenschaftlichen Autor*innen als Wappen bezeichnet. Adelswappen als generationsübergreifende, repräsentative Hoheitszeichen, wie wir sie aus dem Spätmittelalter und der Neuzeit kennen, standen jedoch im mittleren 12. Jahrhundert erst in den Anfängen ihrer Entwicklung. So ist es wohl gerechtfertigt, den jeweiligen Löwen auf den Kampfschilden nicht als heraldisches Zeichen, sondern als persönliches Symbol des auf dem Siegel dargestellten Reiters zu interpretieren. Im Fall Heinrichs des Löwen spricht zudem gegen eine Deutung als Wappen, dass der Löwenschild in keinem anderen Bereich seiner Herrschaftsrepräsentation anzutreffen ist.

7 | *Siegel Heinrichs des Löwen, im Gebrauch 1146? – 1154, Umzeichnung in: Leibniz, Eckhart, Gruber, Origines Guelficae, Band 3, Liber VII., 1752, nach S. 30*

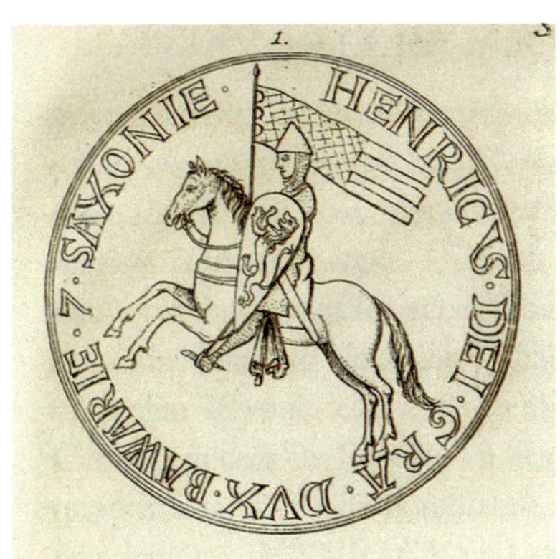

Heinrich der Stolze wird von Helmold von Bosau an drei unterschiedlichen Stellen seiner Slawenchronik ebenfalls als „Heinrich der Löwe" bezeichnet. In zwei hochmittelalterlichen Geschichtswerken, den Paderborner Annalen und der Kölner Königschronik, wird der Vergleich mit einem Löwen folgendermaßen erklärt: „Herzog Heinrich [der Stolze], in seinen Taten einem Löwen gleich geworden, der Städte und Burgen zerstört, dringt auf die Feinde ein, die das Land in Unruhe versetzten, und zwingt den Urheber allen Übels, den Markgrafen Albrecht, zu seinem Herrn, dem König, zu flüchten." Die Aussage lehnt sich inhaltlich an eine alttestamentliche Bibelstelle an, in der der jüdische Heerführer Judas Makkabäus als junger, brüllender Löwe bezeichnet wird (1 Makk. 3,4). Judas Makkabäus wurde im Hochmittelalter als vorbildlicher Krieger und insbesondere von den Kreuzfahrern als Idol verehrt.

Ist also mit dem in der Reimchronik verwendeten Begriff Herkunft bzw. „ort" die Übernahme des Löwen-Namens vom Vater gemeint? Peter Seiler kommt zu dem Schluss, dass „man damit rechnen muss, dass sich Heinrich der Löwe an dem leoninischen [löwenhaften] Image seines Vaters orientierte." Dirk Jäckel bemerkt dazu einschränkend: „Ob nun Heinrich der Stolze bereits zu Lebzeiten seinen Löwenbeinamen erhielt oder gar selbst führte, ist eher fraglich; Helmold von Bosau erwähnt ihn als Einziger. Wahrscheinlicher ist, dass Helmold den Löwenbeinamen rückblickend vom Sohn auf den Vater übertrug – ein Löwe muss auch einen Löwenvater haben! Diese Auffassung Helmolds dürfte davon mitbeeinflusst sein, dass die ersten Löwenmünzen im Reich wahrscheinlich ‚Heinrich dem Stolzen' zuzuschreiben sind."

Gedächtniskultur

Auf einer um 1675 entstandenen, als Druckvorlage angefertigten Zeichnung mit der Wiedergabe des Löwenmonuments (Abb. 8) (s. S. 134/137 und 156) ist eine lateinische Inschrift hinzugefügt, die in der Übersetzung lautet: „Heinrich der Löwe, von Gottes Gnaden Herzog von Bayern und Sachsen, hat d[ieses] M[onument] zur ewigen Erinnerung an seine Herkunft und seinen Namen zu Braunschweig in der angestammten Palastanlage

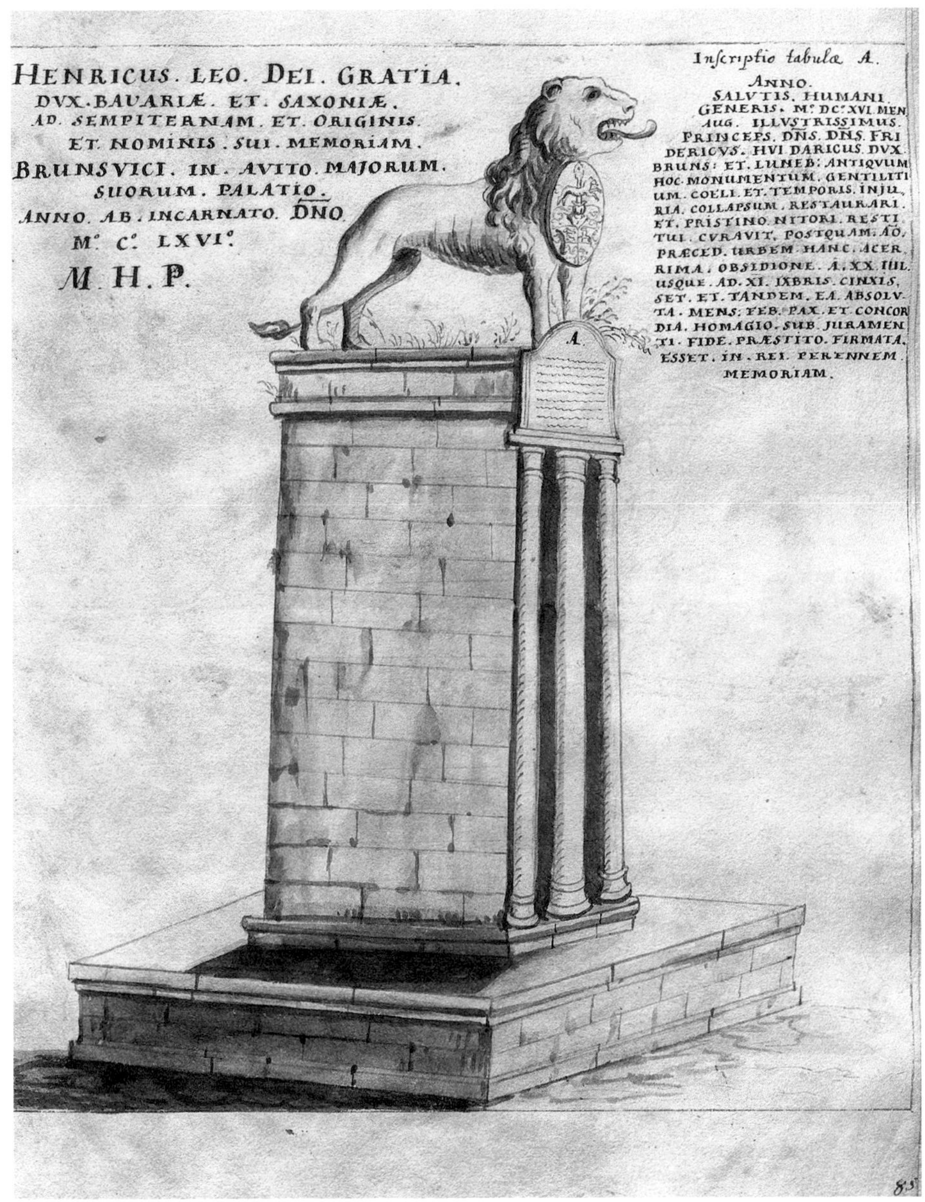

8 | *Darstellung des Löwenmonuments, Zeichnung, um 1675, in: Johann Heinrich Hoffmann, Deß Durchlauchtigsten Fürstlichen Hauses Braunschweig Lüneburg Ehren-Kleinot, Erster Teil, Manuskript, S. 85*

seiner Vorfahren im Jahr 1166 nach der Geburt des Herrn a[ufgestellt].“ Bestimmte sprachliche Eigentümlichkeiten sprechen dafür, dass die Inschrift in der frühen Neuzeit entstanden ist. Aufgrund der Verwendung der Begriffe „Herkunft“ und „Name“ steht sie in einem engen Zusammenhang mit dem entsprechenden Vers der Reimchronik (s. S. 14). Ihre inhaltliche Erweiterung, die besagt, dass das Monument „zur ewigen Erinnerung“ an die Herkunft und den Namen Heinrichs des Löwen errichtet wurde, hat die Forschung aufgegriffen und in einen Zusammenhang mit der adeligen, vornehmlich den religiösen Bereich betreffenden Gedächtnis- bzw. Erinnerungskultur gestellt.

DIE ADELIGE GEDÄCHTNISKULTUR (MEMORIA) DES MITTELALTERS

Erscheinungsformen der adeligen Gedächtniskultur des Mittelalters sind (meist kunstfertige) Gegenstände und Handlungen, die das Andenken an eine Person oder eine Personengruppe des Adels mit beinhalten, wie beispielsweise Bildnisse, herrschaftliche Gebäude oder Gedenkgottesdienste für Verstorbene. Die mittelalterliche Gedächtniskultur des Adels hatte eine fundamentale Bedeutung für das Selbstverständnis und die Identität eines Adelsgeschlechts. In ihrem Mittelpunkt stand die christlich-religiös begründete Vergegenwärtigung der verstorbenen Angehörigen eines Geschlechts bzw. die Pflege der familiären Gemeinschaft der Lebenden und der Toten. Nicht zuletzt hatte das Totengedächtnis die Funktion, „den „Nachweis einer im Laufe der Jahrhunderte erwiesenen Befähigung zur Herrschaft“ (Otto Gerhard Oexle) zu liefern.

Die adelige Erinnerungskultur des Mittelalters diente in ganz besonderem Maße der Verbreitung des Ruhms

(Fama) eines Herrschergeschlechts. „Die zurückblickende Memoria ist Voraussetzung und Grundlage einer in die Zukunft blickenden Erinnerung, in der es um den Aspekt der Leistung geht und darum, sich durch Ruhm unvergesslich zu machen.“ (Otto Gerhard Oexle) •

Otto Gerhard Oexle kommt zu dem Ergebnis, dass außer dem Burglöwen das Evangeliar Heinrichs des Löwen und Mathildes von England, die Pfalz (Burg Dankwarderode), die Stiftskirche St. Blasius (der Braunschweiger Dom) sowie die Befestigung der Stadt die Erinnerung an das Herzogspaar und die Herrschaft des Herzogs wach halten sollten. Oexle betont, „dass die Memoria Heinrichs des Löwen durch ihre Intensität, aber auch durch ihre Vielfalt, die Qualität und den herausragenden Rang ihrer Zeugnisse ohne Zweifel als singulär bezeichnet werden muss.“ Unter den genannten Artefakten erweist sich das Evangeliar als ein vielschichtiger Gegenstand der am Hof Heinrichs des Löwen gepflegten Gedächtniskultur.

DAS HELMARSHAUSENER EVANGELIAR

Das im Benediktinerkloster Helmarshausen (bei Höxter) oder in Braunschweig zwischen 1173 und 1175 oder um 1189 von Helmarshausener Mönchen angefertigte Evangeliar Heinrichs des Löwen und Mathildes von England zählt zu den herausragenden Handschriften der romanischen Buchmalerei. Es enthält die neutestamentlichen Texte der vier Evangelisten Matthäus, Markus, Lukas und Johannes. 16 ganzseitige Miniaturen, aufgeteilt in vier Einheiten, illustrieren ausgewählte Begebenheiten der vier Evangelien. Eine ganzseitige Darstellung des jeweils zugehörigen Evangelisten bildet den jeweiligen Abschluss der vier Einheiten. Insgesamt enthält das Evangeliar 50 ganzseitige Miniaturen, darunter 17 Kanontafeln sowie 9 Schriftzierseiten, die den jeweiligen Anfang der vier Evangelien hervorheben. Auf die den Anfang der ganzseitigen Illustrationen bildenden Kanontafeln folgt das Widmungsbild mit einer Darstellung Heinrichs des Löwen und Mathildes von England (Abb. 9), diesem wiederum folgt, beginnend mit dem Patriarchen Abraham, der Stammbaum Christi.

An die Bibelillustrationen zum Evangelium des Johannes schließt das sogenannte Krönungsbild an (Abb. 10). Den Mittelpunkt der Darstellung bilden, umgeben von Engeln und Heiligen, die Halbfigur Christi sowie Heinrich der Löwe und Mathilde von England, die von Gott die Krone des ewigen Lebens empfangen (s. auch S. 39f. und S. 80). Auf der dem Krönungsbild folgenden Seite erscheint der in einer Mandorla thronende Christus (die sogenannte Majestas Domini), gerahmt von sechs Medaillons mit Darstellungen der Erschaffung der Erde sowie vier Medaillons mit den Symbolfiguren der Evangelisten (Abb. 11) (s. auch S. 80f.).

Das Evangeliar Heinrichs des Löwen und Mathildes von England wurde 1983 gemeinschaftlich von der Bundesrepublik Deutschland, den Bundesländern Niedersachsen und Bayern sowie der Stiftung Preußischer Kulturbesitz für 32,5 Millionen DM bei Sotheby's ersteigert. Es wird in der Herzog August Bibliothek in Wolfenbüttel aufbewahrt. •

→
9 | *Widmungsbild, in: Evangeliar Heinrichs des Löwen und Mathildes, Pergament, Helmarshausen oder Braunschweig, zwischen 1173 und 1189, fol. 19r*

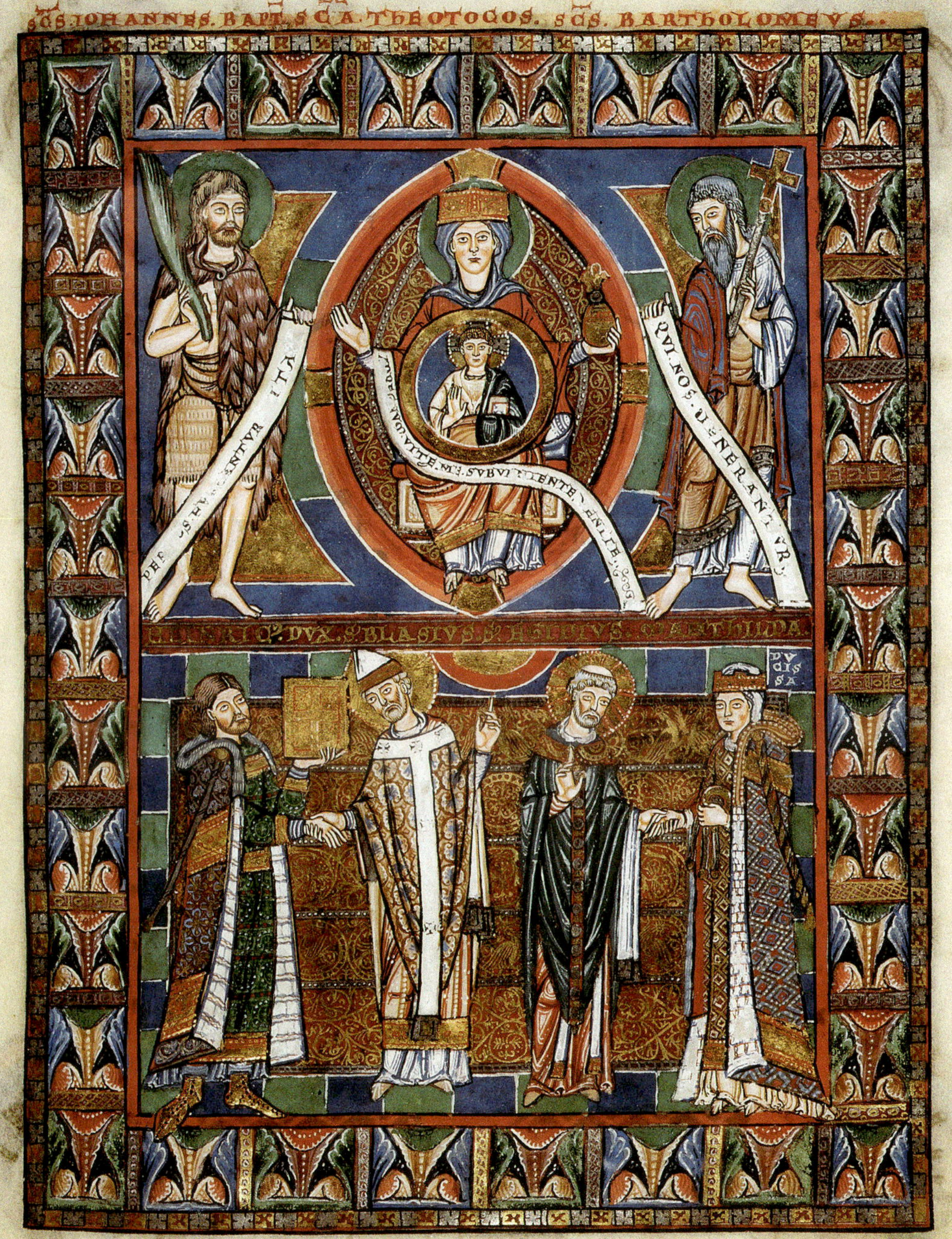
SCS IOHANNES BAPT. SCA THEOTOCOS. SCS BARTHOLOMEVS
DVCISSA

Das Helmarshausener Evangeliar war zu Zeiten Heinrichs des Löwen allein schon aufgrund seines herausragenden künstlerischen und ideellen Wertes ein auch für die nachfolgenden Generationen geschaffenes liturgisches Buch und damit ein bedeutsamer Gegenstand der Gedächtniskultur. Das Widmungsbild (Abb. 9), das diesem zuzuordnende Widmungsgedicht sowie das Krönungsbild (Abb. 10) stellen eindringlich den Ruhm und die überragende Bedeutung Heinrichs des Löwen und seiner Gemahlin Mathilde vor Augen. Der lateinische Text des Widmungsgedichts lautet in deutscher Übertragung:

„Diese goldene Seite bezeugt dem Leser, dass der fromme Herzog Heinrich und seine Gemahlin von ganzem Herzen die Liebe zu Christus über alles andere stellten. Von Königen stammt sie ab, er von Kaisern. Er ist ein Nachkomme Karls [des Großen]. Nur ihm mochte England Mathilde anvertrauen, die ihm die Kinder gebären sollte, durch die diesem Land der Friede Christi und das Heil geschenkt sind. Dieses Buch Gottes vereint das edle Liebespaar. Denn sie führten ein vorbildliches Leben und waren immer bereit, Gutes zu tun. Ihre Freigebigkeit übertraf alle ruhmreichen Taten ihrer Vorgänger. Sie haben die Stadt [Braunschweig] glanzvoll erhöht; die Fama verkündet es über den ganzen Erdkreis. Sie haben der Stadt mit geweihten Kirchen und dem Reliquienschatz helfender Heiliger zu Glanz und Ansehen verholfen und sie haben sie mit weiten Mauern befestigt. Unter diesen Stiftungen wird dir, Christus, dieses von Gold glänzende Buch feierlich dargebracht in der Hoffnung auf ewiges Leben. Ihr Menschen von heute, verkündet dies der Nachwelt!“

→
10 | *Krönungsbild, in: Evangeliar Heinrichs des Löwen und Mathildes, Pergament, Helmarshausen oder Braunschweig, zwischen 1173 und 1189, fol. 171v*

Wenn diejenigen, die den Text des Widmungsgedichts lesen oder hören, zum Schluss dazu aufgefordert werden, der Nachwelt zu verkünden, dass das Herzogspaar unter anderem die Stadt mit „weiten Mauern befestigt“ hat, erinnert dies an Albert von Stades Aussage, Heinrich der Löwe habe „das Löwenstand-

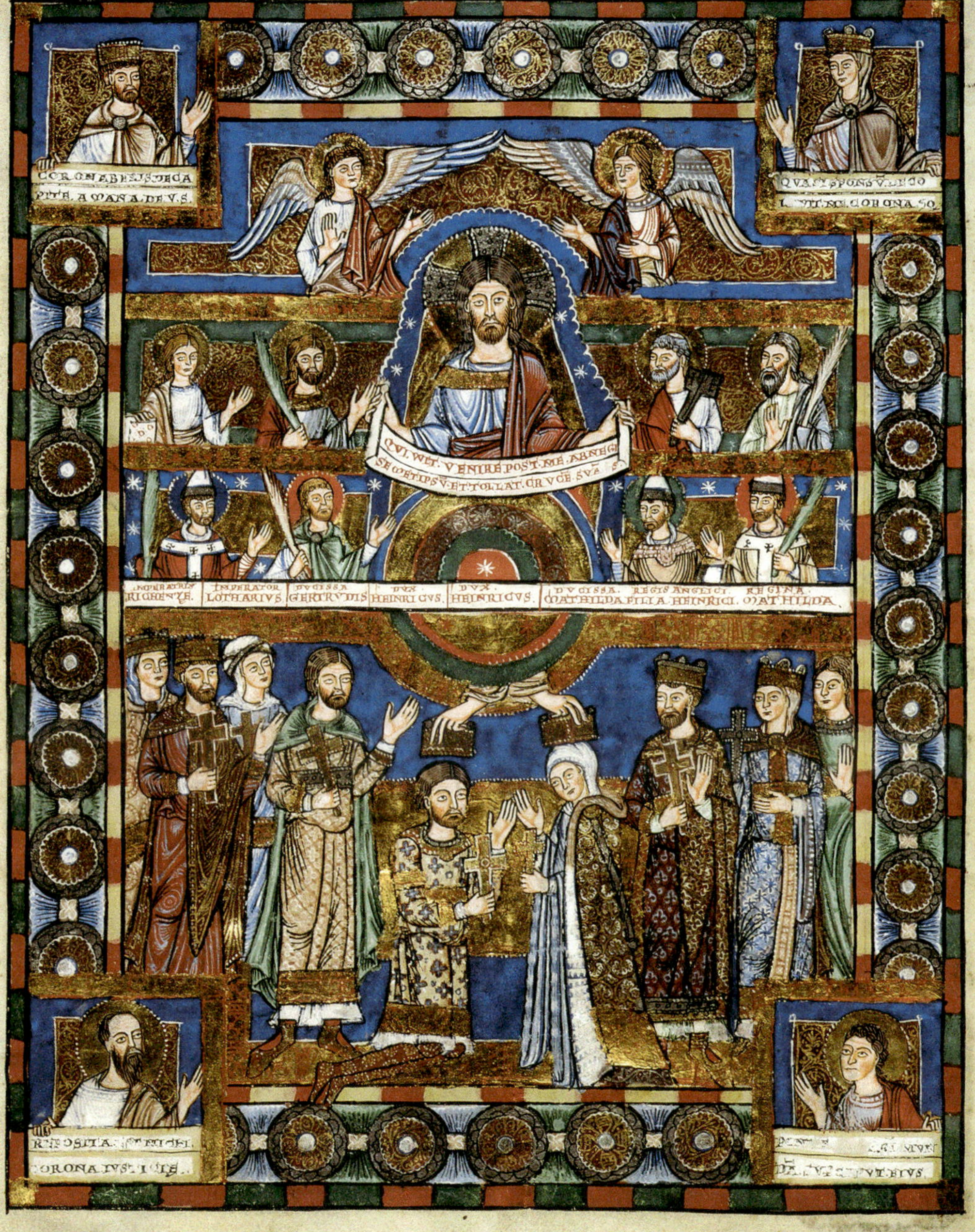
QVI. WLT. VENIRE POST. ME. ABNEGE
SEMETIPSV. ET. TOLLAT. CRVCE. SVĀ
INPERATRIX RICHENZA.
INPERATOR LOTHARIUS
DVCISSA GERTRVDIS
DVX HEINRICVS.
DVX. HEINRICVS.
DVCISSA. MATHILDA FILIA REGIS ANGLICI. HEINRICI.
REGINA. MATHILDA.

bild aufstellen und die Stadt mit einem Graben und einem Wall umgeben“ lassen.“ (s. S. 13)

Die von Albert hergestellte Verbindung zwischen dem Burglöwen und der Stadtbefestigung findet eine Entsprechung in einer der drei von Heinrich dem Löwen in Umlauf gebrachten Münzen mit der Darstellung des Löwenmonuments (Abb. 2). Das Standbild wird hier von einer prächtigen, fiktiven Architekturkulisse gerahmt, die als Bildchiffre für die Stadt Braunschweig zu verstehen ist. Am unteren Bildrand erscheinen zwei symmetrisch angeordnete Abschnitte der Stadtbefestigung. Das Münzbild kann somit ohne Weiteres auch als Illustration der im Widmungsgedicht gerühmten „glanzvoll erhöhten“, „mit weiten Mauern befestigten“ Stadt aufgefasst werden.

Königliche und kaiserliche Abstammung

Auch das Helmarshausener Evangeliar demonstriert ein Abstammungs- und Dynastiebewusstsein Heinrichs des Löwen, das die süddeutschen Vorfahren seines Vaters, die aufgrund ihres Leitnamens am ehesten als Welfen bezeichnet werden können, nicht berücksichtigt (s. S. 23). Dieses Bewusstsein offenbart sich im Widmungsgedicht und im Krönungsbild. Dem Widmungsgedicht zufolge wollte Heinrich der Löwe bezüglich seiner Abstammung in erster Linie als Enkel Kaiser Lothars III. und Nachkomme Kaiser Karls des Großen wahrgenommen werden. Mit Karl dem Großen war er über seine Großmutter mütterlicherseits, Kaiserin Richenza, die Gemahlin Kaiser Lothars III., verwandt.

Die Berufung auf eine Abstammung von Karl dem Großen bedeutete nicht nur in hochmittelalterlicher Zeit das Nonplusultra der abendländischen Herrschergenealogie. Karl der Große wurde als „das große Vorbild erfolgreicher, richtiger und gerechter Herrschaft in dieser Welt neben dem biblischen König Salomo

→
11 | *Thronender Christus (Majestas Domini), in: Evangeliar Heinrichs des Löwen und Mathildes, Pergament, Helmarshausen oder Braunschweig, zwischen 1173 und 1189, fol. 172r*

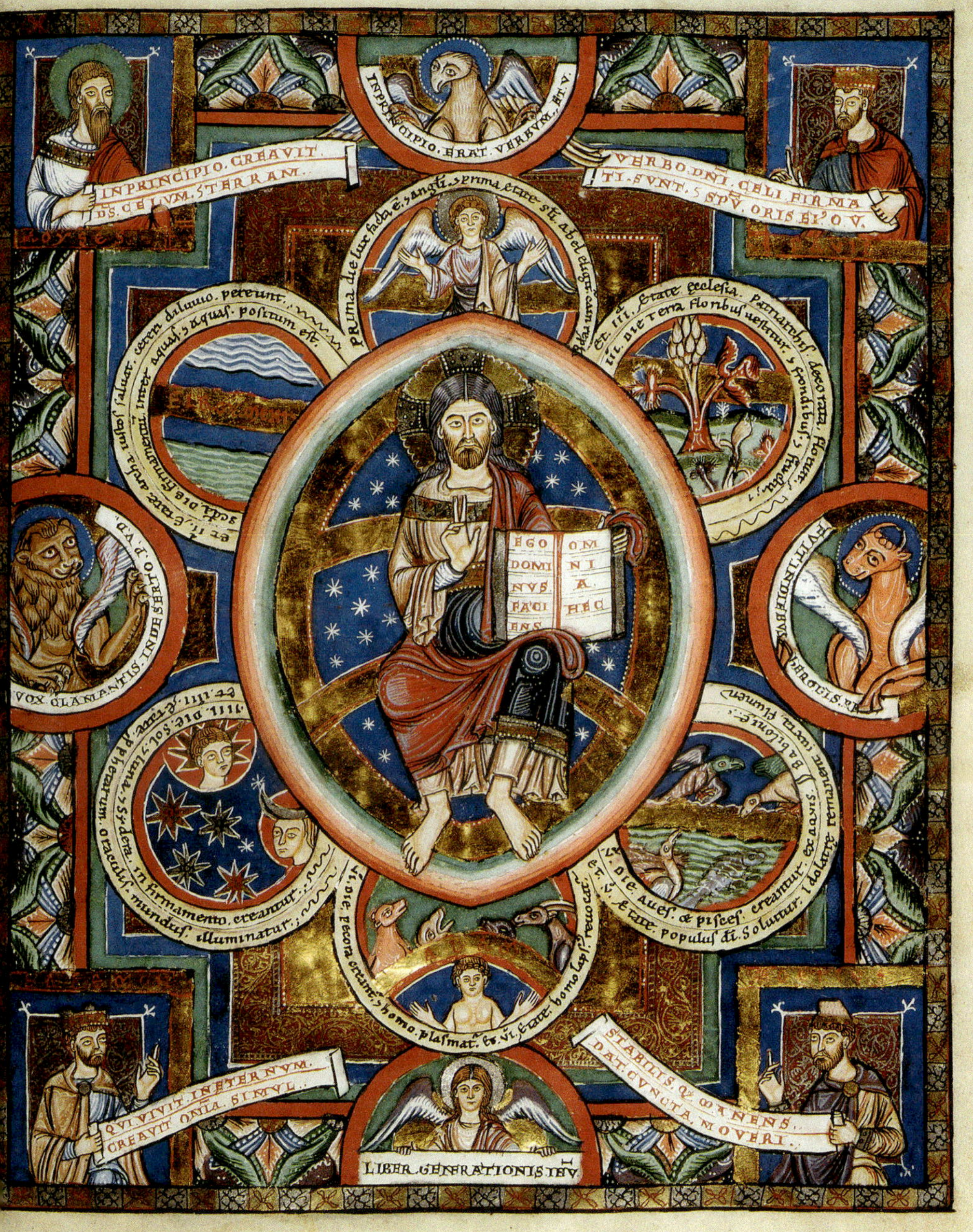
IN PRINCIPIO CREAVIT DS CELUM ET TERRAM
IN PRINCIPIO ERAT VERBUM ET V.
EGO DOMI NUS FACI ENS
OM NI A HEC
VOX CLAMANTIS IN DESERTO
QUI VIVIT IN ETERNUM CREAVIT OMNIA SIMUL
STABILISQ MANENS DAT CUNCTA MOVERI
LIBER GENERATIONIS IHU

und dem römischen Kaiser Konstantin" bewundert (Joachim Ehlers, Historiker).

Im Rolandslied des Pfaffen Konrad wird Heinrich der Löwe mit König David verglichen und damit ebenfalls auf eine Stufe mit Karl dem Großen gestellt: „Indem Konrad seinen Herrn mit David verglich, hob er Heinrich den Löwen auf die Höhe Karls des Großen, denn diesen hatte man schon zu Lebzeiten als irdische Verkörperung des biblischen Vorbilds gepriesen; seitdem waren beide, David und Karl, Symbole des idealen christlichen Herrschertums." (Joachim Ehlers) Kaiser Karl wurde unter Beteiligung König Heinrichs II. von England auf Betreiben Kaiser Friedrich I. Barbarossas im Jahre 1165 heiliggesprochen. Auch Barbarossa berief sich darauf, ein Nachfahre Karls des Großen zu sein.

Im Krönungsbild des Evangeliars (Abb. 10) ist die im Widmungsgedicht verkündete kaiserliche bzw. königliche Herkunft des Herzogspaars ebenfalls thematisiert. In figürlicher Darstellung sind in der linken Bildhälfte dem Herzog zugeordnet seine Eltern, Heinrich der Stolze und Gertrud von Sachsen, sowie Gertruds Eltern, Kaiser Lothar III. und Kaiserin Richenza. Der Herzogin sind in der rechten Bildhälfte zugeordnet ihr Vater, König Heinrich II. von England, und ihre Großmutter väterlicherseits, Königin Mathilde.

Eine weitere, am rechten Bildrand erscheinende Figur, die als einzige der dargestellten Familienmitglieder nicht inschriftlich gekennzeichnet ist, konnte bislang nicht überzeugend identifiziert werden. Sie wird in der Literatur fast ausschließlich als weibliche Person beschrieben. Vergleicht man sie jedoch mit bestimmten, androgyn wirkenden Figuren des Evangeliars, wie z. B. einem der drei Weisen oder dem Apostel Johannes, kann es sich auch um eine männliche Figur handeln. Möglicherweise steht sie stellvertretend für die Söhne des Herzogspaars.

Der Historiker Otto Gerhard Oexle weist darauf hin, dass „die Abstammung Heinrichs des Löwen von Lothar III. und der daraus resultierende Rang schon früher und immer wieder [in

Urkunden des Herzogs sowie von Schriftstellern des 12. Jahrhunderts] benannt worden waren." Wenn Oexle den Burglöwen dennoch als „ein Manifest welfischer Herkunft" bezeichnet, folgte daraus, dass Heinrich der Löwe zur Zeit der Herstellung des Standbilds der Abstammung von den süddeutschen Welfen einen höheren Rang zugebilligt hätte als der Abstammung von Kaiser Lothar.

Gegen Oexles Ansicht spricht neben den oben genannten Gründen (s. S. 23) auch die starke Verwurzelung des Herzogs im sächsischen Herrschaftsbereich sowie dessen Entscheidung, seinen Herrschaftsmittelpunkt in den Stammlanden seiner sächsischen Vorfahren einzurichten. Joachim Ehlers kommt zu dem Ergebnis: „Sachsen war eben nicht nur die reale Basis der Herrschaft Heinrichs des Löwen, sondern als ehrwürdigste Königslandschaft des deutschen Reiches auch Quelle einer neuen Familientradition mit zukunftsweisender, gleichsam programmatischer Ausrichtung geworden." – „Ein welfisches Erinnerungsbild in Braunschweig [gemeint ist damit der Burglöwe] hätte den Absichten Heinrichs des Löwen im Hinblick auf seine neue sächsisch-imperiale Herkunftsgeschichte nicht gedient."

Demzufolge scheint es überlegenswert zu sein, den im Zusammenhang mit dem bronzenen Löwen verwendeten Begriff Herkunft bzw. „ort" auf die von Heinrich dem Löwen proklamierte Abstammung von Kaiser Lothar III. zu beziehen. Peter Seiler vertritt die Auffassung, dass Herzog Heinrich „als Enkel des löwenhaften Kaisers Lothar III. mit dem Löwenzeichen anschaulich darauf hinweisen konnte, ein Spross einer ‚stirps imperialis' [eines Kaisergeschlechts] zu sein." Dirk Jäckel gibt jedoch zu bedenken, dass Lothar III. lediglich einmal und in Bezug auf eine ganz bestimmte kriegerische Situation als (wilder) Löwe bezeichnet wurde. Diese Gleichsetzung mit einem Löwen „als Ursache für die Löwenvergleiche bzw. Löwenidentifikationen seines Enkels [Heinrichs des Löwen] darzustellen, greift meines Erachtens zu kurz." (Jäckel)

DIE SÄCHSISCHE WELFENLINIE

Als Begründer der sächsischen Welfenlinie kann Heinrich der Schwarze († 1120), der Großvater Heinrichs des Löwen väterlicherseits, bezeichnet werden. Er war mit Wulfhild aus dem angesehenen sächsischen Adelsgeschlecht der Billunger verheiratet. Wulfhild erbte das um Lüneburg angesiedelte Kerngebiet der billungischen Ländereien, das in den Besitz der damit begründeten sächsischen Welfenlinie gelangte. Dessen Sohn, Heinrich der Stolze († 1139), ehelichte Gertrud, das einzige Kind Kaiser Lothars III., und konnte als ihr Gemahl seine Besitztümer mit umfangreichen Ländereien im Gebiet des südöstlichen Teils des heutigen Landes Niedersachsen und daran angrenzender Landstriche erweitern. Als Erbe seines Vaters erhielt er das Herzogtum Bayern und als Erbe seines Schwiegervaters das Herzogtum Sachsen. Damit war Heinrich der Stolze zum mächtigsten Fürsten im Reich aufgestiegen.

Nach dem Tod Lothars III. († 1137) strebte er nach der deutschen Königskrone. Als wider seine Erwartung der Staufer Konrad gewählt wurde, versagte er diesem die Anerkennung. Daraufhin verhängte König Konrad III. die Reichsacht über ihn und entzog ihm die beiden Herzogtümer. Heinrich der Stolze wurde im Kaiserdom von Königslutter an der Seite seines Schwiegervaters bestattet. Bei seinem Tod war Heinrich der Löwe, sein einziger Sohn und alleiniger Erbe, noch im Kindesalter. Er kam in die Obhut seiner Mutter und seiner Großmutter, der Kaiserin Richenza. „Im Bann der alten sächsischen Reichsidee, auf den Allodien [Eigengütern] der kaiserlichen Großeltern zwischen Harz und Heide, wuchs er heran." (Bernd Schneidmüller, Historiker) •

An dieser Stelle sei daran erinnert, dass die Quellen des 12. und 13. Jahrhunderts nicht als authentische Belege für die Beweggründe der Aufstellung des Burglöwen geltend gemacht werden können (s. S. 17). Die in der Reimchronik formulierte Begründung, dass das Standbild die Herkunft des Beinamens Heinrichs des Löwen zur Erscheinung bringt, lässt sich nicht durch primäre Quellen belegen. Dessen ungeachtet geht der Kunsthistoriker Martin Gosebruch in einem 1967 veröffentlichten Beitrag davon aus, dass sowohl der Text der Reimchronik (s. S. 14) als auch der damit verwandte, um 1675 gedruckte lateinische Text (s. S. 26/28 und 137) auf eine ursprünglich am Löwenmonument angebrachte Inschrift zurückzuführen sind. Gosebruch selbst bezeichnet diese seine Annahme jedoch als eine „leichtfertige Behauptung".

Königsgleicher Herrscher

In der Forschungsliteratur herrscht weitgehende Übereinstimmung darüber, dass Heinrich der Löwe als königsgleicher Herrscher in Erscheinung trat. Begründet wird dies unter anderem mit bestimmten Repräsentationsrelikten des Herzogs wie der Anlage des Herrschaftszentrums mit dem Pfalzgebäude, dem Dom und dem Burglöwen, der bereits erwähnten Münze mit dem Thronbild (s. S. 16) und nicht zuletzt dem Helmarshausener Evangeliar.

Im Mittelpunkt des Evangeliars steht das Krönungsbild (Abb. 10). Dass es sich bei der dargestellten Krönung des Herzogs und der Herzogin primär um den Empfang der himmlischen Kronen für das jenseitige Leben handelt, geht eindeutig aus den biblischen Texten hervor, die in den Spruchbändern der Miniatur erscheinen. Dennoch ist es nicht ausgeschlossen, dass die Krönungsszene zugleich als Anspielung an eine irdische Krönung konzipiert wurde. Als ein gewichtiges Argument dafür wird vorgebracht, dass sich die beiden himmlischen Kronen nicht von denen unterscheiden, die die Großeltern Heinrichs des Löwen sowie der Vater und die Großmutter Mathildes tragen, also allesamt auf Erden gekrönte Herrscher, während Heinrichs Eltern, das Herzogspaar, sowie die unbenannte Person in anscheinender Konsequenz dazu als ungekrönte Figuren wiedergegeben sind.

Im Unterschied zu der weit verbreiteten Auffassung, dass sich Heinrich der Löwe als königsgleicher Herrscher präsentierte, ist in der Forschung umstritten, ob er eine wie auch immer geartete Königswürde anstrebte. Zur Diskussion steht insbesondere, ob er das Ziel verfolgte, sich zum König seines Hauptherrschaftsgebiets Sachsen krönen zu lassen.

Joachim Ehlers erkennt Anzeichen dafür, dass „seit der Kaiserwürde Lothars und dem Nachfolgestreben Heinrichs des Stolzen die Erneuerung eines deutschen Königtums aus sächsischer Wurzel [für Heinrich den Löwen] mehr als eine Wunschvorstellung war." Dennoch lehnt er die These ab, Heinrich der Löwe habe danach gestrebt, die deutsche Königskrone zu erlangen. Ehlers bemerkt dazu: „Ähnlich [wie König Heinrich II. von England] trieb sein Anspruch auf königlichen Rang Heinrich den Löwen zu Hochformen der Selbstdarstellung, wohl wissend, dass er aller Wahrscheinlichkeit nach niemals König werden würde; selbst im Fall des Todes Friedrich Barbarossas wäre er ebensowenig wie einst sein Vater zum konsensfähigen Nachfolgekandidaten geworden."

Kaisergleicher Herrscher

Die Thematik der königsgleichen Herrschaft ist untrennbar mit den schriftlichen und bildlichen Quellen verknüpft, welche den Herzog als gleichrangig mit den römisch-deutschen Kaisern in Erscheinung treten lassen. Zu erinnern ist an das Rolandslied, in dessen Prolog Heinrich der Löwe durch die Gleichsetzung mit König David auf eine Stufe mit Kaiser Karl dem Großen gestellt wird (s. S. 36).

Das Helmarshausener Evangeliar gilt aufgrund seiner aufwendigen Gestaltung und seines hochrangigen künstlerischen Niveaus als ebenbürtiges Nachfolgewerk jener Prachthandschriften, hauptsächlich der Evangeliare, die für karolingische, ottonische und salische Kaiser angefertigt wurden. Dessen Krönungsbild (Abb. 10) steht – ungeachtet seiner spezifischen Aussage – in einer Reihe mit den dort dargestellten Herrscherkrönungen durch die Hand Gottes. Der Historiker Hermann Jakobs kommt zu dem Ergebnis, dass im Helmarshausener Evangeliar Heinrich der Löwe „wie ein Kaiser in die Teilhabe am heilsgeschichtlichen Werk gestellt" ist.

Eine Schriftquelle des 13. Jahrhunderts bringt den Herzog in einen direkten Zusammenhang mit der römisch-deutschen Kaiserkrone. So berichtet der Geschichtsschreiber Burchard von Ursberg im Rahmen seiner 1229/30 verfassten Beschreibung des Bittgangs Kaiser Barbarossas nach Chiavenna, einer der Dienstleute Heinrichs des Löwen habe das Geschehen wie folgt kommentiert: „Lass doch, Herr [Herzog Heinrich], die Kaiserkrone zu Euren Füßen kommen, denn sie kommt einst noch auf Ihr Haupt."

DER BITTGANG VON CHIAVENNA

Mehrere Geschichtsschreiber des 12. und beginnenden 13. Jahrhunderts berichten von einem Treffen, das im Jahre 1176 in der norditalienischen Stadt Chiavenna zwischen Kaiser Friedrich I. Barbarossa und Heinrich dem Löwen stattgefunden haben soll. Der Kaiser stand damals vor einem weiteren Italienfeldzug und hatte die Fürsten des Reichs zur Teilnahme aufgerufen. Als sich Heinrich weigerte, dem Aufruf nachzukommen, habe Friedrich Barbarossa versucht, ihn bei einer persönlichen Unterredung in Chiavenna umzustimmen. Schließlich habe er sich dem Herzog zu Füßen geworfen, um von ihm mit dieser Demutsgeste die Teilnahme am Kriegszug zu erzwingen. Doch Heinrich der Löwe sei bei seiner ablehnenden Haltung geblieben. Die so beschriebene, nicht sicher belegte Begebenheit von Chiavenna wird als der Beginn der Entfremdung angesehen, die zukünftig die Beziehungen zwischen dem Herzog und Kaiser Friedrich I. bestimmen sollte. •

Während sich das königsgleiche Herrschertum Heinrichs des Löwen als Ausdruck seiner herausragenden Machtstellung im Reich begründen lässt, ist die Frage nach den Beweggründen für seine Gleichsetzung mit römisch-deutschen Kaisern nicht so leicht zu beantworten. Wie bereits erwähnt, hält es die Forschung für wenig wahrscheinlich, dass Heinrich der Löwe danach strebte, die deutsche Königskrone zu erlangen, da er darum gewusst habe, nicht konsensfähig zu sein (s. S. 40). Sie aber war die Voraussetzung für die vom Papst vorgenommene Krönung zum römisch-deutschen Kaiser.

Überlegenswert erscheint, die Kaiservergleiche nicht allein auf den Herzog, sondern ebenso auf seine Nachkommenschaft zu beziehen. Denn schließlich traf die Abstammung von Karl dem Großen und Kaiser Lothar III. auch für seine Kinder zu. Und während Heinrich väterlicherseits „nur" von Herzögen abstammte, konnten sich seine Kinder darauf berufen, nicht nur aus einem kaiserlichen, sondern (mütterlicherseits) auch aus einem königlichen Geschlecht hervorgegangen zu sein. Insofern stand ihnen im Vergleich zu ihrem Vater sogar ein etwas gehobenerer genealogischer Rang zu.

Unter diesem Aspekt erhält das wiederholte Hervorheben der königlichen Abstammung Mathildes eine zusätzliche, auf die Zukunft gerichtete dynastische Bedeutung. Falls Heinrich der Löwe beabsichtigt haben sollte, nach dem vergeblichen

Versuch seines Vaters erneut einen Vertreter der sächsischen Welfenlinie als Aspirant für die deutsche Königskrone ins Spiel zu bringen, konnte dafür nur einer seiner Söhne in Frage kommen.

KAISER OTTO IV.

Im Jahr 1198 wurde Otto (1175 oder 1176–1218), der drittälteste Sohn Heinrichs des Löwen und Mathildes Plantagenêt, von den welfenfreundlichen Reichsfürsten zum römisch-deutschen König gewählt. Er stand in Opposition zu Philipp von Schwaben, der im selben Jahr von den stauferfreundlichen Reichsfürsten zum römisch-deutschen König gewählt worden war. Nach der Ermordung Philipps im Jahr 1208 fand König Otto IV. Anerkennung im ganzen Reich. 1209 ließ er sich von Papst Innozenz III. zum Kaiser des römisch-deutschen Reichs krönen. Wenige Jahre später hatte er jedoch den Rückhalt zahlreicher Reichsfürsten verloren. 1212 wählten diese den Staufer Friedrich II. zum Gegenkönig. Nachdem Otto IV. im Jahr 1214 in der Schlacht von Bouvines gegen den französischen König eine vernichtende Niederlage erlitten hatte, wandten sich die meisten der noch verbliebenen Anhänger im Reich von ihm ab, seine Macht zerfiel.

Kaiser Otto IV. erwählte wie sein Vater, Heinrich der Löwe, die Stadt Braunschweig zu seinem Herrschaftsmittelpunkt und baute sie weiter aus. Er ließ Münzen mit einer Darstellung des Löwenmonuments prägen, bei der die Löwenfigur eine Krone trägt (Abb. 12). Auf dem in der Burg Dankwarderode unweit des Burglöwen ausgestellten Kaisermantel Ottos IV. bildet die Figur eines Löwen, der den welfischen Herrscher symbolisiert, zusammen mit dem Symbol der Sonne

12 | *Darstellung des Löwenmonuments, Münze Kaiser Ottos IV., Silber, zwischen 1198 und 1218*

und des Mondes das Grundelement für die rapportartige Auszierung des aus purpurrotem Seidenstoff hergestellten Textils. Die über der Brust des Mantelträgers angebrachten Figuren Christi als Weltenherrscher sowie der Himmelskönigin Maria stehen im Brennpunkt des Darstellungskosmos des Mantels. Durch sie „wird die höchste göttliche Autorität aufgerufen, die den Herrscher legitimiert und leitet." (Miriam Gepp-Labusiak, Kunsthistorikerin)

Otto IV. wurde im Braunschweiger Dom bestattet. Sein Grab ist nicht erhalten. 2009 wurde vor dem Grabmal Heinrichs des Löwen und Mathildes eine Gedenkplatte mit der Inschrift „Kaiser Otto IV. †1218 / Kaiserin Beatrix †1212" angebracht. •

Heinrichs Sorge um die Zukunft seines Herrschergeschlechts, um die „Gewissheit künftiger Herrschaft" (Otto Gerhard Oexle), offenbaren zwei Schriftquellen, die als Eigenaussagen des Herzogs gelten dürfen. Die eine ist im Widmungsgedicht des Helmarshausener Evangeliars enthalten: „Nur ihm [Heinrich dem Löwen] mochte England Mathilde anvertrauen, die ihm die Kinder gebären sollte, durch die diesem Land der Friede Christi und das Heil geschenkt sind." Der Mittelalterphilologe Paul Gerhard Schmidt bemerkt dazu: „Mit dieser Formulierung werden die Kinder des Paares in einer für Widmungsgedichte ungewöhnlichen Weise hervorgehoben."

Im Jahre 1172, als noch keiner der Söhne Heinrichs des Löwen aus der Ehe mit Mathilde (Plantagenêt) von England geboren war, stiftete der Herzog anlässlich seiner Pilgerfahrt ins Heilige Land (s. S. 54f.) drei Leuchter für die Grabeskirche in Jerusalem. In der Stiftungsurkunde lässt er verlauten, dass die Schenkung „zur Vergebung aller meiner Sünden und derer meiner erlauchten Gemahlin, der Herzogin Mathilde, Tochter des erhabenen

Königs der Engländer, auch der Nachkommen, die mir Gott in seiner Barmherzigkeit [einst] gegeben haben wird, und meiner ganzen Familie" erfolgte. Der Historiker Dieter von der Nahmer bemerkt dazu: „Hier ist eine auffällige Fürsorge für die Nachkommen, von denen die Zukunft seines Lebenswerks abhing, zu verspüren."

Erweckungsbrüllen

Der Kunsthistoriker Gosbert Schüßler ist davon überzeugt, dass der Burglöwe als Monument des sächsischen Welfengeschlechts errichtet wurde. Dabei deutet er das den Herzog symbolisierende Standbild als „ehernen Löwen [Heinrich], dessen durchdringendes Gebrüll [die Burg] Dankwarderode erschüttert und die Seinen [seine Kinder] zum Leben erweckt."

Schüßlers Deutung beruht auf der im Mittelalter verbreiteten, auf die Antike zurückgehenden Naturbetrachtung, wonach die leblos geborenen Löwenjungen durch das Brüllen des Löwenvaters zum Leben erweckt werden. Verbildlicht ist das in der geistlichen und weltlichen Literatur des Mittelalters wiederholt beschriebene Erweckungsbrüllen in einem der vier Eckmedaillons der Miniatur des Helmarshausener Evangeliars, die die Grablegung und Auferstehung Christi illustriert (Abb. 13). Es versinnbildlicht hier die Auferstehung.

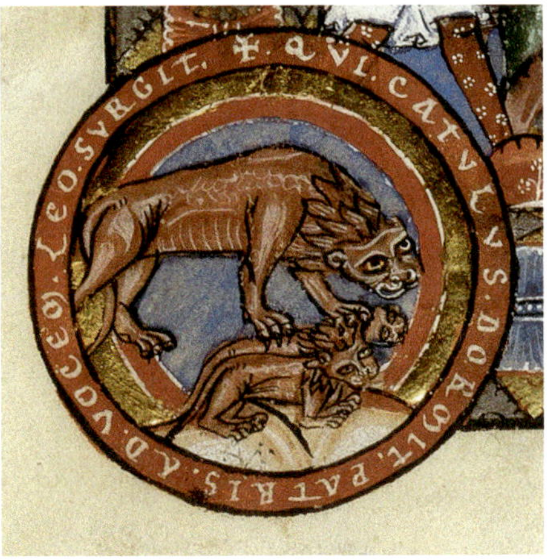

13 | *Erweckungsbrüllen, in: Evangeliar Heinrichs des Löwen und Mathildes, Grablegung und Auferstehung Christi, Pergament, Helmarshausen oder Braunschweig, zwischen 1173 und 1189, fol. 74v, Ausschnitt*

Schüßler erkennt in der Ostausrichtung des Löwenmonuments eine „Beziehung des Löwen auf die Burg Dankwarderode als feste Residenz". Als bildlichen Beleg zieht er einen im Jahr 1883 vom damaligen Stadtbaurat Ludwig Winter veröffentlichten Grundriss des Burgplatzes heran, auf dem ohne

Begründung das Standbild im rechten Winkel zur Längsachse der Burg eingezeichnet ist (Abb. 14). In Wirklichkeit aber bildet die Längsachse des Standbilds mit der Längsachse der Burg einen Winkel von ca. 75 Grad (Abb. 20).

Die nicht rechtwinklige Zuordnung des Löwenmonuments zur Burg lässt Zweifel an einer intendierten programmatischen Beziehung zwischen den beiden Objekten aufkommen. Fraglich ist außerdem, ob der bronzene Löwe aus Anlass einer bestimmten historischen Situation – der Zeit der Erwartung des ersehnten männlichen Nachfolgers – auf dem Burgplatz aufgestellt worden sein kann. Man sollte eher davon ausgehen, dass seine Schöpfer die Absicht verfolgten, mit der Löwenfigur überzeitliche Inhalte zur Anschauung zu bringen.

Imperiale Traditionen

Hinsichtlich eines königs- bzw. kaisergleichen Herrschertums Heinrichs des Löwen sind in der Art der Darstellung des Burglöwen keine Anhaltspunkte zu finden. Die Forschung erkennt jedoch in der Materialität der Figur sowie in der Aufstellung des Monuments im Hof des Herrschaftszentrums Bezugnahmen auf imperiale Traditionen. Zum Vergleich herangezogen werden die hochmittelalterliche Palastanlage des Papstes, der Lateran, sowie die Pfalz Karls des Großen in Aachen.

Im Hof bzw. in der Eingangshalle des Lateranpalastes waren im Hochmittelalter mehrere bronzene Bildwerke aufgestellt, so unter anderem das antike Reiterstandbild des Kaisers Marcus Aurelius, Kopf und Hand mit der Weltkugel einer kolossalen antiken Herrscherfigur, eine nicht näher bestimmte Widderfigur sowie die unter dem Namen „Kapitolinische Wölfin" bekannte Tierfigur, zu der in der Zeit der Renaissance die Kinderfiguren des Romulus und Remus hinzugefügt wurden (Abb. 15). In dem Bronze-Ensemble lässt sich eine deutliche Reminiszenz an die antike Stadt Rom und die antiken Kaiser erkennen. Der Reiter

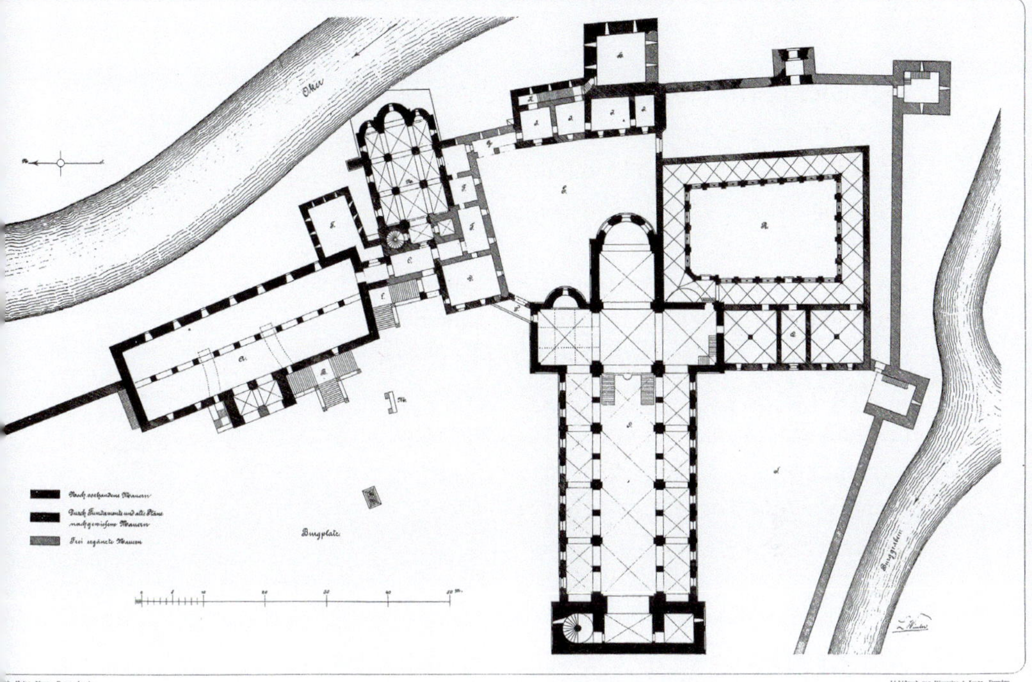

14 | *Ludwig Winter, Grundrissrekonstruktion der Residenz Heinrichs des Löwen im 12. und 13. Jh., 1883*

des Standbilds wurde im Hochmittelalter für eine Darstellung des Kaisers Konstantin gehalten.

Der durch die Bildwerke im Lateran demonstrierte Antikenbezug ist als Ausdruck des den Kaisern ebenbürtigen Selbstverständnisses der hochmittelalterlichen Päpste zu verstehen. Dessen Ursprung und Begründung liegen in der sogenannten Konstantinischen Schenkung. Diese, eine im frühen Mittelalter gefälschte Urkunde, hat zum Inhalt, dass Kaiser Konstantin I. mit der Verlegung der Residenz von Rom nach Konstantinopel (nach 324) den Päpsten für alle Zeiten die Oberherrschaft über das Weströmische Reich übertragen habe.

Die Kapitolinische Wölfin (Abb. 15) wurde bis zum Beginn des 21. Jahrhunderts für eine etruskische Arbeit gehalten. Mithilfe naturwissenschaftlicher Untersuchungen gelangte man dann zu dem Ergebnis, dass sie zwischen dem 9. und 14. Jahrhundert entstanden sein muss. Es wird davon ausgegangen,

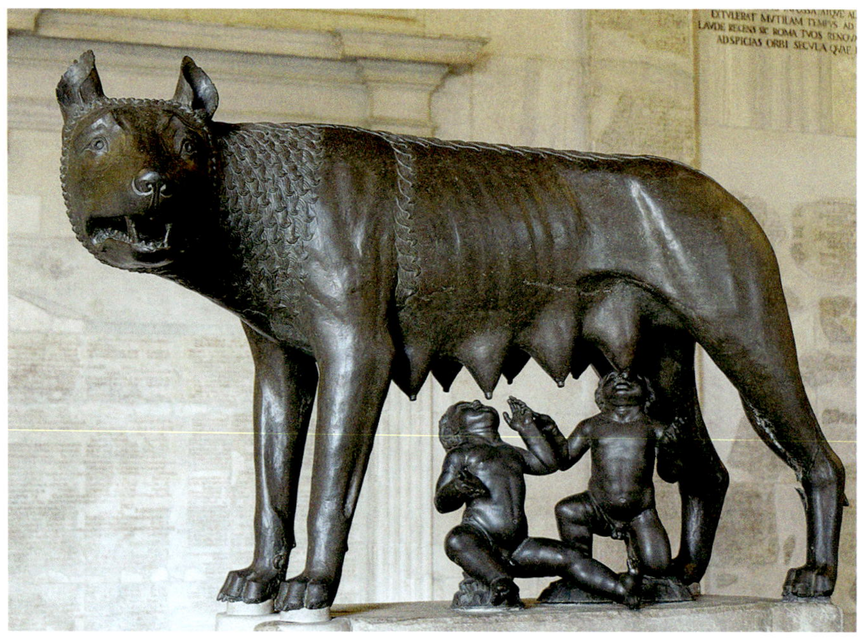

15 | *Kapitolinische Wölfin, Bronze, zwischen 9. und 14. Jh., Rom, Kapitolinische Museen, Palazzo dei Conservatori, Inv. S 1181*

dass sie eine gleichartige ältere im Lateran aufgestellte Figur ersetzte.

Nach Auffassung mehrerer Kunsthistoriker*innen steht sie in formaler und künstlerischer Hinsicht dem Burglöwen so nahe wie kein anderes Bildwerk. Zugleich wird betont, dass der Löwe nicht nach dem Vorbild der Wölfin, sondern als eigenständige künstlerische Arbeit geschaffen wurde. Als signifikante Merkmale der Verwandtschaft der beiden Skulpturen werden hauptsächlich motivische Ähnlichkeiten wie die Körperhaltung der beiden Tiere, das geöffnete Maul, der gegen das Gesicht und die Halsmähne abgesetzte Mähnenkragen oder die hervortretenden Rippenbögen genannt.

VERGEBLICHE SUCHE NACH VORBILDERN

Von allen im Hochmittelalter geschaffenen Kunstwerken hat nur eine geringe Menge die Zeiten überdauert. Somit ist in den meisten Fällen der kunstgeschichtliche Versuch, direkte Vorbilder bzw. die Anregungen für ein bestimmtes Kunstobjekt ausfindig zu machen, zum Scheitern verurteil. Dass in der Fachliteratur dennoch häufig vorbildhafte Werke zum Vergleich herangezogen werden, ist dem methodischen Bemühen geschuldet, das zu untersuchende Objekt in einem örtlichen und zeitlichen Umfeld zu verorten. Doch selbst diesem Bemühen sind in manchen Fällen enge Grenzen gesetzt.

Die bis zum Beginn des 21. Jahrhunderts vertretene Zuordnung der kapitolinischen Wölfin zur etruskischen Kunstepoche sowie die vom 9. bis zum 14. Jahrhundert reichenden aktuellen Datierungen der Skulptur machen deutlich, dass sich in diesem Fall die kunstgeschichtliche Forschung mit einem singulären, einer kunsthistorischen Klassifizierung sich weitgehend widersetzendem Werk konfrontiert sieht. Ähnliches gilt für den Burglöwen. Peter Seiler kommt nach umfassenden Untersuchungen zu dem Ergebnis: „Es ist offenbar nicht möglich, die Herkunft der Formelemente des Burglöwen mithilfe großfiguriger Tierskulpturen zu bestimmen oder auch nur näher einzugrenzen." •

Kaiser Karl der Große begründete mit der im Jahr 800 in Rom vollzogenen Kaiserkrönung die nachantike Fortsetzung des weströmischen Kaisertums durch die hernach deutschen Könige. Unter den Pfalzen seines Reichs bevorzugte er die Anlage in Aachen, die er in Anlehnung an antike Herrschaftsgebäude zu einem großen Komplex mit Kirche und Königshalle ausbauen ließ. Unter den Ottonen (919–1024) etablierte sich Aachen als geschichtsträchtiger Ort der deutschen Königskrönung. Auch Lothar III. und Friedrich I. Barbarossa wurden in Aachen zum deutschen König gekrönt.

Dank zweier Schriftquellen, die aus der ersten Hälfte des 9. Jahrhunderts stammen, sind wir darüber informiert, dass Karl der Große ein bronzenes, vergoldetes Reiterstandbild des ostgotischen Königs Theoderich in der Aachener Pfalz aufstellen ließ. Es war im Jahr 801 von Ravenna, wo es ursprünglich gestanden hatte, nach Aachen transportiert worden. Über das weitere Schicksal des längst verlorenen Standbilds ist nichts bekannt.

In der ehemaligen Aachener Pfalzkirche (Aachener Dom) erhalten sind ein bronzener, annähernd ein Meter hoher Springbrunnen in Form eines Pinienzapfens sowie die antike Bronzeskulptur einer Bärin, die gelegentlich auch als Wölfin gedeutet wird. Jüngere Materialuntersuchungen führten zu dem Ergebnis, dass der Pinienzapfen in ottonischer Zeit angefertigt wurde. Die Bärin alias Wölfin wird zum ersten Mal in einem um die Mitte des 14. Jahrhunderts entstandenen Quellentext erwähnt. Somit ist nicht sicher, ob sie sich bereits in karolingischer bzw. staufischer Zeit in Aachen befand.

Dahingegen darf als gesichert gelten, dass die Bronzefiguren des Laterans zur Zeit Heinrichs des Löwen beim Palast des Papstes aufgestellt waren. Als Sitz des Papstes war der Lateran nicht nur Residenzort, sondern auch eine der vornehmsten Pilgerstätten der Christenheit. Dementsprechend groß war sein Bekanntheitsgrad.

Der Historiker Holger Berwinkel vertritt die These, dass die kapitolinische Wölfin Heinrich den Löwen dazu inspirierte, „in Braunschweig nach römischem Vorbild eine Tier-Großbronze als Symbol aufzustellen." Als wesentlichen Beweggrund dafür nennt er die Kaiserkrönung Lothars III., die nicht in St. Peter, der traditionellen Krönungskirche, sondern in der Lateranbasilika stattgefunden hatte. Demzufolge sei der zwischen der Burg und dem Dom aufgestellte Burglöwe auch als Zeichen der Erinnerung an den Krönungsakt Lothars III. im Lateran zu verstehen. Mit dem Burgplatzensemble „wurde eine Bühne für eigene Würden [Heinrichs der Löwen] geschaffen, die sich am Vorbild des Großvaters messen lassen sollten."

Mehrere Fachleute sind davon überzeugt, dass Karl der Große die bronzene Bärin in Aachen aufstellen ließ. Zum Teil ist diese Auffassung mit der (umstrittenen) Ansicht verbunden, dass die Aachener Pfalz als Nachahmung des Laterans bzw. als zweites Rom konzipiert war. Dass die Pfalz in Aachen verhältnismäßig häufig als mögliches Vorbild für das Braunschweiger Ensemble Burg/Dom/Löwenmonument in Anspruch genommen wird, liegt nicht zuletzt an der herausragenden Bedeutung Karls des Großen für den Herzog von Sachsen und Bayern. Zu erinnern ist an das Rolandslied (s. S. 36) und an die Bezeichnung des Herzogs als Nachkomme Karls des Großen im Widmungsgedicht des Helmarshausener Evangeliars (s. S. 32 und 34).

Wenn sich Heinrich rühmt, ein Enkel Kaiser Lothars III. zu sein, sieht er sich auch als Erbe eines hochmittelalterlichen deutschen Königs, der aufgrund seiner außerordentlich häufigen Besuche der Stadt Aachen eine ganz besondere Wertschätzung für Karl den Großen an den Tag gelegt hatte. Im Übrigen kannte Heinrich der Löwe die Pfalz in Aachen aus eigener Anschauung. Den Lateran dagegen hat er Zeit seines Lebens nie gesehen.

Mögliche hochmittelalterliche Löwen-Vorbilder

Die ideelle Verbindung früh- und hochmittelalterlicher Könige und Kaiser mit dem König der Tiere ist weit überwiegend durch Schriftquellen belegt. Mit einem Löwen verglichen werden unter anderem Kaiser Karl der Große (747/748–814), Kaiser Otto I. (der Große) (912–973), Kaiser Otto II. (955–983), Kaiser Lothar III.

(1075–1137), Kaiser Friedrich I. Barbarossa (um 1122–1190), König Heinrich I. von England (um 1068–1135), König Heinrich II. von England (1133–1189), König Roger II. von Sizilien (1095–1154) sowie König Wilhelm I. von Sizilien (1122–1166). Dagegen ist die Anzahl der aus diesem Zeitraum auf uns gekommenen bildlichen Darstellungen eines Löwen in der Bedeutung eines Herrscherattributs recht überschaubar.

Wie Heinrich der Löwe ließen auch die beiden sizilianischen Könige Münzen mit Löwenbildern prägen. Für Roger II. und Wilhelm I. von Sizilien sowie deren Nachfolger hatte der Löwe als Herrschersymbol eine herausragende Bedeutung. Davon künden einige skulpturale und bildliche Löwendarstellungen, die in verschiedenen ehemals königlichen Repräsentationsräumen erhalten sind. Außer diesen ist erwähnenswert der sogenannte Krönungsmantel Rogers II. (Abb. 16). Auf ihm sind in symmetrischer Anordnung zwei Löwen dargestellt, die jeweils ein Kamel in die Knie zwingen.

Das Adelsgeschlecht der Könige von Sizilien wurde im Zuge der normannischen Eroberung (11. Jahrhundert) in Süditalien sesshaft. Herzog Roger II. ließ sich 1130 mithilfe eines Privilegs des Papstes Anaklet II. zum König von Sizilien und Süditalien ausrufen. Er richtete in Palermo eine feste Residenz ein, die er zu einer prachtvollen Anlage ausbauen ließ. Bezüglich der Re-

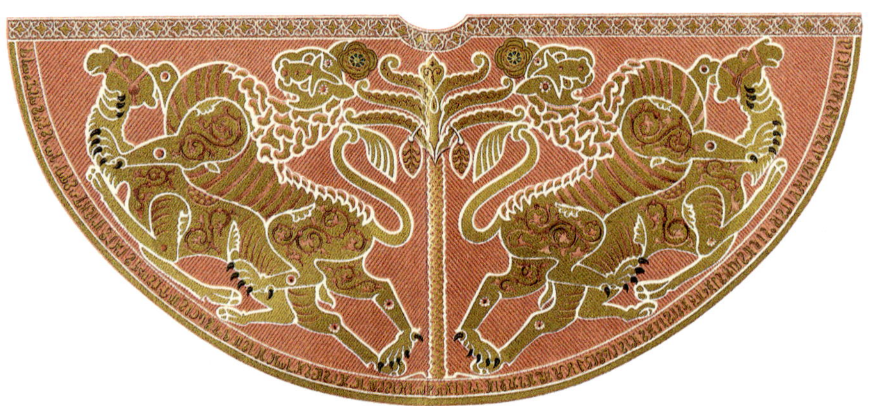

16 | *Krönungsmantel Rogers II. von Sizilien, 1133/34, seit dem 13. Jh. Krönungsmantel der römisch-deutschen Kaiser, Umzeichnung, 1897*

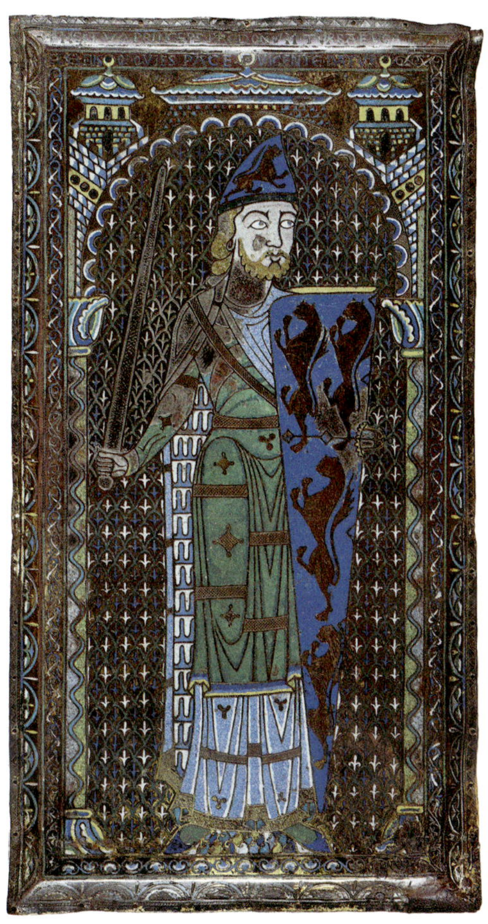

17 | *Deckplatte des Grabmals Gottfrieds V. Plantagenêt, Email auf Kupfer, um 1160*

sidenzbildung kann er als ein Vorläufer Heinrichs des Löwen bezeichnet werden. Erwähnenswert ist die Bemerkung eines zeitgenössischen Geschichtsschreibers, wonach das Gesicht König Rogers II. dem eines Löwen geähnelt habe.

Für das in der Kathedrale von Le Mans errichtete Grabmal Gottfrieds V. Plantagenêt, des Grafen von Anjou, wurde gegen 1160 eine emaillierte Deckplatte angefertigt, auf der der Verstorbene mit einem langen Schild, einem Schwert und einem Helm dargestellt ist (Abb. 17). Der Schild zeigt vier aufrecht stehende Löwen, der Helm einen schreitenden Löwen. Zudem wird in einer um 1175 verfassten Quelle berichtet, dass Gottfried von seinem späteren Schwiegervater, König Heinrich I. von England, einen Schild erhielt, der mit mehreren goldenen Löwen verziert war. Gottfried V. war der Großvater der Mathilde (Plantagenêt) von England, der Gemahlin Heinrichs des Löwen. So darf man davon ausgehen, dass der Braunschweiger Hof Kenntnis von dessen Grabmal hatte.

Mehrere byzantinische Kaiser werden in der Literatur ihrer Zeit oder auch danach als löwengleiche Herrscher gerühmt. Für das 12. Jahrhundert trifft dies auf Johannes II. Komnenos (Regierungszeit 1118–1143) und Manuel I. Komnenos (Regierungszeit 1143–1180) zu. Im Herrschaftszentrum Konstantinopels waren auf verschiedenen Plätzen Statuen aus Stein oder Bronze aufgestellt, unter denen sich zahlreiche antike Werke befanden.

Von besonderem Interesse ist in diesem Zusammenhang der kaiserliche Bukoleon-Palast. In einer im späten 12. Jahrhundert verfassten Beschreibung des Palastes heißt es: „Sein Eingang liegt am Meer und hat eine wunderbare und großartige Treppe. Es gibt Marmorstufen, die bis zum Meer führen und – aus demselben Material – Löwenstandbilder und Säulen von königlicher Pracht." Außer den Löwenstandbildern war beim Bukoleon-Palast eine aus Marmor gearbeitete, überlebensgroße Tierkampfskulptur aufgestellt. Dargestellt war ein Löwe, der einen Stier bezwingt. Dirk Jäckel weist unter Berufung auf eine Textstelle des 12. Jahrhunderts nach, „dass es sich bei der Löwen-Tierkampf-Gruppe – wie dies ja auch bei dem Braunschweiger Burglöwen der Fall ist – um ein stellvertretendes Herrscherbild handelt."

Heinrich der Löwe hatte im Rahmen seines Aufenthalts am Kaiserhof in Konstantinopel (im Jahr 1172) Gelegenheit, sich einen Eindruck von den frei aufgestellten Standbildern zu verschaffen. Der Herzog und ein Teil seines Gefolges traten die Weiterreise mit einem Schiff an, das ihnen Kaiser Manuel I. Komnenos zur Verfügung stellte. Es ist davon auszugehen, dass das Schiff, bevor es in See stach, im kaiserlichen Hafen ankerte. Dieser grenzte an den Bukoleon-Palast, so dass die Löwenstatuen Heinrich dem Löwen und seinen Begleitern nicht entgangen sein dürften. Falls die kaiserlichen Standbilder und Löwenstatuen von Konstantinopel den Herzog zur Aufstellung des bronzenen Löwen inspiriert haben sollten, dürfte die Herstellung des Monuments frühestens gegen Mitte der 1170er Jahre zum Abschluss gekommen sein (s. auch S. 96f.).

DIE REISE INS HEILIGE LAND

Im Januar 1172 trat Heinrich der Löwe mit einem stattlichen Gefolge eine Reise nach Jerusalem an, die fast ein ganzes Jahr dauern sollte. Aus den zeitgenössischen

Quellen geht nicht eindeutig hervor, ob er nur eine Pilgerfahrt oder in Verbindung damit auch einen Kreuzzug geplant hatte. Unklar ist außerdem, ob er mit einem politischen Auftrag in den Orient aufbrach. Zum Programm der Reise gehörten offizielle Begegnungen mit dem byzantinischen Kaiser Manuel I. Komnenos in Konstantinopel sowie mit dem seldschukischen Sultan Kılıç Arslan II., dessen Name mit Schwert-Löwe zu übersetzen ist. Der Herzog wurde von Manuel I. wie ein König empfangen und reich beschenkt. Auch Kılıç Arslan II. beehrte ihn mit wertvollen Geschenken, zu denen auch zwei Jagdleoparden gehörten. In Jerusalem besuchte Heinrich die Heiligen Stätten und tätigte großzügige Sach- und Geldstiftungen. Während seiner Reise erwarb er zahlreiche Reliquien, die er nach seiner Rückkehr verschiedenen Kirchen, hauptsächlich aber dem Dom in Braunschweig vermachte. •

Im Jahre 1209 wurde in Padua das steinerne Bildwerk eines kauernden Löwen errichtet (Abb. 41). Dieses Löwenmonument wurde als vergrößerte Kopie eines Standbilds angefertigt, das die Paduaner in der Burg des Markgrafen von Este erbeutet hatten (s. auch S. 94). Da das Geschlecht der Welfen auf das der von Este zurückgeführt werden kann, besteht ein genealogisch begründbarer Zusammenhang zwischen dem Paduaner bzw. dem estensischen und dem Braunschweiger Löwen.

Während seines kriegsbedingten Aufenthalts in Italien nahm Heinrich der Löwe 1154 Kontakt mit den Markgrafen von Este auf, um alte Besitztumsrechte geltend zu machen. Es ist nicht überliefert, wo und in welcher Weise der von den Paduanern erbeutete Löwe auf der Burg Este aufgestellt war. Ebenso wenig ist bekannt, ob er sich bereits in der Mitte des 12. Jahrhunderts dort befand. Nicht ausgeschlossen werden kann, dass sich der Herzog 1154 in der Burg seiner italienischen Verwandtschaft aufhielt und bei dieser Gelegenheit – falls dort vorhanden – dem liegenden Löwen begegnete.

Antike Vorbilder

Die im Widmungsgedicht des Helmarshausener Evangeliars erwähnte Abstammung Heinrichs des Löwen von Kaiser Karl dem Großen (s. S. 32) berührt auch den Mythos der Herkunft der Franken von den Trojanern. Denn nach damals geläufiger Auffassung war das Volk der Franken, dem Karl der Große angehörte, aus dem der Trojaner hervorgegangen.

Doch auch als Spross des Welfengeschlechts durfte sich Heinrich auf eine Abstammung von den Trojanern berufen. Denn laut welfischer Hausgeschichtsschreibung des 12. Jahrhunderts stammen die Welfen von den Franken ab, „die einst aus Troja ausgewandert waren." Die behauptete genealogische Verwurzelung in der Antike sollte „die altehrwürdige hohe Abkunft" des Welfengeschlechts bekunden und damit „einen auf Gegenwart und Zukunft gerichteten Machtanspruch" verdeutlichen (Thomas Vogtherr, Historiker). Mit der Begründung, über die Franken aus dem Volk der Trojaner hervorgegangen zu sein, wurden die Welfen in eine Reihe mit den Römern gestellt, die der Sage nach bekanntlich ebenfalls von den Trojanern abstammen.

Da sich Heinrich der Löwe in mehrfacher Beziehung auf eine Abstammung aus der Antike berufen konnte (s. auch S. 24), ist eine Bezugnahme seiner Löwen-Identifizierung auf antike Vorbilder nicht auszuschließen.

Bestimmte Vorbilder der Antike waren in der höfischen Gesellschaft außerordentlich präsent. So gehörten die trojanischen Kriegshelden spätestens seit dem 12. Jahrhundert zu den „Klassikern" der zeitgenössischen Literatur. Am Hof Heinrichs II. von England und seiner Gattin Eleonore von Aquitanien entstand um 1165 der erfolgreichste Trojaroman in der Zeit Heinrichs des Löwen. Darin wird Hektor, der Heerführer der Trojaner, als tapferer Kämpfer beschrieben, dessen vergoldeter Schild mit zwei Löwen verziert ist. Die Autoren der mittelalterlichen Trojaromane übertrugen die antike Erzählung in ihre eigene Umwelt. Die Protagonisten der Handlung vertreten die höfischen Ideale Rittertum und Minne.

Der wohl prominenteste Löwen-Mensch der griechisch-römischen Antike ist Herkules. Laut dem antiken Mythos ging der Halbgott eine enge Verbindung mit dem von ihm besiegten Nemeischen Löwen ein. Er hatte diesen, der dank seines undurchdringlichen Fells unverwundbar war, mit seinen Händen erwürgt. Danach zog er ihm das Fell ab und legte es sich um. Auf diese Weise war er wie der Löwe zuvor vor Verletzungen geschützt. Nach seiner irdischen Vernichtung bekam der Nemeische Löwe von der Göttermutter Hera einen Platz am Himmel zugewiesen, wo er als Sternbild des Löwen verewigt ist. Der tugendhafte und im Kampf nicht zu bezwingende Herkules war ein von zahlreichen Herrschern der Antike und Nachantike verehrtes Idol.

Wie die trojanischen Krieger trat auch Herkules zur Zeit Heinrichs des Löwen in der Literatur und bildenden Kunst als eine nach den Idealen des Rittertums agierende Heldengestalt in Erscheinung. Dessen Vorbildfunktion für christlich-abendländische Herrscher dokumentieren beispielhaft die elfenbeinernen Bildtafeln mit den zwölf Taten des Heros, die an der sogenannten Cathedra Petri angebracht sind. Die Cathedra Petri, ein Prunkthron, wurde wahrscheinlich für Kaiser Karl den Kahlen anlässlich seiner Kaiserkrönung im Jahr 875 geschaffen. Später diente sie als zeremonieller Thronstuhl des Papstes in St. Peter, wo ihr Gebrauch auch für das 12. Jahrhundert nachgewiesen ist. So ist es nicht unwahrscheinlich, dass Heinrich der Löwe die Chathedra Petri mit eigenen Augen gesehen hat, als er im Jahr 1155 der Kaiserkrönung Friedrichs I. Barbarossas in St. Peter beiwohnte.

Unter den Verehrern des Herkules ist Alexander der Große der wohl berühmteste Nacheiferer. Der makedonische König sorgte selbst für eine nachhaltige Verbreitung seiner Herkules-Selbstidentifizierung. Er brachte massenhaft Münzen mit seinem Namen heraus, auf deren Vorderseite das Profilbildnis des mit dem Fell des Löwen bewehrten Herkules angebracht ist (Abb. 18). Dabei ähneln die Gesichtszüge des mythischen Helden so stark denen der Idealbildnisse des Königs, dass darin posthum Herkules und Alexander in eins gesehen wurden.

18 | *Alexandermünze, Vorderseite: Kopf des Herkules; Rückseite: Inschrift „ALEXANDROU BASILEOS" ([Münze] „des Königs Alexander"), Silber, letztes Drittel 4. Jh. v. Chr.*

Die Herkules-Alexander-Münzen, die bereits zu Lebzeiten Alexanders des Großen in riesigen Mengen in Umlauf waren, bildeten den Prototyp für zahlreiche weitere Münzprägungen, die bis in die Spätantike hinein das Löwen-Profilbildnis des antiken Helden tradierten. Unter diesen sind mehrere Ausgaben zu finden, bei denen das Bildnis des Herkules dem Bildnis eines antiken Herrschers, wie beispielsweise dem des römischen Kaisers Commodus (180–193), angeglichen wurde. In der zweiten Hälfte des vierten nachchristlichen Jahrhunderts erschienen römische Medaillen (die sogenannten Kontorniaten) mit dem Bildnis Alexanders des Großen nach dem Vorbild der Herkules-Alexandermünzen.

DER MITTELALTERLICHE ALEXANDER DER GROSSE

Keine andere vorchristliche historische Gestalt hat die mit der Antike in Berührung stehende Nachwelt durch alle Epochen hindurch so sehr in ihren Bann gezogen wie Alexander der Große. Im Mittelalter zählten die sogenannten Alexanderromane zu den am meisten bekannten und gelesenen Werken der weltlichen Literatur.

Mitte des 12. Jahrhunderts erschien aus der Feder des Pfaffen Lamprecht der erste deutschsprachige Alexanderroman. In der ursprünglichen Fassung des mittelalterlichen Alexanderromans (Mitte 10. Jahrhundert) wird der Leib der Mutter Alexanders nach der Zeugung mit einem Löwen-Siegel gesiegelt. Im Roman des Pfaffen Lamprecht und in anderen mittelalterlichen Alexandertexten heißt es, dass bereits der heranwachsende Alexander Locken wie die eines Löwen besaß.

Doch mehr noch als die Texte prägten die auch im Mittelalter bekannten antiken Alexander-Münzen die Vorstellung von der löwenhaften Erscheinung des Königs. Offensichtlich dienten sie jenen hochmittelalterlichen Künstlern als Vorlage, die den bartlosen Makedonenkönig mit einer „Löwenmähne" darstellten.

Obgleich manche Taten Alexanders in der hochmittelalterlichen Literatur negativ bewertet werden, zeichnet das 12. Jahrhundert ein überwiegend positives Bild des Königs. Gemessen wird er dabei an den Idealen des Rittertums. Dank seiner Erwähnung im Alten Testament wird ihm (als Werkzeug Gottes) eine erhebliche heilsgeschichtliche Bedeutung zuerkannt. •

Ein öffentlich propagierter Vergleich eines christlichen Herrschers mit dem heidnischen König Alexander kam im Mittelalter kaum in Betracht. (Eine Ausnahme bildet z. B. der mit Heinrich dem Löwen verschwägerte englische König Richard I. Löwenherz.) Aufgrund einiger signifikanter Parallelen zur Biografie des Makedonenkönigs nennt der Mittelalter-Archäologe Thomas Küntzel Heinrich den Löwen einen „sächsischen Alexander". Der Herzog von Sachsen und Bayern hatte zudem einen zu seiner Zeit geläufigen „historischen" Grund, sich als einen Nachfolger Alexanders des Großen zu rühmen. Einem Abstammungsmythos zufolge sind die Sachsen Nachkommen jener Makedonier, die einst im Heer Alexanders kämpften.

Eine weitere Verbindung Heinrichs des Löwen zu Alexander dem Großen ergibt sich aus der Legendenerzählung zu den beiden Herrscherfiguren. Demnach waren sowohl der Makedonenkönig als auch der Sachsenherzog während ihres jeweiligen Aufenthalts in fernen Ländern von einem bzw. zwei Greifen durch die Lüfte getragen worden. Es ist allerdings nicht nachweisbar, ob die Legende zu Heinrich dem Löwen bereits zu dessen Lebenszeit oder erst danach entstanden ist (zum Inhalt der Legende s. S. 127f.).

→
19a | *Löwenportal, Kaiserdom Königslutter, zwischen 1135 und 1150(?), 19. Jh.*

Portallöwen

Aus dem 12. Jahrhundert haben sich hauptsächlich in Italien zahlreiche großformatige Löwenskulpturen erhalten, die paarweise in eine Portalarchitektur eines Kirchengebäudes eingefügt sind. Zum Teil wurden sie freiplastisch ausgearbeitet, fungieren jedoch in der Regel als Stützfiguren des zum Portal gehörenden Säulenpaars. Häufig sind den Portallöwen ein oder mehrere erbeutete Tiere oder Menschen beigegeben. Die diesen Löwen im Hochmittelalter zugedachte Bedeutung ist nicht geklärt. Vermutlich sind sie „als Wächter oder als gebannte Mächte des Bösen" zu verstehen (Joachim Poeschke, Kunsthistoriker).

Italienische Bildhauer fertigten zwischen 1135 und 1150 für das Hauptportal des Kaiserdoms in Königslutter zwei axialsymmetrisch zueinander angeordnete Löwen an (Abb. 19 a, b). Es erscheint naheliegend, einen wie auch immer gearteten Einfluss der beiden Portallöwen auf die Konzeption des Burglöwen zu vermuten. Das Löwenpaar und das Löwenmoment sind jeweils der kaiserlichen bzw. der herzoglichen Stiftskirche zugeordnet, wobei jede der beiden zugleich auch als Grablege des jeweiligen Herrschers bestimmt war. Insofern können die Königslutterer Löwen wie auch der Braunschweiger Löwe – falls man sich für diese Deutung entscheidet – nicht nur als Wächter des Kirchen-

→
19b | *Löwenportal, Kaiserdom Königslutter, Löwe: Kopie, 19. Jh., nach dem Original, zwischen 1135 und 1150(?)*

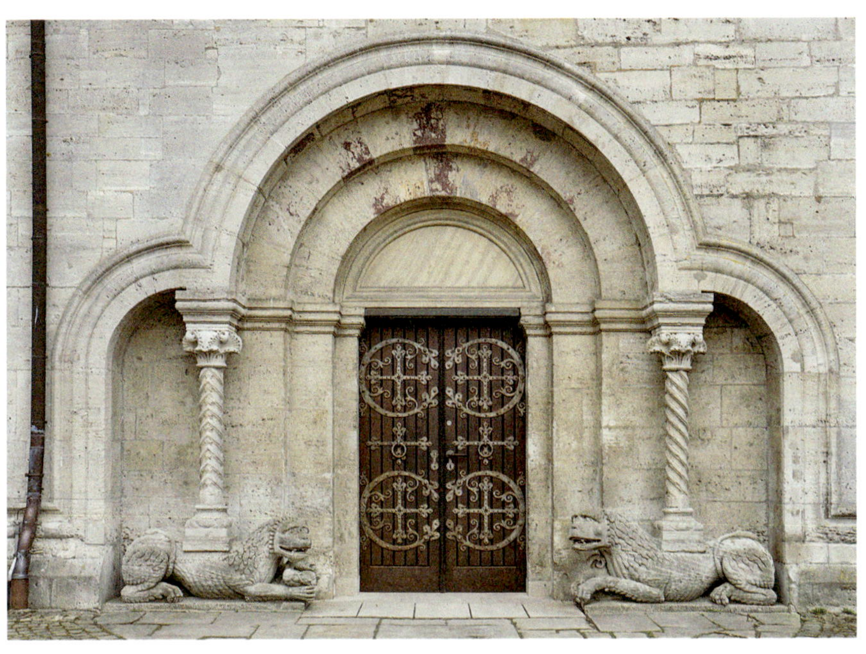

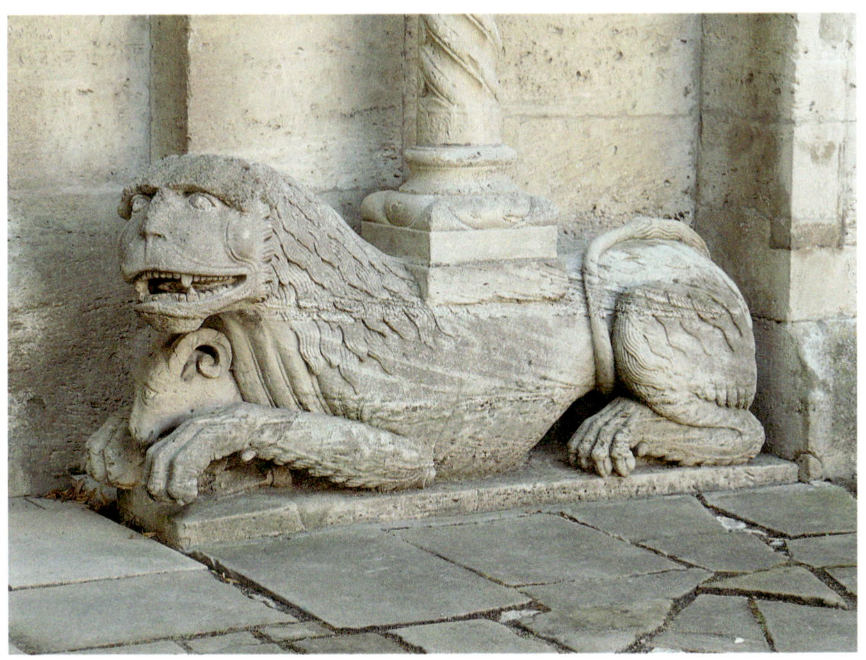

gebäudes, sondern auch als Wächter der fürstlichen Gräber verstanden werden. Im Unterschied zu den Portallöwen des Kaiserdoms, die in die Architektur des Sakralbaus integriert sind, ist der Burglöwe jedoch nicht nur dem Kirchengebäude, sondern zugleich auch dem Pfalzgebäude zugeordnet.

Formal und inhaltlich unterscheidet sich das Löwenmonument erheblich vom Königslutterer Löwenpaar. Hingewiesen werden soll hier lediglich auf die Gegensätze Bronzeguss – Steinskulptur, freistehende Einzelfigur – in die Architektur eingebundenes Figurenpaar, stehende Haltung – kauernde Haltung, verhältnismäßig naturnahe, organische Wiedergabe des Tierkörpers – verhältnismäßig naturferne, additive Wiedergabe der beiden Tierkörper, zurückgenommene Aktivität – in Aktion stehend (Festhalten der Beute), einzigartige Symbolfigur eines bestimmten Herrschers – gleichbedeutend mit den traditionellen romanischen Portallöwen.

Das Löwenpaar in Königslutter kann demnach weder als formales noch als inhaltliches Vorbild für den Burglöwen in Betracht gekommen sein. Nicht auszuschließen ist jedoch, dass es als großformatiges, im Außenbereich angebrachtes Löwen-Bildwerk der sächsischen Imperialarchitektur mit die Idee beförderte, neben der Braunschweiger Stiftskirche, dem Dom, ein Löwenmonument zu errichten und damit einen sinnstiftenden Bezug zur Stiftskirche des kaiserlichen Großvaters Heinrichs des Löwen herzustellen.

Ostausrichtung

In den bisherigen Veröffentlichungen, die sich mit der Deutung des Burglöwen befassen, vermisst man eine umfassende, grundlegende Untersuchung und Beschreibung des Gegenstands. So wurde unter anderem auch die Ausrichtung des Löwenmonuments nach Osten bislang noch nicht in einem größeren Rahmen zur Diskussion gestellt.

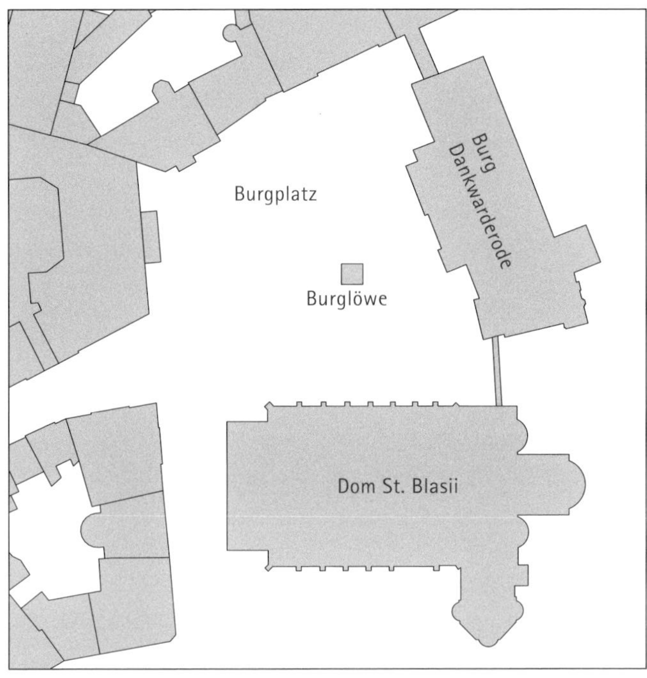

20 | *Braunschweig, aktueller Grundriss des Burgplatzes, Grafik: Daniela Selbmann*

Wie im Grundriss des Burgplatzes (Abb. 20) zu erkennen, ist die Längsachse des Monuments mit geringfügigem, gegen den Uhrzeigersinn gerichtetem Winkelgradunterschied an die Ost-West-Achse angenähert. Die Längsachse des Doms weicht von der Ost-West-Achse etwa 2 Grad gegen den Uhrzeigersinn ab. Diese und die Längsachse des Monuments verlaufen somit nahezu parallel. Es ist allerdings nicht auszuschließen, dass bei einer Totalerneuerung des Sockels die Ausrichtung des Monuments bewusst oder unbewusst verändert wurde. Dank der oben zitierten Bemerkung des Arnold von Lübeck (s. S. 13) kann man jedoch davon ausgehen, dass die generelle Ostausrichtung von Anfang an bestand.

Wie bereits erwähnt, ergibt sich zwischen der Längsachse des Monuments und der der Burg Dankwarderode ein Winkel von ca. 75 Grad (s. S. 46). Der Burglöwe ist von seiner Ausrichtung her der Burg zugewandt, dieser jedoch nicht im rechten

Winkel zugeordnet. Sein Abstand zur Domkirche in ihrer ursprünglichen dreischiffigen Ausführung war in etwa um das Anderthalbfache größer als der zur Burg (Abb. 14). Voraussetzung für diese Berechnung ist die Annahme, dass der jetzige Standort des Monuments dem ursprünglichen entspricht.

DIE OSTAUSRICHTUNG IM CHRISTENTUM

Die heilsgeschichtliche Bedeutung der Himmelsrichtung Osten in der christlichen Lehre und Praxis ist kaum zu überschätzen. Ihre theologischen Grundlagen wurden von den frühchristlichen Kirchenlehrern gelegt und hatten bis weit ins Mittelalter hinein Bestand.

Der in der ersten Hälfte des 12. Jahrhunderts tätige angesehene Theologe Honorius Augustodunensis nennt drei wesentliche Gründe, weswegen sich die Christen beim Gebet nach Osten wenden: 1. Weil dort das biblische Paradies angesiedelt ist, welches die Betenden in seiner erhöhten, himmlischen Form durch ein gottgefälliges Leben zu erreichen suchen. 2. Weil dort die Sonne aufgeht, die den Gottessohn versinnbildlicht. Dieser wird im Johannesevangelium auch als „das Licht der Welt" (Kapitel 8, Vers 12) bezeichnet. 3. Weil die Sonne außerdem ein Sinnbild für die Auferstehung der Toten beim jüngsten Gericht ist. Denn wenn die Sonne im Westen untergeht, stirbt sie gleichsam, und wenn sie am Morgen im Osten aufgeht, „ersteht sie wieder in großer Herrlichkeit."

Die mit sinnfälligste Vergegenständlichung der christlichen Überhöhung des Ostens stellt die obligatorische Anordnung der Längsachse eines Kirchengebäudes in west-östlicher Richtung dar. Im Hochmittelalter war es längst zur Regel geworden, den Eingang an die Westseite und die Apsis, in der in der Regel der Altar aufgestellt war, an die Ostseite zu legen. Auf diese Weise sind die im Kirchenraum zum Gottesdienst versammelten Gläubigen unmittelbar dem Osten zugewandt. Die in die Apsis eingelassenen Fenster schaffen einen direkten Bezug zur aufgehenden Sonne.

Seit dem hohen Mittelalter wurden die Toten bevorzugt in west-östlicher Ausrichtung bestattet, wobei das Gesicht dem Osten zugewandt ist, die Entschlafenen gleichsam nach Osten blicken. In dieser Haltung erwarten sie die Wiederkunft Christi am Jüngsten Tag, „denn wie der Blitz zum Westen hin leuchtet, wenn er im Osten aufflammt, so wird es bei der Ankunft des Menschensohnes sein" (Evangelium des Matthäus, Kapitel 24, Vers 27). •

↓ 21 | *Konturzeichnung des Burglöwen auf der Grundlage von photogrammetrischen Aufnahmen, Ausarbeitung: Institut für Photogrammetrie und Kartographie der TU Braunschweig, 1981/83*

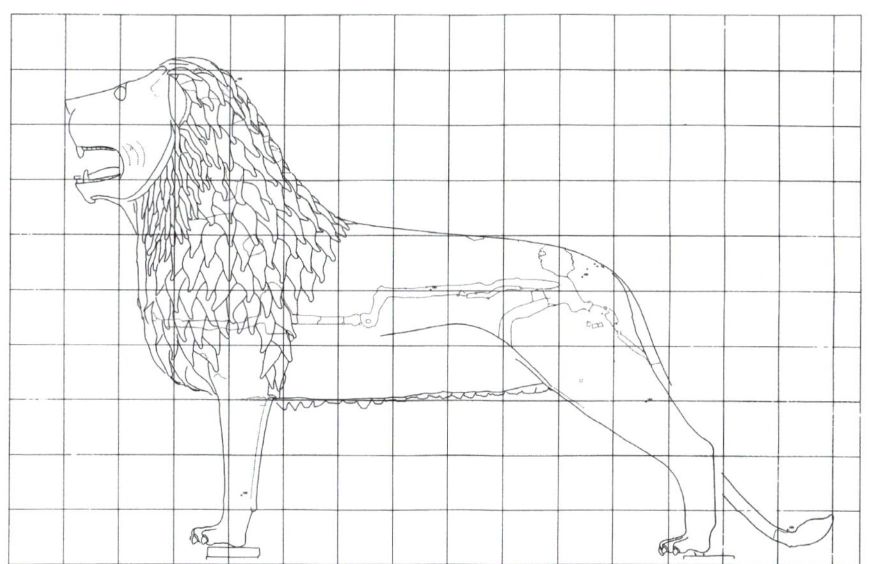

Angesichts der überragenden christlichen Bedeutung der Himmelsrichtung Osten stellt sich die Frage, ob die Ostausrichtung des Burglöwen in einen diesbezüglichen Kontext gestellt werden kann. Darüberhinaus ist zu fragen, ob der Löwe in eine Beziehung zum symbolhaften Aufgang der Sonne gesetzt werden kann. Um sich den Fragestellungen anzunähern, bedarf es einer genaueren Betrachtung der Löwenfigur.

In der Seitenansicht (Abb. 5, 21, 22) schließen sich der Schwanz sowie die Keulen der Hinterbeine, der Rumpf, der Hals und der Kopf des Burglöwen mit fließenden Übergängen zu einer Formeinheit zusammen, deren obere Kontur eine ansteigende, wellenförmige Linie beschreibt (s. auch S. 108). Das hin

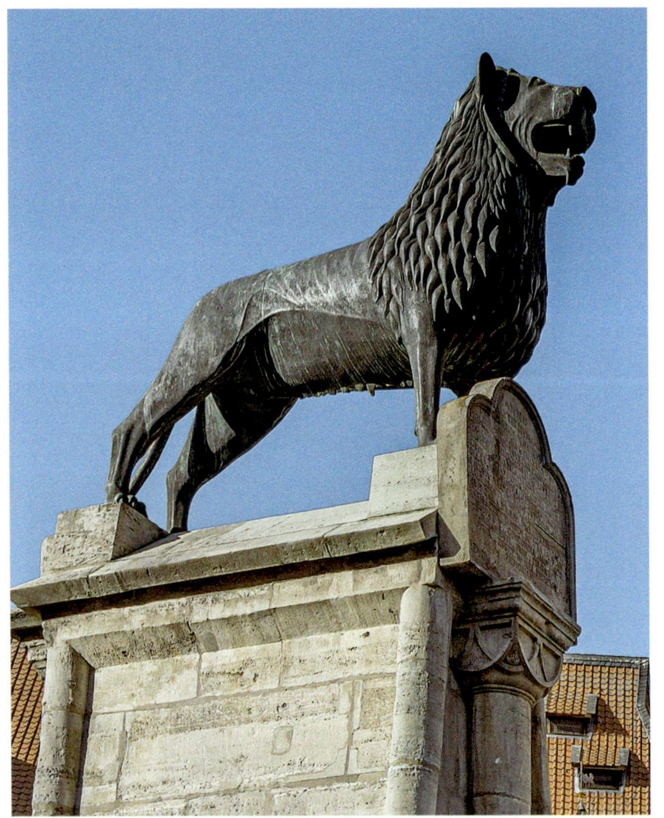

22 | *Löwenmonument, Burgplatz, Braunschweig; Sockel, Elmkalkstein, 1858; Kopie des Burglöwen, Bronze, 1980*

und her schwingende Formgebilde nimmt seinen Ausgang in der Schwanzquaste, lässt sein Volumen von den Keulen bis zur Brust hin anwachsen, zieht sich danach wieder zusammen und läuft schließlich in der Schnauze des Tieres aus. Beim Betrachten der Figur wird das so beschriebene Formgebilde als eine vom Schwanzende bis zum Kopf dynamisch ansteigende Bewegungsfigur empfunden. Die angehobene Haltung des Kopfs korrespondiert mit dem nach oben führenden Bewegungsimpuls. Bei der Unteransicht der Löwenfigur, wie sie bei der Aufstellung auf dem Burgplatz gegeben ist (Abb. 22), tritt das Aufstrebende der Bewegungsfigur stärker in Erscheinung als bei der Betrachtung des auf niedrigem Sockel stehenden Originals in der Burg Dankwarderode (Abb. 130).

Die Augen des Löwen sind in flache Augenhöhlen eingebettet und so ausgerichtet, dass in der Seitenansicht der jeweilige Sehstrahl in einem Winkel von rund 60 Grad zur Horizontalen schräg nach oben zeigt (Abb. 23). Die hinsichtlich ihrer Ausrichtung in Einklang stehenden Elemente Körper, Kopf und Augen erwecken den Eindruck, dass der Löwe eine imaginäre, oberhalb des Horizonts liegende Sphäre anvisiert. Diese Vorstellung wird verstärkt durch die nach vorne gedrehten, steil aufgestellten Ohren sowie den geöffneten Rachen, der an das hechelnde Maul eines Hundes erinnert.

Die aus Kupferblech herausgeschnittenen Augen (Abb. 23 und 44) sind die einzigen Formelemente des Burglöwen, die nach dem Guss als Applikationen in die Bronzeoberfläche eingesetzt wurden (s. S. 100f.) Dazu bemerkt Hans Drescher, Experte für historische Metalltechniken, dass außer dem Braunschweiger Löwen und dem berühmten Markuslöwen, der im 13. Jahrhundert in Venedig aufgestellt wurde, keine weiteren großen Tierbronzen des Mittelalters bekannt sind, bei denen die Augen aus einem anderen Material verfertigt wurden. (Aber vielleicht traf dies auch für die Kapitolinische Wölfin zu (s. S. 47f.) (Abb. 15), da deren plastisch hervorstehenden Irisringe möglicherweise mit einem anderen Material verfüllt waren.)

Es ist naheliegend, jedoch nicht zwingend, die Betonung der Augen des Burglöwen mit der im Mittelalter geläufigen Naturanschauung in Verbindung zu bringen, wonach der Löwe mit offenen Augen schläft. Nach christlicher, auch im Hochmittelalter kursierender Auslegung wird der mit offenen Augen schlafende Löwe auch als ein Sinnbild Christi gedeutet. Ihr zufolge blieb seine göttliche Natur während seines vom Hinscheiden am Kreuz bis zur Auferstehung dauernden Todesschlafs wach.

Weit verbreitetet in der hochmittelalterlichen geistlichen und weltlichen Literatur ist der Vergleich der Augen – die dort auch als Lichter bezeichnet werden – mit den Sternen, der Sonne oder dem Zweigestirn Sonne und Mond. Auge und Licht werden zum Teil wie identische Wesenheiten beschrieben.

Das Gesicht des Burglöwen wird seitlich von einem Mähnenkragen gerahmt, der aus zwei sichelartigen Formelementen besteht (Abb. 23 und 46). Der Mähnenkragen ist bei natürlichen Löwen in einer mehr oder weniger deutlichen Ausprägung zu beobachten. Er kommt aber auch bei Tigern oder Bären vor (s. auch S. 111). Im Unterschied zu den Naturvorbildern setzte der Künstler des bronzenen Löwen den Mähnenkragen durch eine gratartige äußere Begrenzung sowie eine feinlinige, flächige Reliefierung (Abb. 54) in starken Kontrast zu der übrigen Mähne. So wird der Mähnenkragen mehr als Teil des Gesichts und weniger als Teil der Mähne wahrgenommen. Die parallel gesetzten Haarlinien verleihen der jeweiligen Mähnenkragensichel den Charakter eines Strahlenkranzabschnitts.

Vergleichbare Mähnenkragen zeigen zahlreiche Löwenfiguren des Altertums. Der spätantike Schriftsteller Horapollon deutet die altägyptischen Löwen, die am Thron des Gottes Horus angebracht sind, als Symbole der Sonne: „Der Löwe hat einen großen Kopf, feurige Augen und ein rundes, von einem Haarkranz eingefasstes Gesicht, der dem Strahlenkranz der Sonne ähnelt." Allerdings war Horapollon im abendländischen Mittelalter nicht bekannt. Von dem im Hochmittelalter gelesenen römischen Schriftsteller Aelian ist immerhin zu erfahren, dass die

→ 23 | *Burglöwe, Original*

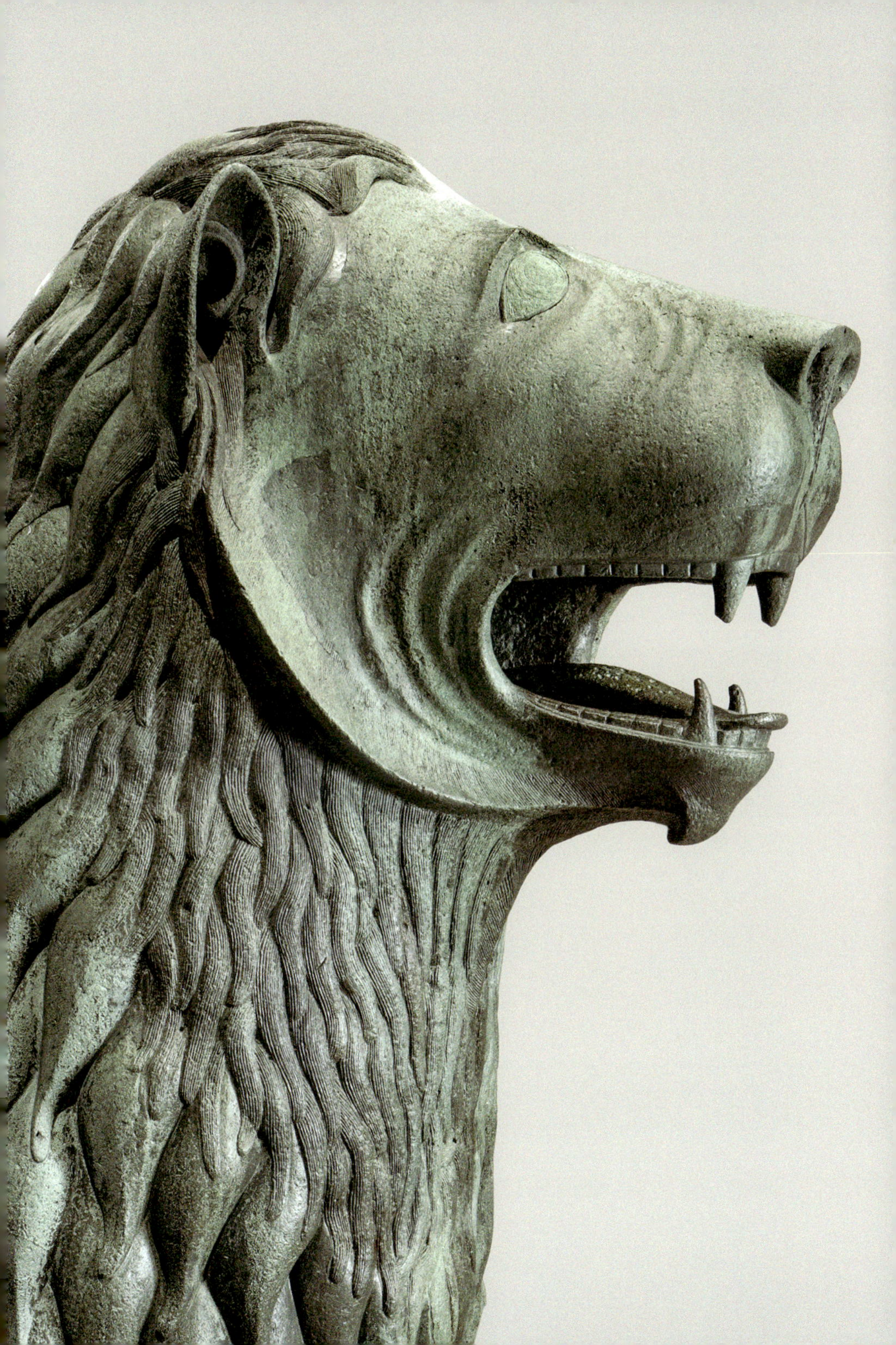

Ägypter den Löwen als Symbol der Sonne verehrten.

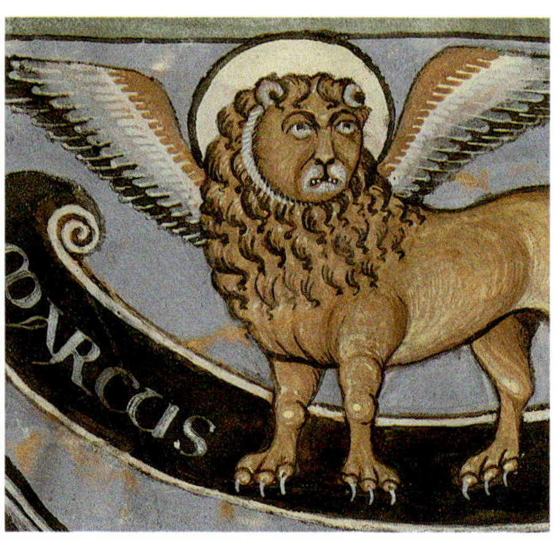

Das Bild des männlichen Löwen, dessen Gesicht von der Mähne bzw. vom Mähnenkragen in der Art eines Strahlenkranzes oder eines Nimbus eingefasst wird, kommt auch in der früh- und hochmittelalterlichen Kunst vor. Bei manchen dieser Löwen aus dem Bereich der Miniaturmalerei wurde der Mähnenkragen durch einen lichten Farbton von der übrigen Farbigkeit des Tierkörpers abgesetzt. 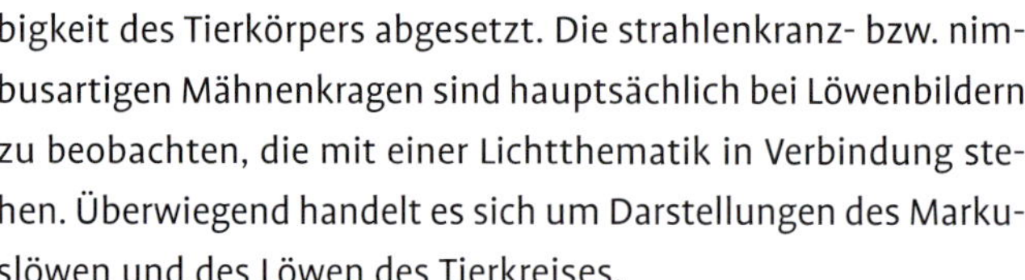Die strahlenkranz- bzw. nimbusartigen Mähnenkragen sind hauptsächlich bei Löwenbildern zu beobachten, die mit einer Lichtthematik in Verbindung stehen. Überwiegend handelt es sich um Darstellungen des Markuslöwen und des Löwen des Tierkreises.

24 | *Markuslöwe, in: Evangeliar, Pergament, Fulda, um 850/870, Autorenbild Evangelist Markus, fol. 49v*

In dem sogenannten Evangelienharmonie-Bild, einem weitverbreiteten Bildtypus der mittelalterlichen Kunst, scharen sich der Markuslöwe, das Symbol des Evangelisten Markus, und die übrigen Symbolfiguren der vier Evangelisten als jenseitige himmlische Wesen um den im Zentrum des Bildes wiedergegebenen thronenden Christus. Doch auch in anderen Zusammenhängen sind sie als Wesen der göttlichen Sphäre zu verstehen, die „vom Glanz Gottes so hell ist, dass sie weder des Sonnen- noch des Mondlichts bedarf" (mittelhochdeutsche Dichtung „Himmel und Hölle", Ende 11. Jahrhundert).

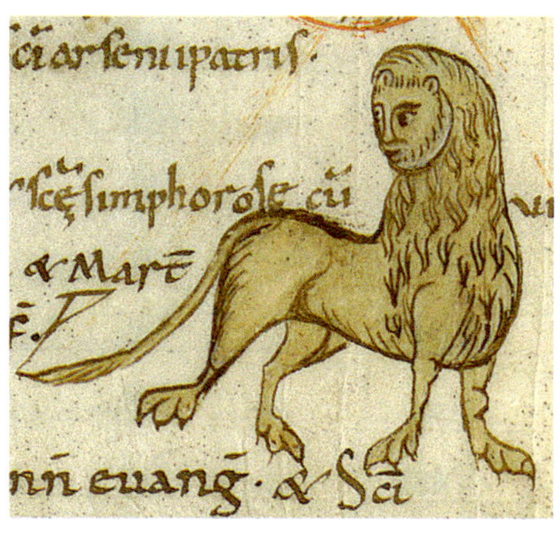

25 | *Sternbild Löwe, in: Sakramentar, Pergament, Nordwestdeutschland, 3. Drittel 10. Jh., fol. 222v*

Der Mähnenkragen des Markuslöwen, der im Evangelistenbild eines im dritten Viertel des 9. Jahrhunderts in Fulda entstandenen karolingischen Evangeliars wiedergegeben

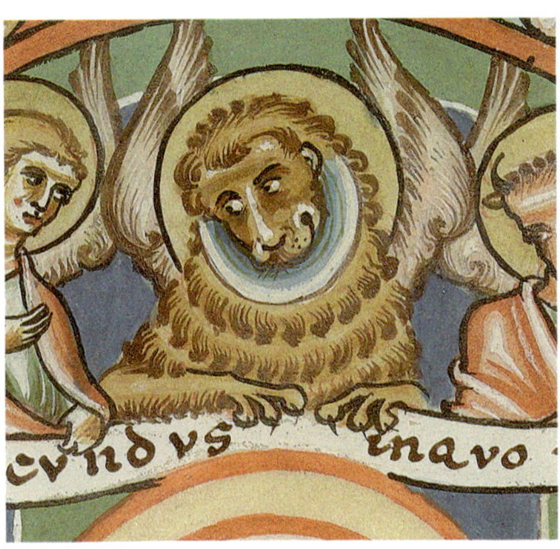

26 | *Markuslöwe, in: Evangeliar, Pergament, Niedersachsen, 1194, fol. 6r*

ist (Abb. 24), zeigt eine ähnliche sichelartige Form und eine ähnliche Einbindung in das Gesicht wie der des Burglöwen. Wie das Maul, die Augen und die Ohren des Tieres hebt er sich durch seine lichte, bläuliche Farbgebung von der braunen Grundfarbe des Löwenkörpers ab.

Auch das Gesicht des Tierkreis-Löwen, der die Juli-Kalenderseite eines in Nordwestdeutschland im 3. Drittel des 10. Jahrhunderts angefertigten Sakramentars (Buch mit liturgischen Texten) illustriert, ist von einem sichelförmigen Mähnenkragen gerahmt (Abb. 25). Der Maler führte bei der Einfärbung des Tierkörpers die Farbe nicht ganz an die Kontur des Kragens heran, so dass dieser wie von einem Glanzlicht erhellt zu sein scheint.

Gegen Ende des 12. Jahrhunderts entstanden im Braunschweiger Raum einige Miniaturen mit einer Darstellung des Markuslöwen, deren Gesichter mit einem nimbusartigen, blau bzw. weiß gefärbten, unter dem Kinn durchlaufenden Mähnenkragen gerahmt ist (Abb. 26). Eine größere Verwandtschaft mit dem des Burglöwen als diese zeigt der Mähnenkragen des den Gottessohn symbolisierenden Löwen von Juda im Stammheimer Missale (Messbuch), das um 1170 in Hildesheim für das dortige Benediktinerkloster St. Michael angefertigt wurde (Abb. 27) (s. auch S. 102).

27 | *Der Löwe von Juda, in: Stammheimer Missale, Pergament, Kloster St. Michael, Hildesheim, gegen 1170, fol. 111v*

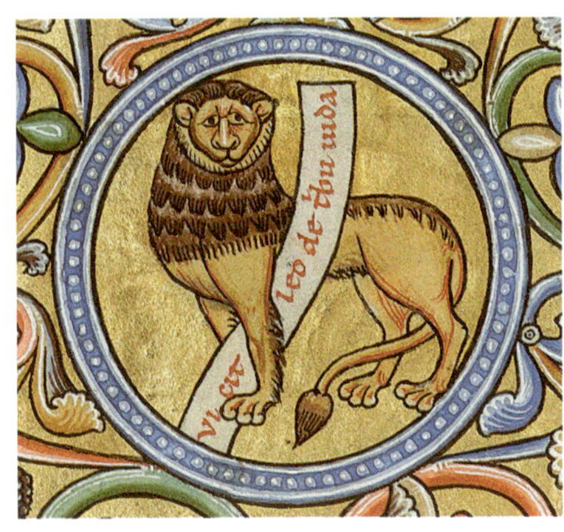

Als junger Löwe wird im Alten Testament Juda, einer der zwölf Söhne Jakobs, bezeichnet (erstes Buch Mose, Kapitel 49, Vers 9). In der Offenbarung des Johannes (im Mittelalter dem Evangelisten zugeschrieben)

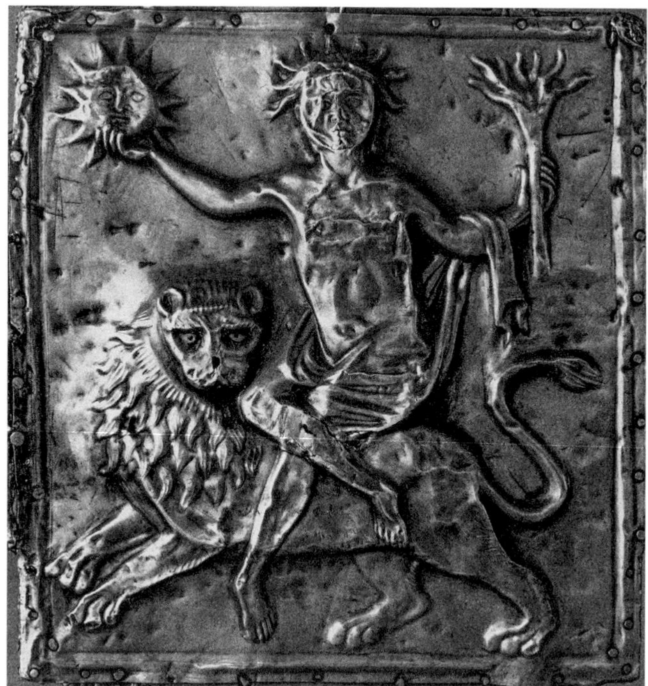

28 | *Element Feuer, Kreuz, Rückseite, getriebenes Silberblech, um 1200, Benediktinerkloster Engelberg*

wurde die Bezeichnung auf Christus (den wahren Löwen Juda) übertragen: „Da sagte einer von den Ältesten zu mir: ‚Weine nicht! Gesiegt hat der Löwe aus dem Stamme Juda, der Spross aus der Wurzel Davids; er kann das Buch und seine sieben Siegel öffnen.'" (Geheime Offenbarung, Kapitel 5, Vers 5)

Die im Hochmittelalter sehr selten als Symbolfiguren dargestellten Vier Elemente Erde, Wasser, Luft und Feuer, erscheinen an den vier rückseitigen Enden eines um 1200 entstandenen Kreuzes aus teilweise vergoldetem Silber, das im Benediktinerkloster in Engelberg (Schweiz) aufbewahrt wird. Die Vier-Elemente-Lehre wurde in der griechischen Antike begründet. Mit deutlichem Bezug auf den „Planeten" Sonne ist auf dem Kreuz die Personifikation des Feuers als eine auf einem Löwen sitzende männliche Figur dargestellt (Abb. 28). Wie der Sternbildlöwe des Tierkreises und der Markuslöwe befindet sich auch der Feuer-Löwe in einer von Licht durchdrungenen Sphäre. Und wie bei manchen früh- und hochmittelalterlichen Markus- und Sternbildlöwen ist auch sein Mähnenkragen in der Art eines Strahlenkranzes ausgebildet. Passend zur Licht- bzw. Feuerthematik erscheinen zudem die Zotten der Halsmähne in Form von Feuerzungen. Auch beim Burglöwen sind die Zotten der Halsmähne in Form von Feuerzungen gestaltet (Abb. 48). Es muss jedoch offen bleiben, ob sich der jeweilige Künstler aus inhaltlichen oder lediglich formalen Gründen für die Feuerzungenform der Zotten entschied.

Die Ostausrichtung, der von hinten nach vorne dynamisch aufsteigende Körperaufbau, die zum Himmel gerichteten Augen, die Betonung der Augenscheiben durch eingesetzte Kupferbleche, der strahlenkranzartige Mähnenkragen und vielleicht auch die flammenförmigen Zotten der Halsmähne können als Indizien dafür angesehen werden, dass beim Entwurf des Burglöwen eine inhaltliche Beziehung zur aufsteigenden Sonne intendiert war. Inwiefern die Hinwendung des Löwen zur aufgehenden Sonne mit der christlich begründeten Ostausrichtung in Verbindung gebracht werden kann, soll im Folgenden erörtert werden.

Freistehende, eine bestimmte Person symbolisierende hochmittelalterliche Tierskulpturen in der Art des Burglöwen sind weiter nicht bekannt. Ein wesentlicher Grund für die Abneigung des Hochmittelalters, derartige Bildwerke aufzustellen, bestand darin, dass das Pfeilermonument mit vollplastischer Tierdarstellung geradezu als Inbegriff des Götzenbilds verstanden wurde. Im Bereich der früh- und hochmittelalterlichen Malerei sind zahlreiche Darstellungen mit derartigen Götzenbildern erhalten. Als Beispiel sei das von den Israeliten angebetete Goldene Kalb genannt.

Gegen Ende des 12. Jahrhunderts erschien eine illustrierte Ausgabe des Rolandsliedes. Auf einem der Bilder ist ein auf einer Säule aufgestelltes Bildwerk eines Löwen zu erkennen, das von den Protagonisten der Szene verehrt wird (Abb. 29). Aus

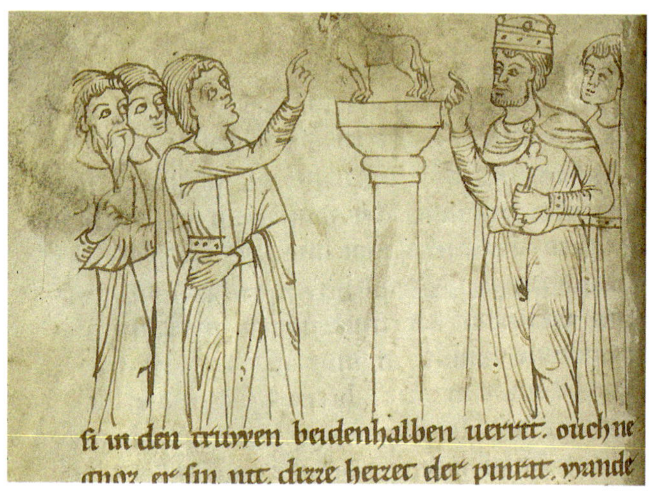

29 | *Der Verrat Geneluns, in: Rolandslied, Pergament, Regensburg oder Hessen-Thüringen, Ende 12. Jahrhundert, fol. 32v*

dem zugehörenden Text ist zu schließen, dass es sich um das Symboltier des Gottes Apollo handelt. Die Körperhaltung des dargestellten Löwen gleicht so sehr der des Burglöwen, dass aufmerksamen zeitgenössischen Betrachter*innen, die das Braunschweiger Monument kannten, die Ähnlichkeit der beiden Standbilder nicht entgangen sein dürfte.

Heinrich der Löwe konnte den Vorwurf, sich durch ein Standbild in der Art eines Götzenbilds repräsentieren zu lassen, am wirkungsvollsten mit dessen Einbindung in einen christlichen Kontext entkräften. Nachdrücklich geschah dies durch das bereits vorgestellte Münzbild (Abb. 2) (s. S. 34), bei dem das Symboltier des Herzogs von einer Architekturkulisse gerahmt wird. Die Architekturkulisse steht für die Stadt Braunschweig, ist jedoch nicht als ein Abbild der Stadt, sondern als formelhaftes, im Hochmittelalter öfters gebrauchtes Bildzeichen für eine christliche Stadt zu verstehen. Sie entspricht dem Bildzeichen, das in der hochmittelalterlichen Kunst für vereinfachte Darstellungen des in der Geheimen Offenbarung des Johannes geschilderten Himmlischen Jerusalems (Kapitel 21, Vers 2) Verbreitung gefunden hatte (Abb. 30, 31). Kundige zeitgenössische Betrachter*innen der Münze sahen in

2 | *Darstellung des Löwenmonuments, Münze Heinrichs des Löwen, Silber, zwischen 1163 und 1195*

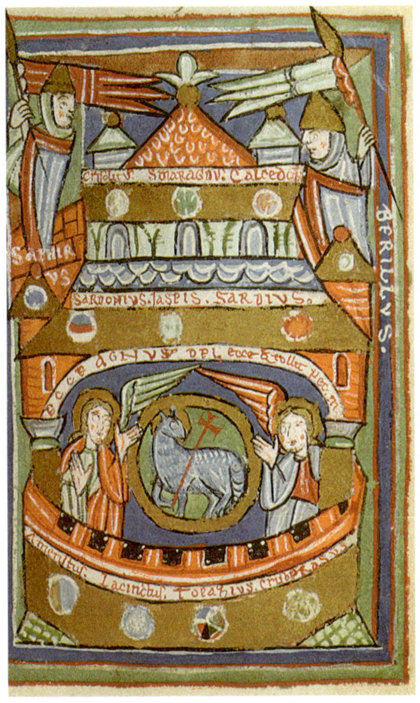

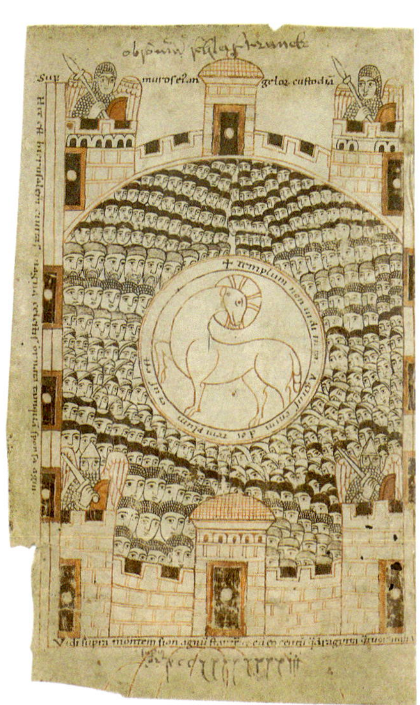

30 | *Himmlisches Jerusalem, in: Gebetbuch, Pergament, Brüssel, 1190, fol. 23*

31 | *Himmlisches Jerusalem, in: Psalterium, Pergament, Benediktinerabtei Zwiefalten, um 1130, fol. 1v*

der Architekturkulisse ein Bild der christlichen Stadt, zugleich aber auch ein Bild des Himmlischen Jerusalems.

Bei einer Variante der Münze, die den Löwen ohne Sockel und mit erhobener linker Pranke zeigt, ist der zentrale, turmartige Aufbau mit einem Kreuz bekrönt. Es kennzeichnet die Architekturkulisse unmissverständlich als Sakralbau.

DAS HIMMLISCHE JERUSALEM

Mit dem Begriff Himmlisches Jerusalem ist die im Kapitel 21 der Geheimen Offenbarung des Johannes beschriebene, regelmäßig angelegte und aus edlen Materialien gebaute Himmelsstadt mit zwölf Toren gemeint. Nach christlicher Vorstellung wird sie als der endzeitliche Ort, das Paradies, angesehen, in dem die Seligen nach dem Jüngsten Gericht Aufnahme finden. Wie in den vorangegangenen und nachfolgenden Epochen wurde auch im Hochmittelalter das Himmlische Jerusalem auf unterschiedliche Weise und in unterschiedlichen Zusammenhängen verbildlicht. Die Darstellungen sollten nicht nur den Bibeltext illustrieren, sondern darüberhinaus die imaginierte, im Diesseits vorweggenommene Teilhabe der Christen am Himmlischen Jerusalem zum Ausdruck bringen.

Eine komplexe, im 2. Viertel des 13. Jahrhunderts angefertigte Darstellung des Himmlischen Jerusalems befindet sich in der Vierungskuppel des Braunschweiger Doms. Kaiser Otto IV., Sohn Heinrichs des Löwen, ließ die Stadt Braunschweig mit einer Mauer umgeben, in welche in Entsprechung zum Himmlischen Jerusalem zwölf Tore eingelassen waren. Auch andere Stadtanlagen des Hochmittelalters wie beispielsweise die Kölner wurden als irdische Abbilder des Himmlischen Jerusalems ausgebaut. •

Für eine weitere Einbindung des Burglöwen in einen christlichen Kontext sorgte noch zu Lebzeiten des Herzogs der im Dom aufgestellte, um 1190 entstandene siebenarmige Bronzeleuchter. Dessen vier Füße sind als ruhende Löwen ausgebildet (Abb. 32). Ursula Mende bemerkt zu diesen Löwen: „Der Typus des Burglöwen lebt in den Tragetieren des siebenarmigen Leuchters weiter, freilich in einer lebhafteren und geschmeidigeren Version. Wie eine bewusste Burglöwen-Reminiszenz überhaupt wirkt das Vorhandensein dieser Tiere an dem höchst kunstvoll komponierten Leuchter."

Die Leuchterlöwen und der Burglöwe stehen aufgrund ihrer räumlichen Nähe, ihrer formalen Verwandtschaft und ihrer Zu-

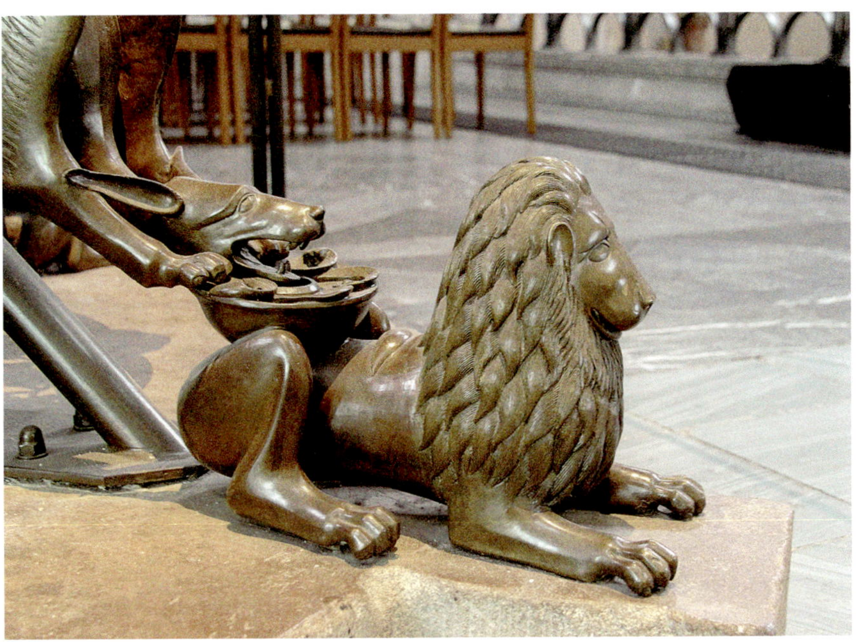

32 | *Fuß-Löwe, Siebenarmiger Leuchter, Bronze, Blasius-Dom, Braunschweig, um 1190*

gehörigkeit zur Hofkunst Heinrichs des Löwen in enger Beziehung zueinander. Die sieben Lichter des Leuchters bedeuten die sieben Gaben des Heiligen Geistes. Das bei allen vier Tieren zu beobachtende Fehlen des Mähnenkragens kann damit begründet werden, dass die Leuchterlöwen im Unterschied zum Burglöwen eine von der (symbolischen) Lichtquelle abgewandte Position einnehmen.

Eine freie, ebenfalls zur Hofkunst Heinrichs des Löwen gehörende Nachbildung des Burglöwen wurde nicht nur für die Anfertigung der Löwenmünzen und des siebenarmigen Leuchters, sondern offensichtlich auch für die Ausmalung des Helmarshausener Evangeliars vorgenommen. Es handelt sich um den Löwen, der dem Autorenbild des Evangelisten Markus als Symboltier beigegeben ist (Abb. 33). Wie bei der hochmittelalterlichen bildenden Kunst nicht anders zu erwarten, ging es dem Künstler nicht darum, die bronzene Löwenfigur detailgenau und proportionsgerecht in die zweidimensionale Darstellung zu übertragen (s. auch S. 104). Vielmehr sollte durch das Zitieren einiger ihrer Merkmale ein Wiedererkennungseffekt erzielt werden. Im Übrigen ist die Gestaltung des Markuslöwen im Wesentlichen durch den Darstellungsstil der Helmarshausener Buchmalerwerkstatt bestimmt.

Als übereinstimmende Merkmale sind zu nennen die entlang der Oberschenkel geführte obere Schwanzhälfte, die auf der Brust sich abzeichnenden Rippenbögen, die Zeichnung der Tatzen mit ihren keulenartigen Klauen, die in diagonaler Reihung angeordneten flammenförmigen Zotten der Halsmähne und vor allem der schmale, vom Ohr bis zum Kinn geführte, von der Halsmähne deutlich abgesetzte Mähnenkragen. Wie der des Burglöwen zeigt auch dieser – in reduzierter Ausführung – quer zur Sichelform verlaufende Haarlinien. Die Darstellung des Mähnenkragens ist wenig überzeugend, da sie eher die Vorstellung eines Halsbands als die eines Haarkranzes hervorruft.

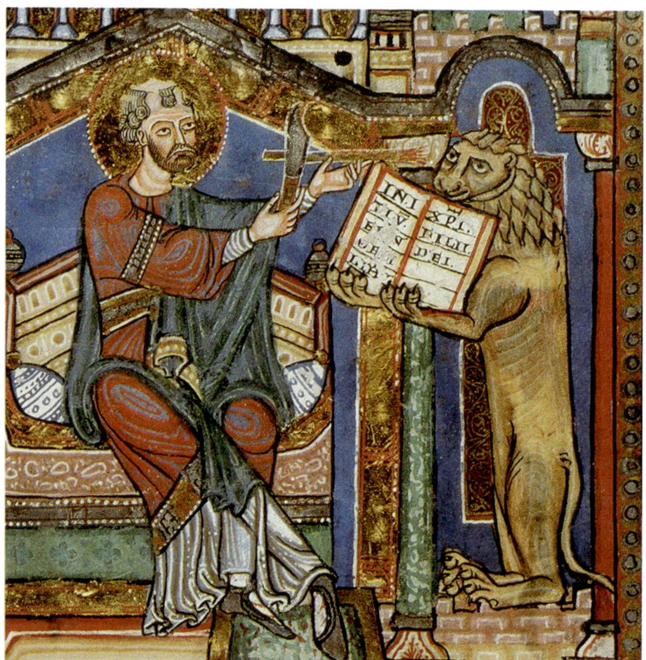

33 | *Autorenbild Evangelist Markus, Ausschnitt, in: Evangeliar Heinrichs des Löwen und Mathildes, Pergament, Helmarshausen oder Braunschweig, zwischen 1173 und 1189, fol. 75v*

Außer dem Markuslöwen sind im Helmarshausener Evangeliar noch weitere Löwen wiedergegeben:

- zwei zueinander axialsymmetrisch angeordnete ornamentale Löwen in der Randminiatur einer Kanontafel, die mit den Glaubenssatz „[Christus], gelitten unter Pontius Pilatus, gekreuzigt, gestorben und begraben“ überschrieben ist
- ein Löwe, der von der als Allegoriefigur dargestellten Stärke bezwungen wird, in der Randminiatur einer Kanontafel mit dem Glaubenssatz „der [Christus] von dort [vom Himmel] kommen wird, zu richten die Lebenden und Toten“
- mehrere ornamentale Löwen auf einem Wandbehang, der die Enthauptung des hl. Johannes des Täufers hinterfängt
- der bereits erwähnte, durch Gebrüll seine Jungen erweckende Löwe in einem der vier Eckmedaillons der Miniatur, die die Grablegung und Auferstehung Christi illustriert (Abb. 13) (s. S. 45)
- ein als Symbol des Evangelisten Markus erscheinender Löwe, der zusammen mit den drei übrigen Evangelistensymbolen um den thronenden bzw. den am Ende der Zeiten am Himmel erscheinenden Christus (Majestasbild) geschart ist (Abb. 11)

Der Markuslöwe des Autorenbilds (Abb. 33) ist auf der Ebene der bildlichen Darstellungen mit dem Tod Christi und dem seines Vorläufers sowie mit der Auferstehung des Gottessohns verknüpft. Als Illustrationen zum Markusevangelium wurden nämlich neben der Predigt des Johannes und der Berufung der Jünger durch Christus die Enthauptung des Täufers, die Grablegung Christi sowie dessen Auferstehung und Himmelfahrt ausgewählt.

Dass das Bild der Auferstehung dem Evangelisten Markus zugeordnet ist, hat einen tieferen Sinn: Die Evangelistensymbole wurden bereits in frühmittelalterlicher Zeit den vier Hauptereignissen des Lebens Jesu Christi zugewiesen. Dabei symbolisiert der Markuslöwe die Auferstehung. Zu den Illustrationen des Markusevangeliums gehören auch die ornamentalen Löwen des Bildteppichs sowie der Löwe, der durch sein Brüllen die Jungen erweckt (Abb. 13). Wie bereits erwähnt, ist die letztgenannte Darstellung als Sinnbild der Auferstehung Christi von den Toten zu deuten (s. S. 45).

Die aufgelisteten Löwenfiguren sowie der Markuslöwe sind thematisch entweder mit dem Tod Christi, dem seines Vorläufers, Johannes des Täufers, der Auferstehung Christi von den Toten oder mit dessen Wiederkunft am Ende der Zeiten verknüpft. Durch den Markuslöwen und den Löwen, der seine Jungen durch Gebrüll zum Leben erweckt, erhält dabei das Thema der Auferstehung eine besondere Betonung. Die Thematik Tod / Auferstehung / Wiederkunft Christi am Ende der Zeiten steht in einem engen Zusammenhang mit der Thematik Paradieserwartung / Erscheinen Christi als Licht der Welt / Auferstehung der Toten beim Jüngsten Gericht der christlich begründeten Ostausrichtung.

Mit dem Krönungsbild (Abb. 10) und der darauf zu beziehenden benachbarten Miniatur des thronenden Christus (Abb. 11) sind Heinrich der Löwe und Mathilde in die Thematik Tod / Auferstehung von den Toten / Ewiges Leben eingebunden. Die beiden Kernaussagen des Krönungsbilds sind die Kreuzesnachfolge Christi auf Erden sowie die nach dem Tod zu erhoffende Aufnahme in das Reich Gottes bzw. die Teilhabe an der Herrschaft Gottes nach dem Jüngsten Gericht. Die Aufnahme in das Reich Gottes sowie die Teilhabe an seiner Herrschaft werden durch die Krönung des Herzogspaars mit den Himmelskronen, die sich darauf beziehenden Spruchbänder, welche den vier Eckfiguren beigegeben sind, sowie die endzeitliche Bedeutung des Majestasbildes verdeutlicht.

Das auf das Krönungsbild folgende Bild mit dem thronenden Christus (Majestasbild) (Abb. 11), umgeben von den vier Evangelistensymbolen sowie sechs Bildmedaillons, die die sechs Tage der Erschaffung des Himmels und der Erde illustrieren, wird in der Forschung hauptsächlich als Darstellung des am

Ende der Zeiten am Himmel zum Jüngsten Gericht erscheinenden Christus gedeutet („der thronende Christus in der Mandorla und die Evangelistensymbole führen ans Ende der Zeiten", Renate Kroos, Kunsthistorikerin).

Im Grunde genommen ist der Christus des Jüngsten Gerichts als Schöpfergott (Text seines geöffneten Buchs: „Ich bin der Herr, der dies alles vollbringt") und Gott aller Zeiten dargestellt. Denn die sechs Medaillons mit der Erschaffung des Himmels und der Erde sind durch Inschriften mit den nach mittelalterlichen Vorstellungen mit Adam und Eva beginnenden sechs Zeitaltern der Menschheit verknüpft, deren letztes die Zeit zwischen der Geburt Christi und dessen Wiederkunft am Ende der Zeiten umfasst. Somit ist der die Krone des ewigen Lebens empfangende Herzog eingebunden in den allumfassenden Heilsplan Gottes.

Der Kunsthistoriker Harald Wolter-von dem Knesebeck, der den Christus des Majestasbilds als „Herrn über Zeit, Geschichte und Schöpfung" bezeichnet, weist darauf hin, dass der im Krönungsbild wiedergegebene Herzog das Majestasbild so vor Augen hat „wie der aus seinem Grab Auferstehende [der Herzog] in St. Blasius nach Osten hin auf das Apsisbild der Kirche bzw. den dort von Osten her nahenden Richter des Jüngsten Gerichts blicken würde." Dementsprechend ist auch der nach Osten gewandte Blick des Herzogs und der Herzogin des im Dom aufgestellten, in der ersten Hälfte des 13. Jahrhunderts geschaffenen Grabmals zu deuten. Das Paar erweckt den Eindruck, im Zustand des Wachseins (geöffnete Augen!) den am Morgenhimmel zum Jüngsten Gericht erscheinenden Christus zu erwarten (s. auch S. 65).

Das verhältnismäßig häufige Vorkommen eines oder mehrerer Löwen im Helmarshausener Evangeliar gibt Anlass zu der Vermutung, dass damit ein bewusster Bezug zum Beinamen Heinrichs des Löwen hergestellt werden sollte. Bislang wurde dies in der Fachliteratur für die Löwen auf dem Wandbehang angenommen, der das Martyrium des hl. Johannes des Täufers hinterfängt, sowie für den Löwen, der seine Jungen zum Leben erweckt (Abb. 13) (s. S. 45f.). Wie hier gezeigt werden konnte, lassen sich alle Löwendarstellungen des Evangeliars in die Thematik Tod / Auferstehung / Wiederkunft Christi am Ende der Zeiten einordnen. Sie korrespondiert mit der im Krönungs- und Majestasbild enthaltenen, auf das Herzogspaar zu beziehenden Thematik Tod / Auferstehung von den Toten / Ewiges Leben. Außerdem wurde darauf hingewiesen, dass der die Auferstehung Christi symbolisierende Markuslöwe des Evangeliars (Abb. 33) Züge des bronzenen Löwen trägt (s. S. 77f.).

Die an die Längsachse des Doms angeglichene Ausrichtung des Löwenmonuments, die zu Lebzeiten des Herzogs vorgenommenen Einbindungen des Burglöwen in christliche Zusammenhänge, insbesondere die beim Münzbild (Abb. 2) geschaffene Verbindung des Standbilds mit der christlichen Stadt bzw. dem Himmlischen Jerusalem und das Erscheinen des bronzenen Löwen in der Figur des Markuslöwen des Evangeliars, sowie die inhaltliche Überschneidung der sechs Löwendarstellungen der Handschrift mit der Thematik des Krönungsbilds und der Ostausrichtung können als Argumente geltend gemacht werden, um das der Morgensonne zugewandte „stellvertretende Bildnis" des Herzogs im Sinne der traditionellen christlichen Symbolik des Ostens bzw. der aufgehenden Sonne zu deuten.

In Bezug auf die Christussonne lässt sich in der Zusammenschau des knienden Herzogs des Krönungsbilds mit dem auf dem Burgplatz aufgerichteten Bronzelöwen eine Parallele erkennen. Beide, der Herzog sowie sein „stellvertretendes Bildnis", der bronzene Löwe, sind Christus zugewandt, der am Himmel zum einen in menschlicher Gestalt (Krönungsbild und Majestasbild) und zum anderen symbolhaft in Gestalt der Sonne erscheint. Beide Bildnisse unterstreichen somit die unmittelbare Beziehung des Herzogs zu Gott im Himmel, der ihm im Evangeliar und auf dem Burgplatz als Sohn Gottes begegnet.

Bei der jeweiligen Begegnung mit Christus ist sowohl der Herzog des Krönungsbilds (Abb. 10) als auch der bronzene Löwe in einer dem Anlass entsprechenden würdigen Haltung sowie

→ 34 | *Burglöwe, Original*

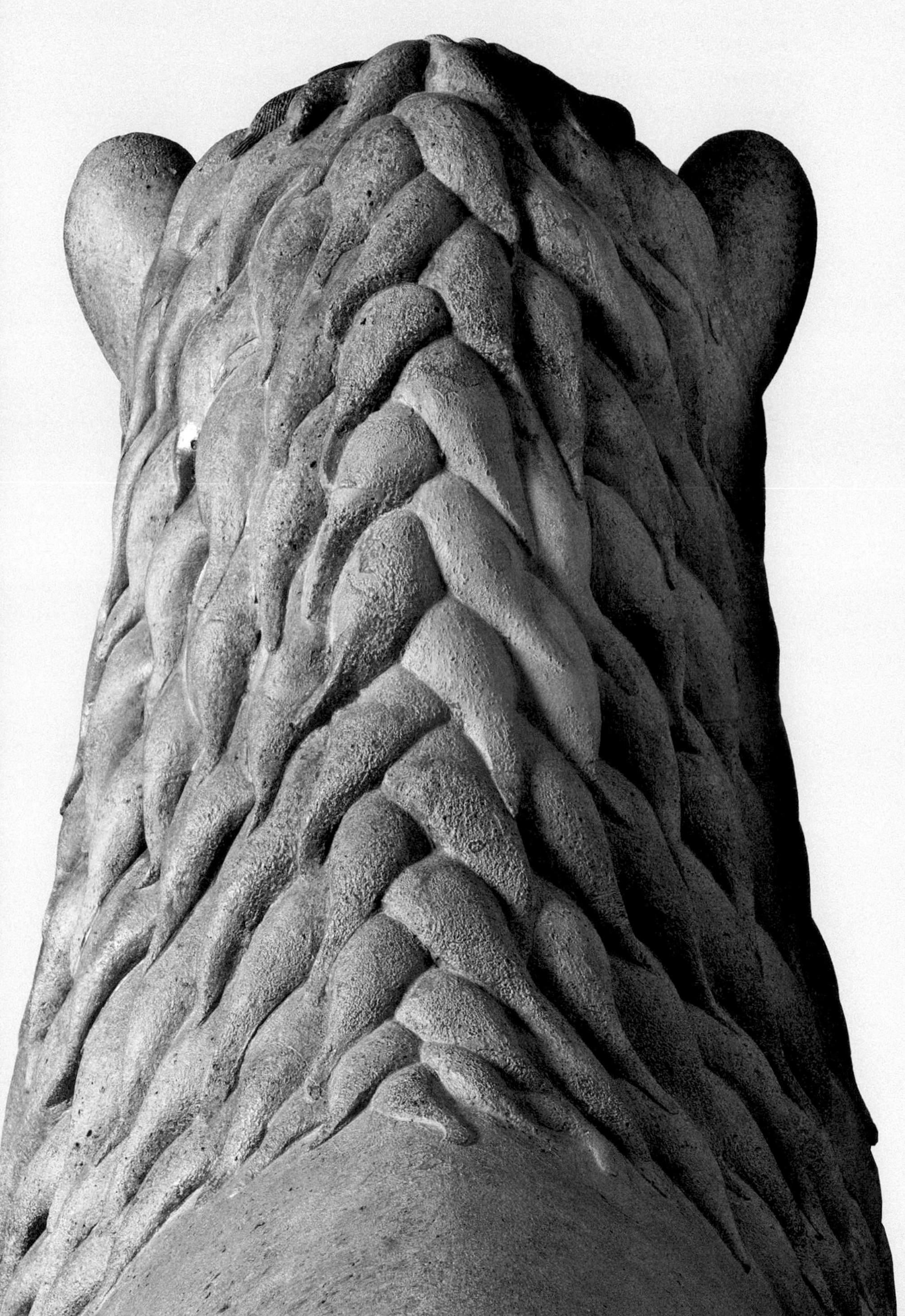

in vornehmer „Bekleidung“ wiedergegeben. Der mit kostbaren Gewändern angetane Herzog kniet mit erhobener linker Hand, die verallgemeinernd als Aufmerksamkeits- bzw. Hinwendungsgeste zu verstehen ist, in Demut vor Gott.

Der Löwe steht da in ruhiger, gesammelter Körperhaltung, seine Sinne aufmerksam der himmlischen Erscheinung zuwendend. Er ist mit einer Halsmähne „bekleidet“, die sich aus gleichförmigen, akkurat angeordneten, wie Schuppen übereinanderliegenden Zotten zusammensetzt. Man beachte in diesem Zusammenhang auch das kunstvoll geflochtene Zottenband an der Rückseite des Halses (Abb. 34)! (s. S. 111)

Im Unterschied zum Evangeliar, dessen Bilder und Texte hinsichtlich ihrer Bedeutung durch Vergleiche mit verwandten früh- und hochmittelalterlichen Darstellungen erschlossen werden können, ist der der Sonne zugewandte Burglöwe ein Unikum. Eine symbolhafte Verbindung eines abendländischen Herrschers, überwiegend eines Kaisers, mit der Sonne kommt gelegentlich in der früh- und hochmittelalterlichen bildenden Kunst vor. Allerdings handelt es sich dabei hauptsächlich um eine das Zweigestirn Sonne/Mond betreffende Symbolik, die den Regenten in der Regel als von Gott eingesetzten Kosmokrator (Weltherrscher) bezeichnet.

In der Hofkapelle (Capella Palatina in Palermo) der sizilianischen Könige erscheint das personifizierte Doppelgestirn Sonne und Mond an der prächtig ausgemalten Decke. Über einigen Obergadenfenstern und einer der Vierungsarkaden sind jedoch auch personifizierte Sonnendarstellungen ohne Begleitung des Mondes zu finden. Der Kunsthistoriker Thomas Dittelbach bemerkt dazu: „Die Licht- und Sonnensymbolik, die sich auf den Herrscher bezieht, ist ein Kardinalthema der Capella Palatina.“ In deren Zentrum steht die in der Hauptapsis dargestellte Halbfigur Christi, der in seiner Linken ein geöffnetes Buch hält. Dort ist zu lesen: „Ich bin das Licht der Welt. Wer mir nachfolgt, wird nicht wandeln in der Finsternis, sondern wird das Licht des Lebens haben.“ (Evangelium des Johannes, Kapitel 8, Vers 12)

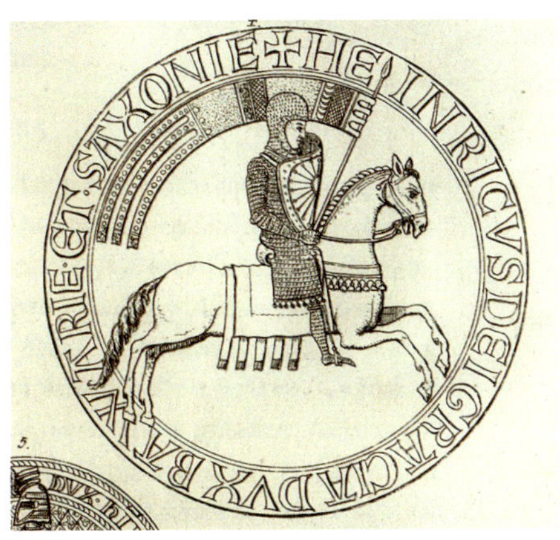

35 | *Abdruck Siegel Heinrichs des Löwen, im Gebrauch 1146-1174, Umzeichnung in: Leibniz, Eckhart, Gruber, Origines Guelficae, Band 3, Liber VII., 1752, nach S. 30*

Der Heraldiker Georg Scheibelreiter bemerkt zu einem der Reitersiegel Heinrichs des Löwen, dessen Schild mit einem um eine runde Scheibe angeordneten Strahlenkranz verziert ist (Abb. 35), dass man dabei „an eine strahlende Sonne denken könnte." Einschränkend fährt er fort: „Eine recht allgemeine und keinen Bezug zum Herzog herstellende Figur, bleibt spekulativ und wird durch keine anderen Quellen gestützt."

Dahingegen liefert die hier vorgeschlagene Deutung des Burglöwen als der aufgehenden Sonne zugewandtes „stellvertretendes Bildnis" des Herzogs eine plausible Erklärung für die Verwendung der Strahlenkranz-Sonne. Beachtenswert ist in diesem Zusammenhang, dass eine Variante der Reitersiegel Heinrichs des Löwen den Schild mit einem aufsteigendem Löwen zeigt (Abb. 7). Möglicherweise ist der mit der Sonne geschmückte Schild auch als eine Anspielung auf den Psalmvers „Denn Gott der Herr ist Sonne und Schild" (Psalm 84, 12) zu verstehen.

Aus der Zeit Heinrichs des Löwen ist eine schriftliche Quelle, die Pöhlder Annalen, erhalten, in der der Herzog in eine direkte Beziehung zur Sonne gesetzt wird. Zum 7. März 1179 heißt es dort: „Denn nicht weit von der Sonne nach Süden zu erschien ein Glanz, kleiner als die Sonne, von welchem bis zur Sonne ein Bogen sich krümmte, der einen anderen über sich hatte und dieser wiederum einen dritten, so dass sie sich mit den entgegengesetzten Seiten berührten, alle drei aber erstrahlten nach Art des Regenbogens, und diese Figur deuteten einige dahin, dass ein Zusammenstoß dreier Fürsten erfolgen werde, wie er auch geschehen ist, nämlich des Kölner Bischofs [Philipp von Heimsberg], des Herzogs [Heinrich der Löwe] und des Kaisers [Friedrich Barbarossa]." Zwischen 1179 und 1181 beschleunigte sich der Prozess der von den Reichsfürsten vorangetriebenen und vom Kaiser mitgetragenen Entmachtung Heinrichs des Löwen. Hauptgegner des Herzogs unter der Reichsfürsten war der Kölner Erzbischof Philipp von Heimsberg.

Zusammenfassend ist festzuhalten, dass sich ein unmittelbares Vorbild für das der christlichen Sonne zugewandte „stellvertretende Bildnis" Heinrichs des Löwen nicht nachweisen lässt. Symbolische, in einem christlichen Kontext stehende Verbindungen früh- und hochmittelalterlicher Herrscher mit dem Bild der Sonne bzw. des Zweigestirns Sonne/Mond können als Voraussetzungen für die Konzeption des Burglöwen in Betracht gezogen werden. Mit den Pöhlder Annalen besitzen wir eine zeitgenössische Quelle, die Heinrich den Löwen symbolisch in eine direkte Beziehung zur realen Sonne stellt. Die auf Siegeln des Herzogs im Austausch mit einem Löwen erscheinende Sonne kann inhaltlich als eine zum Burglöwen äquivalente bildliche Darstellung interpretiert werden.

Die Deutung des Burglöwen als unmittelbar dem Sohn Gottes zugewandtes Symboltier lässt die Frage naheliegend erscheinen, ob die Skulptur auf einer weiteren Bedeutungsebene auch auf den symbolischen Christuslöwen verweist (s. S. 71f.). Eine gewisse Absicherung erhält die Fragestellung durch die folgende resümierende Bemerkung Dirk Jäckels zur Löwensymbolik früh- und hochmittelalterlicher Herrscher: „Im Vergleich mit der vormittelalterlichen Löwenmetaphorik ist insgesamt festzustellen, dass das Bild des löwengleichen Herrschers zunehmend moralisch aufgeladen wird; im Hochmittelalter nähert es sich dem Bild des Christuslöwen an."

DIE BIBLISCHE TYPOLOGIE

Unter dem Fachbegriff biblische Typologie versteht man die theologisch begründete Tradition der Bibelauslegung, die hauptsächlich alttestamentliche und neutestamentlichen Figuren und Ereignisse zueinander in Beziehung setzt. Die jeweilige typologische Bezugnahme soll verdeutlichen, dass die darin enthaltene neutestamentliche Aussage in der darauf bezogenen alttestamentlichen Aussage vorgeprägt ist. Bildet Christus, der im Zentrum der biblischen Typologie steht, das Bezugsobjekt des Neuen Testaments, kann das Beziehungsverhältnis zwischen alt- und neutestamentlichen Aussagen mit dem Begriffspaar Verheißung und Erfüllung umschrieben werden. In der typologischen Fachsprache wird die alttestamentliche Figur bzw. das alttestamentliche Ereignis als Typus, die neutestamentliche Entsprechung dazu als Antitypus bezeichnet. Der Typus oder Antitypus kann auch außerbiblische Figuren und Ereignisse betreffen. •

Dirk Jäckel erkennt im Rolandslied zwischen den Figuren Roland, Christus und Heinrich dem Löwen ein komplexes typologisches Beziehungsverhältnis. Diesbezüglich bemerkt er: „Was die mittelalterliche Typologie für den neuzeitlichen Leser schwer verständlich macht, ist die Tatsache, dass wir es häufig mit ‚typologischen Ketten‘ zu tun haben. Im Kontext des Rolandsliedes heißt dies, dass Christus, selbst Antitypus der alttestamentlichen Heidenkämpfer, der Typus des – freilich unvollkommenen und sündigen – christlichen Heidenkämpfers ist. Heinrich der Löwe wiederum erscheint nach meinem Dafürhalten als Antitypus des Heidenkämpfers Roland und damit auch Christi.“

Wie bereits erwähnt wird Heinrich der Löwe im Rolandslied mit König David verglichen (s. S. 36). Im frühen und hohen Mittelalter wurden zahlreiche Herrscher, vornehmlich Kaiser und Könige, mit König David verglichen und damit in eine typologische Beziehung zu Christus gesetzt. Denn David galt nach mittelalterlicher theologischer Vorstellung als alttestamentlicher Vorgänger bzw. als genealogischer Ahnherr Christi und wird dementsprechend als Typus des Antitypus Christus bezeichnet. Analog dazu ist ein mit David verglichener mittelalterlicher Herrscher ebenfalls als dessen Antitypus aufzufassen. Zugleich steht er durch den Davidsvergleich in einer typologischen Beziehung zu Christus, welche das Selbstverständnis des Herrschers als dessen Stellvertreter bzw. dessen Ebenbild zum Ausdruck bringt. Der Germanist Hubert Herkommer bemerkt hinsichtlich des Davidsvergleichs mittelalterlicher Könige, dass „die Übertragung des David-Christus-Vergleichs auf den König ihn über den Status des Auserwählten hinaus in noch höhere Sphären hebt. Der Gesalbte wird zum Ebenbild Gottes."

Im Helmarshausener Evangeliar erscheinen die beiden Bildnisse des Herzogs (im Widmungsbild und im Krönungsbild) jeweils in direkter Nachbarschaft zu einer ganzseitigen Illustration, in der sowohl Christus als auch David wiedergegeben ist. So folgt auf das Widmungsbild (Abb. 9) der Stammbaum Christi, in dem die beiden im Wesentlichen gleichartig dargestellten Figuren des Typus und Antitypus auf der Mittelachse angeordnet sind. Im rechten unteren Eckmedaillon erscheint der Apostel Paulus, dessen inschriftlich beigefügter Ausspruch „Der [Christus] für uns geboren ist aus dem Geschlechte Davids" auf die typologische Beziehung zwischen dem Gottessohn und dem alttestamentlichen König verweist (s. auch S. 72). In der auf den Stammbaum folgenden ganzseitigen Miniatur ist eine weitere Darstellung Davids zu finden.

Beim Majestasbild (Abb. 11), das auf das Krönungsbild (Abb. 10) folgt, gehört König David zu einer der vier je ein Schriftband haltenden Eckfiguren, die auf diese Weise das Werk des als Christusfigur wiedergegebenen Schöpfergotts kommentieren. Des Weiteren ist je eines der vier Eckmedaillons der beiden dem Krönungsbild vorausgehenden ganzseitigen Illustrationen, die thematisch eng mit diesem zusammenhängen, mit einer Figur

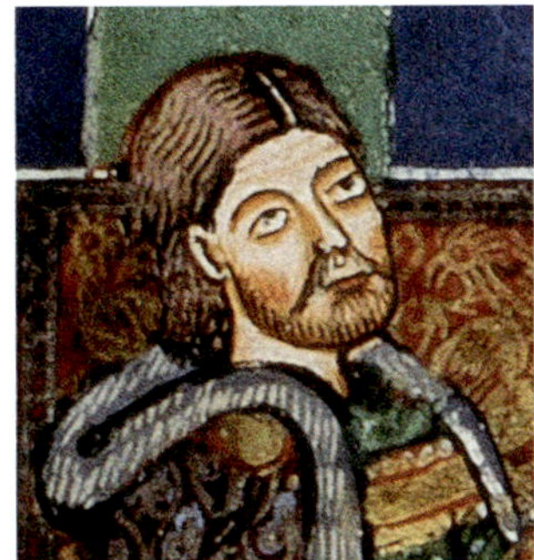

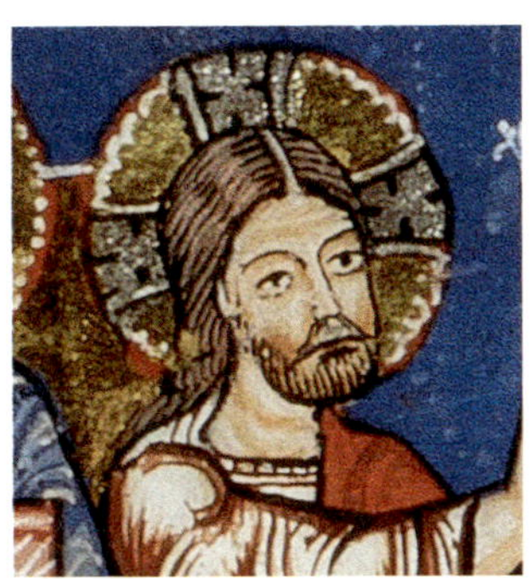

36 | *Widmungsbild, Ausschnitt, in: Evangeliar Heinrichs des Löwen und Mathildes (s. Abb. 9), Pergament, Helmarshausen oder Braunschweig, zwischen 1173 und 1189, fol. 19r*

37 | *Einzug Christi in Jerusalem, Ausschnitt, in: Evangeliar Heinrichs des Löwenund Mathildes, Pergament, Helmarshausen oder Braunschweig, zwischen 1173 und 1189, fol. 21r*

des kommentierenden Königs David besetzt. Somit befinden sich fünf der insgesamt acht im Evangeliar vorkommenden Darstellungen Davids in unmittelbarer Nachbarschaft zu einem der beiden Bildnisse Heinrichs des Löwen.

Mehr noch als die unmittelbare Nähe der beiden Bildnisse Heinrichs des Löwen zu den fünf Davidsbildnissen verrät die Charakterisierung seines Kopfes, dass der Herzog offensichtlich als Antitypus bzw. gleich einem König als Ebenbild Christi gesehen werden sollte. Mit Ausnahme der nur beim Gottessohn vorkommenden Schulterhaare sind nämlich Haar- und Barttracht des Herzogs einschließlich einzelner Details wie die Wellenstruktur des Haupthaars nach dem Vorbild des den Christusköpfen zugrunde liegenden Darstellungsschemas ausgebildet. Das Bildnis des Herzogs im Widmungsbild (Abb. 36) gleicht dem Bildnis Christi in der Darstellung des Einzugs in Jerusalem (Abb. 37) so sehr, dass man beide Köpfe ohne wesentliche Abstriche untereinander austauschen könnte.

Löwenprophezeiungen

Der Löwenbeiname verschiedener hochmittelalterlicher Herrscher wie der Friedrich Barbarossas, Heinrichs I. oder Heinrichs II. von England, wurde jeweils mit Verweis auf eine bestimmte christliche Prophezeiung begründet. Heinrich I. erhielt seinen

Löwenbeinamen aufgrund einer angeblichen Prophezeiung des mythischen Sehers Merlin, der das Erscheinen eines „Löwen der Gerechtigkeit“ geweissagt habe. Der Begriff „Löwe der Gerechtigkeit“ geht auf das alttestamentliche Buch der Sprüche, Kapitel 28, Vers 1, zurück: „Der Gottlose flieht, auch wenn ihn niemand jagt; aber der Gerechte ist furchtlos wie ein junger Löwe.“ Dirk Jäckel ist der Ansicht, „dass mit ziemlicher Sicherheit davon ausgegangen werden kann, dass Heinrich [der Löwe] aufgrund seiner intensiven verwandtschaftlichen Bindungen nach England mit den Prophezeiungen Merlins vom ‚Löwen der Gerechtigkeit‘ vertraut war. Dies dürfte ihn in seiner Löwenpropaganda bestärkt haben.“

Der Löwe des Tierkreiszeichens

Im Unterschied zu den Löwen des Helmarshausener Evangeliars und des siebenarmigen Leuchters steht der Burglöwe in einer unmittelbaren, durch seine Ostausrichtung und die genannten körperlichen Merkmale zur Anschauung gebrachten Beziehung zur Sonne. (Allerdings ist im Majestasbild des Evangeliars (Abb. 11) das Bildzeichen der Sonne in nächster Nähe des Markuslöwen wiedergegeben. Es ist jedoch nicht zu entscheiden, ob diese Nachbarschaft absichtlich oder zufällig herbeigeführt wurde.) Angesichts der intensiven Beschäftigung hochmittelalterlicher Gelehrter mit der in der Antike entwickelten Astronomie und Astrologie ist in Erwägung zu ziehen, ob der bronzene Löwe auf einer weiteren Sinnebene auch als eine Darstellung des der Sonne zugeordneten, in diesem Fall christlich zu verstehenden Tierkreissternbilds des Löwen gedeutet werden kann.

DIE ASTRONOMIE/ASTROLOGIE IM HOCHMITTELALTER

Die gelehrte Beschäftigung mit der antiken Astronomie bzw. Astrologie erfuhr im 12. Jahrhundert einen beachtlichen Aufschwung. Angeregt wurde das verstärkte Interesse an der Himmelskunde durch die vermehrte Zuwendung der hochmittelalterlichen Gelehrten zur antiken Kultur sowie die Übertragung griechischer astronomisch-astrologischer Abhandlungen, welche häufig nur in arabischen Übersetzungen erhalten waren, in die lateinische Sprache. Darunter befanden sich auch Übertragungen eigenständiger arabischer astronomisch-astrologischer Werke. Die zahlreichen, zum Teil reich illustrierten kosmologischen Schriften des Hochmittelalters belegen die intensive Beschäftigung mit den Gestirnen.

Bereits in der Zeit des frühen Christentums gab es Bestrebungen, die antike Kosmologie mit dem christlichen Weltbild in Einklang zu bringen. Im 12. Jahrhundert konnten die Gelehrten auf eine Vielfalt christlicher Auslegungen der Himmelserscheinungen zurückgreifen. Im selben Jahrhundert wurden, hauptsächlich in Italien und Frankreich, Kirchenbauten mit Darstellungen der Tierkreissternbilder ausgeschmückt.

Die hochmittelalterliche Astrologie ordnet nach dem Vorbild der Antike die sieben Planeten den zwölf Sternbildern des Tierkreises, den sogenannten Planetenhäusern zu. Dabei sind der Sonne und dem Mond je ein Haus und den fünf übrigen Planeten je zwei Häuser zugeteilt. Die Sonne bewohnt das Sternbild des Löwen.

Darüber hinaus besteht auch nach den Vorstellungen der hochmittelalterlichen Astronomie, die ebenfalls von der Antike übernommen wurden, eine besondere

Beziehung zwischen der Sonne und dem Sternbild des Löwen. Dieses nimmt die mittlere Position der drei benachbarten Tierkreissternbilder Krebs, Löwe und Jungfrau ein, durch die die Sonne während der auf diese Weise definierten Jahreszeit des Sommers hindurchwandert. Die Gestalt des männlichen Löwen, dessen Körper wie beim Burglöwen vorne kräftig, hinten dagegen weniger kräftig erscheint, wird in diesem Zusammenhang bisweilen auch als Metapher für die Sonne verwandt, deren Intensität beim Durchlaufen des Sternbilds des Löwen abnimmt.

Erwähnenswert im Zusammenhang mit dem Burglöwen ist ein um 870 entstandener, um 1200 überarbeiteter Reliquienschrein, der in der Stiftskirche in Quedlinburg aufbewahrt wird. Dargestellt sind an den vier Seitenwänden Christus und elf Apostel, wobei über jeder Figur eines der zwölf Sternbilder des Tierkreises angebracht ist. Christus erscheint dabei unter dem Löwen. In dieser Konstellation kann der Gottessohn als die Sonne, „das Licht der Welt“ (s. S. 64 und 84), oder als „der Löwe aus dem Stamme Juda“ (s. S. 71f.) gedeutet werden. •

Die in den früh- und hochmittelalterlichen kosmologischen Schriften enthaltenen Löwen des Löwensternbilds sind in unterschiedlichen Körperhaltungen – stehend, sitzend, laufend oder springend – wiedergegeben. Unter den stehenden Figuren sind einige zu finden, die eine ähnliche Körperhaltung zeigen wie der Burglöwe (Abb. 38, 39). Somit ist nicht auszuschließen, dass für dessen Entwurf die Darstellung eines Löwensternbilds als Vorbild oder Anregung diente. Der von der übrigen Mähne abgesetzte, durch eine lichte Farbgebung und/oder eine kranzartige Form hervorgehobene Mähnenkragen kommt bei Löwen des Löwensternbilds nicht so häufig vor. Zu nennen sind der be-

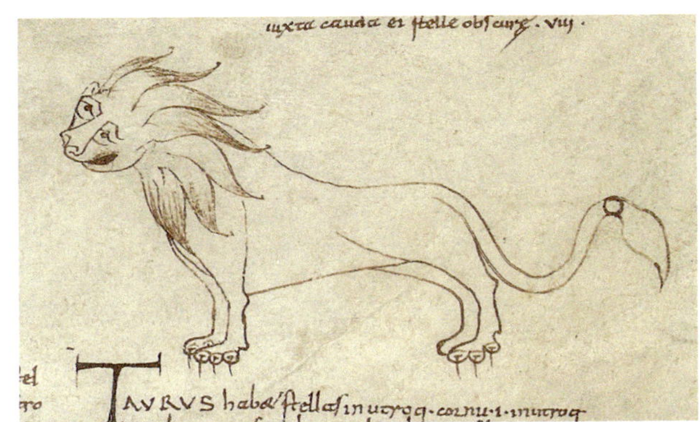

38 | *Sternbild Löwe, astronomische Handschrift, Pergament, Fleury, frühes 11. Jh., fol. 21r*

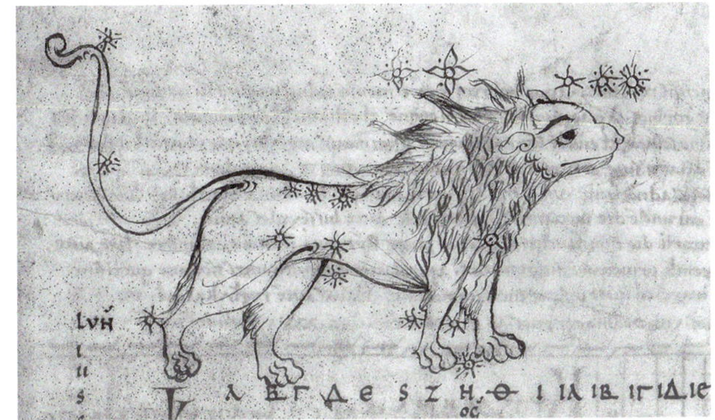

39 | *Sternbild Löwe, astronomische Handschrift, Pergament, Saint-Denis, um 860, fol. 136r*

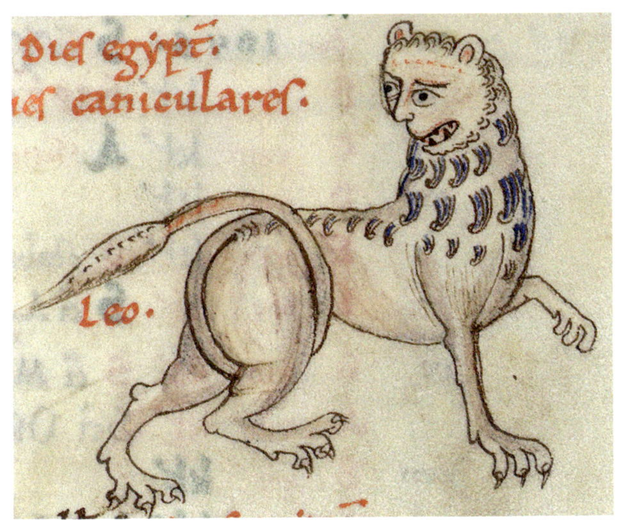

40 | *Sternbild Löwe, in: Albani Psalter, St. Albanus, Hertfordshire, zwischen 1120 und 1130, S. 9*

reits erwähnte Sternbild-Löwe des im letzten Drittel des 10. Jahrhunderts in Fulda oder Corvey entstandenen Sakramentars (Abb. 25) oder der des sogenannten Albani-Psalters, der zwischen 1120 und 1130 in der Benediktiner-Abtei St. Albanus (bei London) geschaffen wurde (Abb. 40).

DER BURGLÖWE – ERSTE FREISTEHENDE GROSSPLASTIK DES MITTELALTERS ?

Bis in die jüngste Zeit hinein wird in verschiedenen Veröffentlichungen immer wieder behauptet, dass der Braunschweiger Burglöwe die erste frei stehende Großplastik des Mittelalters sei. Die Behauptung ist unzutreffend. Mitte des 11. Jahrhunderts hatte Gervasius, der damalige Erzbischof von Reims, bei seinem Palast auf einem Sockel die Figur eines bronzenen Hirsches aufstellen lassen. Sie wurde Ende des 17. Jahrhunderts eingeschmolzen.

Zu erinnern ist außerdem an den kauernden Löwen, der 1209 in Padua auf einer hohen Säule aufgestellt worden war (s. S. 55). Das Paduaner Löwenmonument wurde 1797 zerstört. Erhalten ist eine Zeichnung, die seinen ursprünglichen Zustand zeigt (Abb. 41).

ZUSAMMENFASSENDE BEMERKUNGEN ZU DEN DEUTUNGEN DES BURGLÖWEN

Die vorgestellten Deutungen des Burglöwen reflektieren weitgehend die Ergebnisse der Forschungsliteratur des 20. und 21. Jahrhunderts. Um den Rahmen der vorliegen-

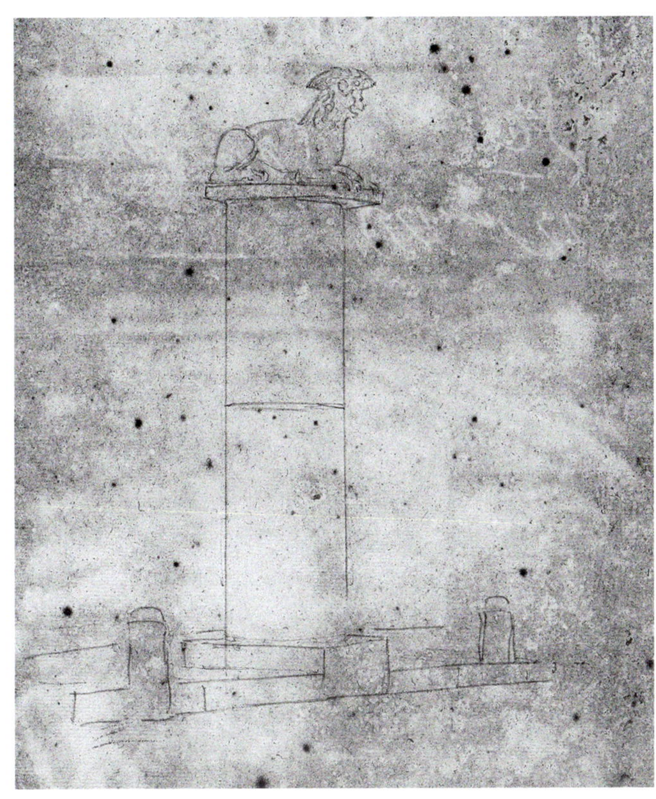

41 | *Darstellung Löwensäule, Padua, Zeichnung im Nachlass des Jean Baptiste Séroux d'Agincourt, vor 1797, fol. 71v*

den Arbeit nicht zu sprengen, wurden jedoch nicht alle Deutungsvorschläge berücksichtigt. Wie bereits erörtert, handelt es sich aufgrund fehlender primärer Quellen zur Entstehung des Löwenmonuments bei sämtlichen Deutungen um reine Gedankenkonstrukte (s. S. 17). Sie sind letztlich nicht belegbar und können somit grundsätzlich auch in Frage gestellt werden.

Setzt man bei der Suche nach möglichen Bedeutungen voraus, dass es sich bei dem „stellvertretenden Bildnis" des Herzogs lediglich um einen stehenden brüllenden Löwen handelt, sind dem Interpretationsspielraum weite Grenzen gesetzt. Betrachtet man dagegen die besonderen Merkmale der Figur als Grundlagen der Gedankenkonstrukte, wird der Spielraum eingeengt. •

DATIERUNG

Wie bereits erwähnt, kann das von dem Geschichtsschreiber Albert von Stade genannte Jahr 1166 der Aufstellung des Löwenmonuments (s. S. 13) keineswegs als gesichert angesehen werden. Seit der Historiker Klaus Naß in einer Veröffentlichung von 1993 darauf hinwies, dass Albert unter der vorangestellten Jahreszahl 1166 weitere Ereignisse nennt, die nicht in diesem Jahr stattfanden, kursieren in der Forschung Datierungsvorschläge über einen Zeitraum, der insgesamt die Spanne von 1163 bis 1181 umfasst. Bis 1993 galt in der jüngeren Forschung das Jahr 1166 nahezu unbestritten als Jahr der Aufstellung.

In der Zeit vor der Mitte des 19. Jahrhunderts erscheint in der Literatur zum Burglöwen wiederholt auch das Jahr 1172 als Jahr der Errichtung des Monuments. Diese Datierung beruft sich auf eine dementsprechende Angabe in der 1492 veröffentlichten Chronik der Sachsen (s. S. 128f.) sowie auf eine verlorene, ehemals im Braunschweiger Dom angebrachte Inschriftentafel, die historische Ereignisse bis zum Jahr 1514 aufführte. Die Chronik und die Inschriftentafel stellen die Errichtung des Burglöwen in einen zeitlichen Zusammenhang mit dem ebenfalls unter dem Jahr 1172 verzeichneten Baubeginn des Doms und der Doppelkapelle der Burg Dankwarderode. Allerdings ist unklar, ob mit der Bemerkung „Heinrich der Löwe setzte vor dem Dom den Löwenstein [den Burglöwen]“ (Chronik der Sachsen) der Beginn oder der Abschluss der wohl mehr als ein Jahr in Anspruch nehmenden Planung und Realisierung des Monuments gemeint sein könnte. Im Übrigen wurde mit dem Bau des Doms erst im Jahr 1173 begonnen. Wann die Doppelkapelle errichtet wurde, ist nicht überliefert.

DIE HERSTELLUNG DES BRONZELÖWEN

Von Mitte Juni 1981 bis Anfang 1983 wurde der Burglöwe fachgerecht gereinigt und durch konservatorische Maßnahmen gegen schädliche Umwelteinflüsse präpariert. Die während dieser Zeit in einer Werkstatt im Städtischen Museum aufgestellte Figur (Abb. 129) ermöglichte umfangreiche Zustands- und Materialuntersuchungen, die mithilfe naturwissenschaftlicher Methoden vorgenommen wurden. Anhand dieser Untersuchungen und eigener Beobachtungen rekonstruierte Hans Drescher den wahrscheinlichen Ablauf des Herstellungsvorgangs.

Drescher geht davon aus, dass der Bildhauer, der die Löwenfigur ausformte, zunächst ein Modell in kleinerem Maßstab anfertigte. Die beim Guss des Burglöwen angewandte Technik des Wachsausschmelzverfahrens setzte als nächsten Schritt die Anfertigung eines Formkerns (Abb. 42) voraus, der im jetzigen Zustand weitgehend dem Hohlraum der Figur entspricht. Der Formkern wurde aus Lehm über einem Eisengerüst geformt, das ihm die nötige Stabilität verlieh.

Auf den zuvor gebrannten Formkern modellierte der Bildhauer dann eine in der Regel 8 bis 10 mm dicke Wachsschicht auf, deren Oberflächenrelief dem des späteren Bronzegusses entsprach (Abb. 43). An manchen Stellen hatte die Schicht eine Stärke von 6 bis 8 mm bzw. 10 bis 14 mm. „Im oberen Beinbereich und am gesamten unteren Rumpf“ (Drescher) erreichte sie eine Stärke von annähernd 40 mm. Die mit Wachs überzogene Figur wurde anschließend mit einer Tonschicht vollständig ummantelt. Mehrere von der Wachschicht durch den Tonmantel

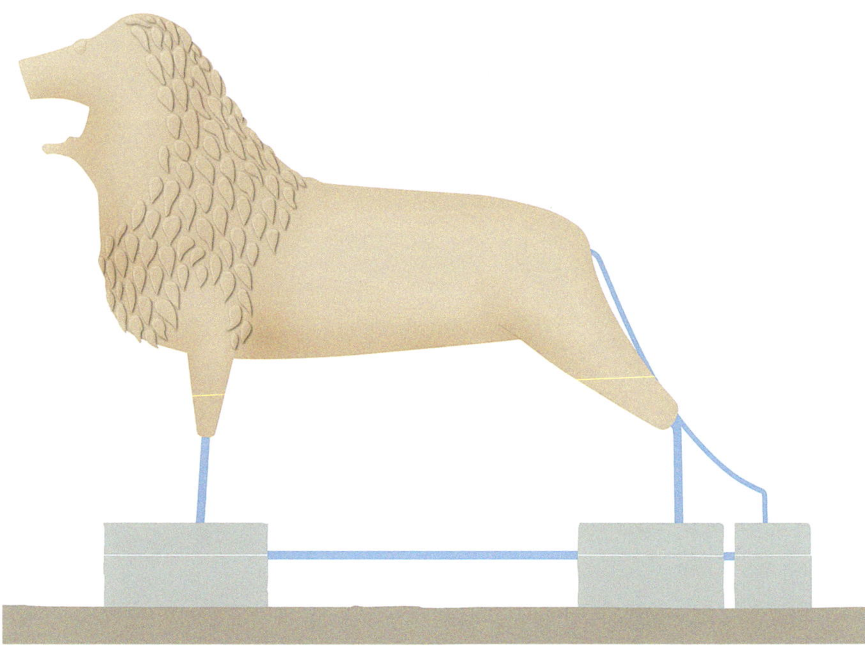

hindurch nach außen geführte Kanäle dienten beim Guss als Eingießöffnungen für die flüssige Bronze. Durch andere derartige Öffnungen konnte die durch das Einfließen der Bronze verdrängte Luft entweichen.

42 | *Burglöwe, Kernform, Grafik: Sarah Pleikies, nach Vorlage in: Hans Drescher, Zur Gießtechnik des Braunschweiger Burglöwen (in: Der Braunschweiger Burglöwe, hrsg. von Gerd Spies, Braunschweig 1985), S. 407, Abb. 44*

Nach der Fertigstellung des Tonmantels wurde die für den Guss präparierte Form erhitzt. Dabei schmolz die Wachsschicht und floss aus Kanälen, die in Höhe der Fußebene eingelassen waren, aus der Gussform heraus. Auf diesen Vorgang bezieht sich der Begriff Wachsausschmelzverfahren. In den Ton der Kernform und des Mantels eingearbeitete Eisennägel sorgten für die Stabilität des durch das Ausschmelzen entstandenen Hohlraums. Wie zuvor der Gusskern wurde unmittelbar nach dem Ausschmelzen des Wachses auch der Lehmmantel in dem um die Gussform herumgebauten Brennofen gebrannt.

Vor dem Guss musste die Gussform gegen die Gefahr des Zerberstens während des Gießvorgangs gesichert werden. Da-

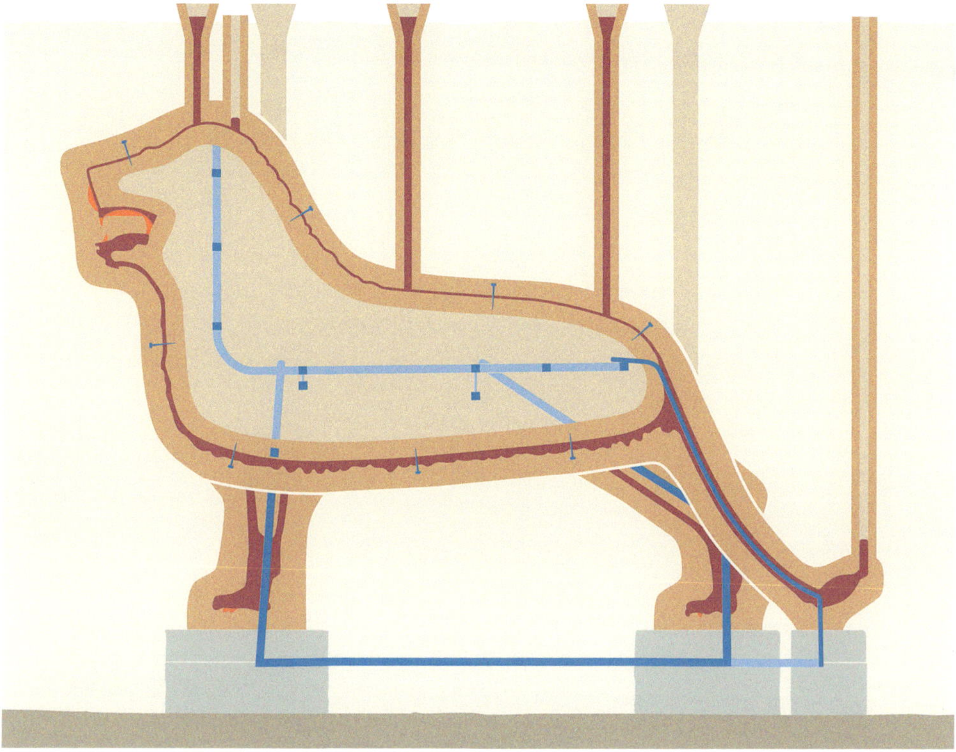

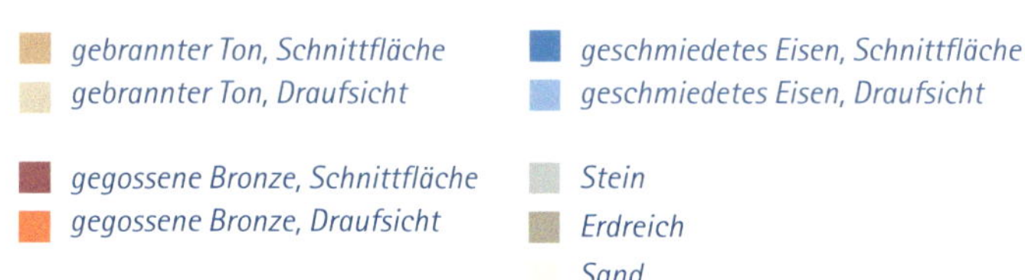

43 | *Burglöwe, Längsschnitt, Rekonstruktion des Zustands nach dem Bronzeguss, Grafik: Sarah Pleikies, Entwurf: Alfred Walz, nach Vorlagen in: Hans Drescher, Zur Gießtechnik des Braunschweiger Burglöwen (in: Der Braunschweiger Burglöwe, hrsg. von Gerd Spies, Braunschweig 1985), S. 406, Abb. 43, 1 und 2; S. 408, Abb. 1; S. 412, Abb. 47,1 und 2*

zu setzte man sie, falls sie sich nicht bereits von Beginn an dort befand, in eine Grube, die anschließend mit Sand gefüllt wurde. Nun konnte mit dem Eingießen der in mehreren Brennöfen erhitzten und dabei verflüssigten Bronze (der Speise) begonnen werden.

Über die Eingießkanäle floss die Speise nach und nach in die durch das Ausschmelzen der Wachsschicht entstandenen Hohlräume (Abb. 43). Nach Abschluss des Gießvorgangs blieb die gegossene Figur noch „12 bis 24 Stunden oder noch länger“ (Drescher) in der Ummantelung, um so langsam wie möglich abkühlen zu können. Der Abkühlungsprozess war ein äußerst kritischer Vorgang, weil dabei die Bronze um etwa 1 bis 1,5 % schrumpfte und somit Spannungen entstanden, die Risse verursachen konnten.

Nach dem Abkühlen und Freilegen der Gussform wurde der Lehmmantel aufgebrochen und die gegossene Bronzeform des Löwen kam zum Vorschein. Sie war zwar „in allen Teilen gelungen" (Drescher), zeigte aber einige größere Fehlstellen, sechs lange Risse sowie zahlreiche kleine Risse, Löcher und Poren. Drescher bemerkt dazu, dass im Hochmittelalter kleinere Gegenstände aus Bronze, deren Wandung beim Guss gerissen war, wieder eingeschmolzen wurden. Dies konnte und wollte man sich wohl beim Burglöwen nicht erlauben, da man keinerlei Gewähr dafür hatte, dass ein erneuter Guss besser gelingen würde. Zudem hätte man mit Ausnahme des Kerngerüsts alle Vorarbeiten wiederholen müssen.

Die größeren fehlenden Partien wurden nachgegossen und in die präparierten Fehlstellen eingefügt. Kleinere fehlerhafte Öffnungen beseitigte man durch das Eingießen verflüssigter Bronze. Drescher nennt „mindestens 245" beim Guss entstandene Fehlstellen, die ausgebessert werden mussten. „Es gibt keinen alten Bronzeguss, der derartig viele Nachbesserungen erforderte wie der Braunschweiger Löwe" (Drescher).

Im letzten Arbeitsgang wurde die Bronzefigur mit mechanischen Werkzeugen bearbeitet. Dazu gehörten hauptsächlich das Versäubern und Glätten der Oberfläche sowie das Punzieren (Einhämmern mit einem stumpfen Meißel) linearer Strukturen. Zu nennen sind hauptsächlich die „Haare" an Teilen der Mähne und an der Schwanzquaste sowie die Einfassungen der Krallen.

Wie bereits erwähnt wurden in die beiden Vertiefungen für die Augen Kupferbleche eingesetzt (s. S. 67). Nach Dreschers Ansicht handelt es sich bei der stark korrodierten Blechscheibe im linken Auge des Löwen um das Originalstück (Abb. 44), bei der Scheibe im rechten Auge (Abb. 23) um ein später angefertigtes Ersatzstück. Da Kupfer bekanntlich eine grüne Oxydationsschicht bildet, ist es fraglich, ob der Löwe ursprünglich mit

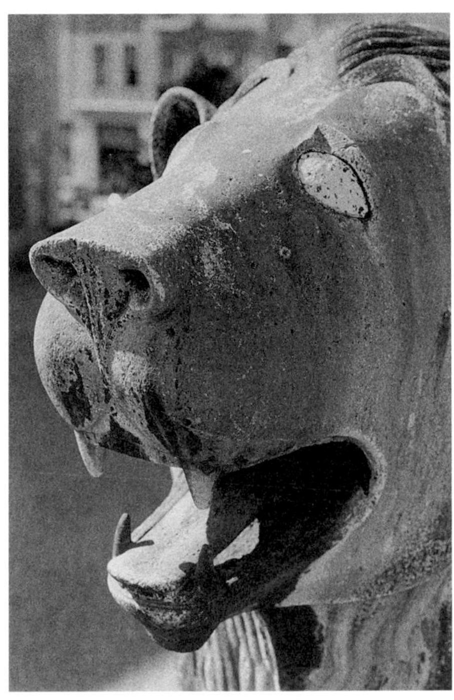

44 | *Burglöwe, Original, Zustand vor der Restaurierung von 1981–83*

grünen Augen in Erscheinung treten sollte.

Möglicherweise waren die Augen bzw. die Pupillen wie bei vielen hochmittelalterlichen metallenen Reliquiaren in Form eines Kopfs bzw. einer Büste ursprünglich farblich akzentuiert. Hinzuweisen ist insbesondere auf das in der Düsseldorfer Lambertuskirche aufbewahrte, in der zweiten Hälfte des 12. Jahrhunderts entstandene Kopfreliquiar des hl. Vitalis, ein in Hildesheim entstandener Bronzeguss. Dessen aus Metallblech angefertigten, mit einer Emailleschicht überzogenen Augen sind ebenfalls separat in die Augenhöhlen eingesetzt (zu Beginn des 20. Jahrhunderts erneuert).

Die Ergebnisse der Analyse der im Inneren der Figur aufgefundenen mineralischen Reste des Formkerns lassen den Schluss zu, dass der Burglöwe nahe seines Aufstellungsortes, wohl auf dem Burgplatz, hergestellt wurde. Für die technische Ausführung des Bronzegusses kommt „zu dieser Zeit nur ein gelernter Glockengießer“ (Drescher) in Betracht. Die hervorragende künstlerische Qualität der Löwenfigur spricht dafür, dass zumindest das Modell von einem erfahrenen Bildhauer angefertigt wurde, der wahrscheinlich nicht mit dem Gießer identisch ist. Man kann die beim Guss aufgetretenen gravierenden Probleme als Beleg dafür nehmen, dass der Gießer auf keine einschlägigen Erfahrungen mit der Herstellung großformatiger Hohlgüsse zurückgreifen konnte. So gesehen war das Projekt ein wagemutiges Experiment.

Drescher weist darauf hin, „dass Braunschweig ein geradezu günstiger Ort für das Vorhaben Heinrichs des Löwen war.“ Von

Vorteil für das schwierige Unterfangen war die Nähe der Stadt zum Harz, der im 12. Jahrhundert zu den führenden Regionen des europäischen Montanwesens gehörte. Von dort, aus dem Erzbergwerk Rammelsberg bei Goslar, konnte nicht nur das für die Herstellung der Bronze benötigte Kupfer (Anteil an der Legierung: rund 80%; außerdem jeweils rund 9% Zink, 7% Zinn, 3% Blei, 1% andere Metalle) bezogen werden, sondern auch das spezielle Wissen um die für das außergewöhnliche Unternehmen erforderlichen technischen Einrichtungen wie „große leistungsfähige Schmelzöfen" oder „große wirksame Blasebälge" (Drescher). Zudem dürfte die Nachbarschaft der Stadt Braunschweig zu den beiden bedeutenden Bischofsstädten Magdeburg und Hildesheim, die sich im Hochmittelalter als Zentren der Bronzekunst hervortaten, die Planung und Realisierung des Löwenprojekts begünstigt haben.

KUNSTHISTORISCHE EINORDNUNG

Hildesheim

Der Kunsthistoriker Michael Brandt zieht in Betracht, dass das Modell des Burglöwen von einem in Hildesheim angesiedelten Künstler entworfen wurde. Seine Argumentation stützt sich auf die Darstellung des Löwen von Juda im Stammheimer Missale (Abb. 27) (s. S. 71). Wie beim Burglöwen ist auch beim Löwen der Handschrift das Gesicht von einem Mähnenkragen gerahmt. Brandt sieht jedoch in der Miniatur nicht das direkte Vorbild für die bronzene Löwenfigur, sondern in einem unbekannten, verlorenen metallenen Gießgefäß in Form eines Löwen, das im Hohlgussverfahren hergestellt wurde. Seiner Meinung nach könnte ein derartiges Löwen-Gießgefäß auch als Vorlage für den Löwen von Juda gedient haben.

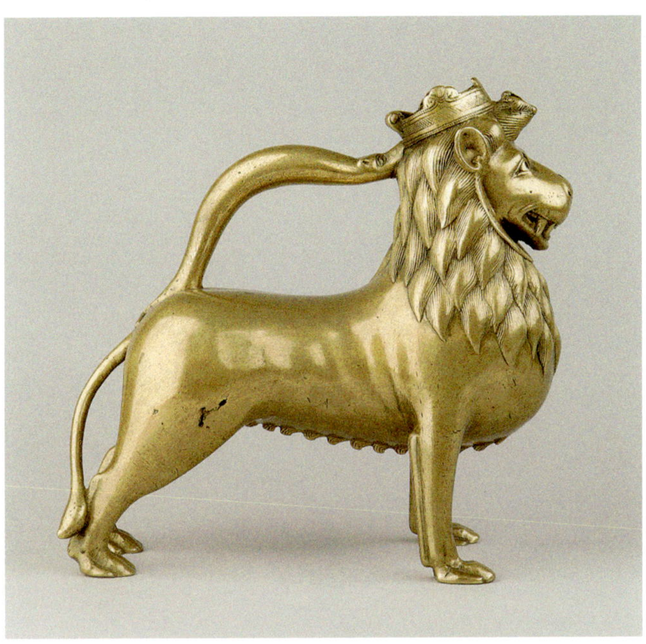

45 | *Gießgefäß, Bronze, Hildesheim, um 1220–30*

Gegen 1220–30 entstanden in Hildesheim ein halbes Dutzend bronzener Löwen-Gießgefäße, die wesentliche Gestaltungselemente des Burglöwen aufweisen (Abb. 45). Brandt hält es für denkbar, dass diese Gefäße nicht als Nachfolgewerke des Braunschweiger Löwen, sondern nach dem Vorbild des von ihm vermuteten Hildesheimer Prototyps geschaffen wurden. Zusammenfassend macht der Autor darauf aufmerksam, dass sein Gedankenkonstrukt keine Beweiskraft hat.

Außer den Hildesheimer Arbeiten sind noch weitere, hauptsächlich im 13. und 14. Jahrhundert gefertigte Löwen-Gießgefäße sowie andere metallene oder in Stein gearbeitete Löwenfiguren erhalten, die charakteristische Gestaltungselemente des Burglöwen aufweisen. Angesichts der in den frühen schriftlichen Quellen zum Ausdruck kommenden außerordentlichen Beachtung, die dem Braunschweiger Bronzeguss nach seiner Aufstellung zuteil wurde, darf man wohl davon ausgehen, dass die genannten Bildwerke in einer mehr oder weniger formalen

Anlehnung an den berühmten Löwen auf dem Burgplatz konzipiert wurden. Dass dabei keine detailgetreuen Kopien entstanden, entspricht ganz und gar den mittelalterlichen Gepflogenheiten bei der Wiedergabe vorgegebener Kunstwerke.

MITTELALTERLICHE ABBILDER

Die bildenden Künstler des Mittelalters hatten nicht das Bestreben, vorgegebene Gegenstände detailgetreu und analog zur optischen Wahrnehmung wiederzugeben. Gleiches gilt auch für die freie Nachbildung eines Kunstgegenstands, der in ähnlicher oder unterschiedlicher Größe wiedergegeben werden sollte (s. auch S. 77f.). In der Regel genügte das Zitieren einiger wesentlicher Merkmale der nachzubildenden Vorlage. Manche Unterschiede zwischen dem vorgegebenen und dem nachgebildeten Gegenstand sind auch damit zu erklären, dass die „Kopie“ in einer anderen Technik oder für eine andere Bestimmung angefertigt wurde. Letzteres gilt in besonderem Maße für die in Anlehnung an den Burglöwen hergestellten Gießgefäße. Beim Entwurf der Münzbilder mit der Wiedergabe des Löwenmonuments spielten die in diesem Genre geläufigen Darstellungskonventionen eine nicht unwesentliche Rolle. •

Naturnahe Gestaltungsmerkmale

Im Vergleich zu den steinernen Portallöwen des 12. Jahrhunderts (s. S. 60–62) zeigt die Gestalt des Burglöwen insgesamt eine erheblich größere Nähe zum Körperbau natürlicher Löwen. Dies führte in der kunstgeschichtlichen Forschung zu der Fragestellung, ob sich der für den Entwurf des Braunschweiger Löwen verantwortliche Künstler an den Erscheinungsformen eines oder mehrerer natürlicher Löwen orientierte. Zu Beginn des 20. Jahrhunderts vertrat der Kunsthistoriker Georg Dehio die Auffassung, dass die romanischen Künstler natürliche Löwen nicht zu Gesicht bekommen haben können. Zum Burglöwen bemerkt er: „Dieser ist nicht einem einzelnen Modell abgewonnen, sondern der gesamte Niederschlag unendlich vieler Beobachtungen aus der Tierwelt, und zwar der heimischen."

Ursula Mende widerspricht in einem 1998 erschienen Beitrag der Vorstellung, dass zur hochmittelalterlichen Zeit natürliche Löwen in Mitteleuropa nicht existent waren: „Die Möglichkeit, [in Mitteleuropa] einen Löwen zu sehen, hat es im Mittelalter immer wieder gegeben, vor allem im Bereich aufwendiger fürstlicher Hofhaltung." Erinnert sei in diesem Zusammenhang an die beiden Jagdleoparden, die Heinrich der Löwe von Sultan Kılıç Arslan II. als Geschenk erhielt (s. S. 55). Zeitgenössische Autoren berichten, dass zeitweise am Hof Kaiser Ottos des Großen (912–973) sowie Kaiser Friedrichs II. (1194–1250) natürliche Löwen gehalten wurden.

Den Burglöwen bezeichnet Mende als ein „außergewöhnliches" Kunstwerk. „Der spezifische Grad der Naturnähe dieser Löwengestalt – natürlich erscheinend in Proportion, Haltung und Ausdruck, bei weitgehend naturferner Formgebung im Detail – macht sie zu einem ungewöhnlichen, einzigartig erscheinenden Bildwerk." „Für die Formgebung des Braunschweiger Löwen hat das Naturvorbild eine wichtige Rolle gespielt."

Peter Seiler hat sich die Mühe gemacht hat, die Löwenfigur systematisch auf naturnahe Körperelemente hin zu untersuchen. Zusammenfassend kommt er zu dem Ergebnis: „Der Burglöwe weist nicht nur eine erstaunlich komplexe morphologische [die Gestalt des Körpers betreffende] Gliederung auf, sondern auch eine ganze Reihe naturbezogener Details." Er ist jedoch der Ansicht, dass die an der Figur zu beobachtenden naturnahen Elemente nicht auf eine unmittelbare Naturbeobachtung schließen lassen. Vielmehr sei davon auszugehen, dass der

Künstler des Burglöwen Bildvorlagen mit einer mehr oder weniger naturnahen Darstellungsweise benutzte. Infrage kämen dafür hauptsächlich byzantinische bzw. von der byzantinischen Kunst beeinflusste, eher kleinformatige Löwenbilder, von denen Seiler mehrere Beispiele anführt (Abb. 52). Einschränkend bemerkt er: „Sichere Antworten auf die Frage sind kaum zu erwarten, ob die jeweiligen Motive direkten oder indirekten (mittelalterlich vermittelten) byzantinischen Ursprungs sind."

Da es sich bei den von Seiler zum Vergleich herangezogenen Kunstwerken um Bilder oder Reliefs handelt, also um zweidimensionale bzw. flächig angelegte und zudem in kleinerem Maßstab angefertigte Darstellungen, kann man sie lediglich als grobe Vorlagen in Betracht ziehen. Ihre Umsetzung zu einem dreidimensionalen Gebilde erforderte ein kreatives künstlerisches Vorgehen. Zudem bezieht sich der jeweilige Vergleich auf ein oder nur einige wenige formale Motive. Das bedeutet, dass keine der Darstellungen als alleiniges Ganzes dem Künstler des Burglöwen als Vorlage gedient haben kann. Seilers Ansatz setzt daher für dessen Schaffensprozess eine Vorgehensweise voraus, der zufolge die Gestalt der Löwenfigur durch die Übernahme bzw. das Einarbeiten von Formmotiven aus unterschiedlichen kleinformatigen Löwendarstellungen entwickelt wurde.

Aufgrund der massenhaft verlorenen Bildwerke des frühen und hohen Mittelalters (s. S. 49) kann für keines der Seilerschen Vergleichsbeispiele der Anspruch erhoben werden, tatsächlich als Vorlage für den Entwurf des Burglöwen herangezogen worden zu sein. Falls der bronzene Löwe – was keineswegs ausgeschlossen werden kann – nach dem Vorbild einer insgesamt ähnlich gestalteten, längst verlorenen Skulptur entstanden sein sollte, wäre sein Schöpfer allerdings sehr viel weniger auf die Rezeption unterschiedlicher Vorlagen angewiesen gewesen.

Sowohl Mendes als auch Seilers Untersuchungen zeigen, dass der Künstler des Burglöwen ein für seine Zeit außerordentliches Interesse für der Natur entsprechende Darstellungsformen unter Beweis stellt. Dass bei der Löwenfigur „fast alle naturbezogenen morphologischen Elemente nicht nur erheblich von ihrer natürlichen Erscheinungsform abweichende, sondern auch eindeutig unnatürliche Merkmale aufweisen" (Seiler) ist nicht weiter verwunderlich. Denn für einen hochmittelalterlichen Künstler galten nicht die natürlichen Erscheinungsformen, sondern hauptsächlich die zu seiner Zeit und in seinem Umkreis (der sehr weit gefasst sein konnte) üblichen Darstellungskonventionen als vorbildlich. Insofern ist Seilers Annahme, dass der Künstler des Burglöwen bestehende Löwendarstellungen als Vorlagen benutzte, nicht von der Hand zu weisen. Dies schließt jedoch nicht aus, dass er dabei auch natürliche Formgebungen von lebenden oder skelettierten Tieren mit in seine Betrachtungen einbezog. Allein schon die bereits angesprochene, sozusagen von der Nasenspitze bis zur Schwanzquaste reichende erstaunliche Übereinstimmung des Burglöwen mit ruhig dastehenden Löwen (s. S. 20–22) spricht für die Wahrscheinlichkeit einer Orientierung an den Erscheinungsformen natürlicher Tiere. Bemerkenswert ist in diesem Zusammenhang, dass die Ausmaße des Braunschweiger Löwen (Länge ohne Schwanz: ca. 240 cm, Höhe: ca. 180 cm) denen großer männlicher Löwen entsprechen.

Gestaltungsprinzipien

Die künstlerische Qualität des Burglöwen lässt sich weniger an den naturnahen als an den naturfernen Gestaltungselementen ablesen, die die naturnahen Elemente zu einer stilistisch einheitlichen Gesamtform zusammenbinden. Zwei wesentliche, vielleicht sogar entscheidende Merkmale der Formgebung des Burglöwen sind das Zusammenfügen benachbarter Formeinheiten bzw. das Einfügen kleinerer in größere Formeinheiten durch subtiles Angleichen bzw. gegenseitiges Verschmelzen einzelner Formstrukturen sowie die Ausbildung geradliniger und ebenmäßig gebogener straffer Konturen, die geschmeidig ineinander übergehen.

So zieht sich die in der Seitenansicht (Abb. 5, 21, 22) erkennbare vordere Konturlinie des jeweiligen hinteren Beins bogenförmig in den Rumpf hinein, setzt sich dort relativ geradlinig fort und läuft dann vor dem Ansatz des vorderen Beins aus. Sie ist verschränkt mit der oberhalb der gezackten Bauchmähne verlaufenden Konturlinie der Bauch-Brustkorb-Partie, die in die Kontur der gewölbten Brust übergeht und im Spitzbart des Tieres endet (Abb. 23). Ihr Endpunkt ist zugleich der Ausgangspunkt für die beiden gratartigen Konturen des Mähnenkragens, deren bogiger Verlauf in fließendem Übergang vom Rand und der Binnenstruktur der jeweiligen Ohrmuschel aufgenommen und über drei vermittelnde Haarsträhnen in die Ausgangsrichtung zurückgelenkt wird.

Das Pendant zu den beiden Konturlinien der Unterseite bildet die obere Umrisslinie der Löwenfigur, die vom Schwanz bzw. von den annähernd parallel dazu verlaufenden Keulen der Hinterbeine in konkaver Biegung ihren Ausgang nimmt und in einer großen wellenförmigen Bewegung bis zur Nasenspitze verläuft (s. S. 66f.). Bemerkenswert ist, dass der Abschnitt der oberen Umrisslinie, der die Keulen der Hinterbeine und das Gesäß einschließt, bezüglich seiner Form, Länge und Neigung demjenigen Abschnitt ähnelt, der entlang der Rückseite des Halses und des Hinterkopfs verläuft. Auf diese Weise wird mit der sich dabei ergebenden doppelten s-Figur der nach oben führenden Wellenbewegung Nachdruck verliehen. Das Verhältnis der Höhe des Löwenkörpers zu seiner Länge ohne Schwanz entspricht ziemlich genau dem von zwei zu drei.

In der Vorderansicht dominieren mit Ausnahme der Beine kreisbogenförmige Konturbildungen (Abb. 46a/b). Der Gesamtumriss ähnelt dem einer schlanken Birne, wobei abgesehen von den Beinen lediglich die ebenmäßig geformten Ohren daraus hervorstehen. Kopf und Latzmähne sowie Latzmähne und der untere, von der Halsmähne bedeckte Teil der Brust sind jeweils durch eine u-förmige Begrenzung voneinander abgesetzt. Eine weitere u-förmige Begrenzung schließt die Brust nach unten

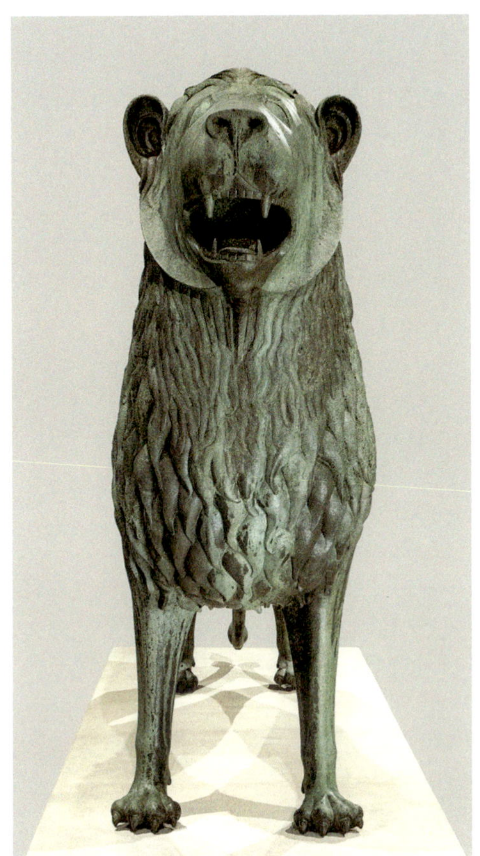

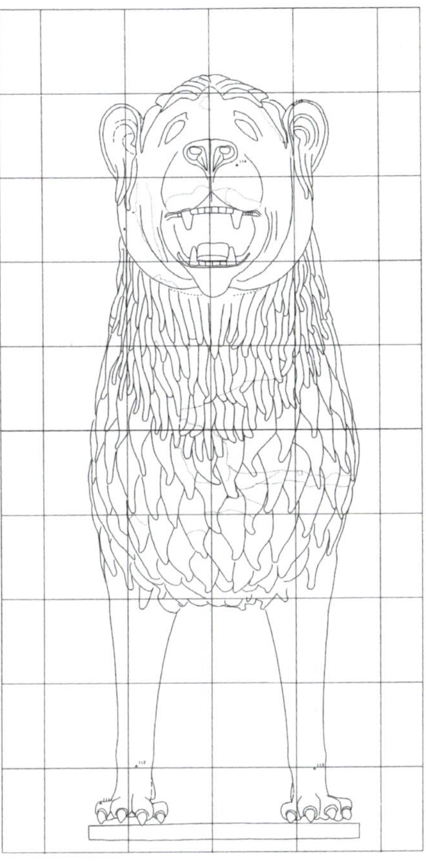

46a | *Burglöwe, Original*

46b | *Konturzeichnung des Burglöwen auf der Grundlage von photogrammetrischen Aufnahmen, Ausarbeitung: Institut für Photogrammetrie und Kartographie der TU Braunschweig, 1981/83*

hin ab. Der Umriss des Gesichtes beschreibt eine aufrecht stehende ovale Form. Die darin eingesetzte Schnauze mit dem aufgesperrten Rachen ist ebenfalls über einer aufrecht stehenden ovalen Grundform entwickelt. Ihre vertikale Mittellinie wird durch die in den Nasenspiegel eingelassene Kerbe, die Furche zwischen den mittleren Schneidezähnen sowie die in Längsrichtung mittig leicht geknickte Zunge angezeigt. Annähernd auf Höhe der horizontalen Mittellinie ist die leicht nach oben gebogene obere Zahnreihe angeordnet. Die unnatürliche Ausrichtung der Augen mit ihren der Augenform angepassten Brauen korrespondiert wie abgezirkelt mit dem oberen Bogen der ova-

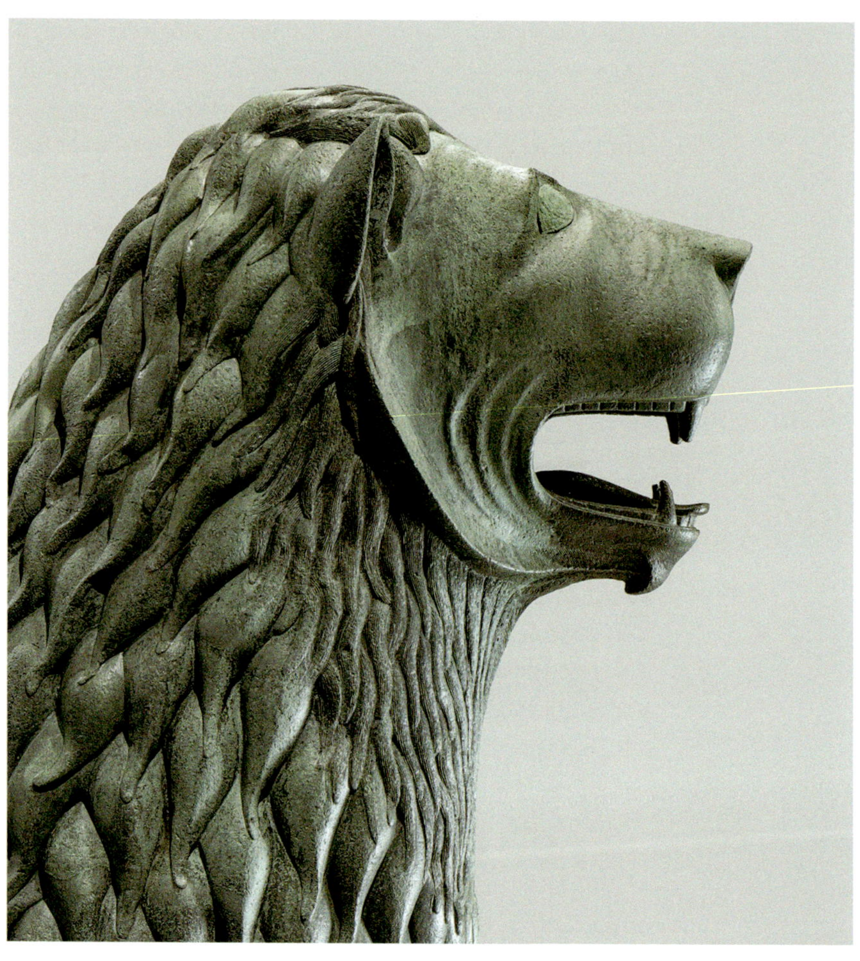

47 | *Burglöwe, Original*

len Gesichtskontur. Im Übrigen entspricht die Länge der Beine in etwa der maximalen Höhe des Kopfs. Der Umriss des Kopfs kann annähernd von einem Quadrat umschrieben werden.

In der strengen Seitenansicht des Kopfs (Abb. 47) sind weitere Formangleichungen und -entsprechungen zu erkennen. So nähern sich die drei durch den aufgesperrten Rachen motivierten Staufalten nach unten hin der Kurvung des Mähnenkragens an. Der leicht konkav zum Spitzbart hin auslaufende Grat des Mähnenkragens korrespondiert hinsichtlich seiner Ausrichtung mit der oberen Zahnreihe bzw. der oberen Lefze, der Nasenrücken dementsprechend mit der unteren Zahnreihe bzw. der unteren Lefze. Der äußere Rand des Ohrs sowie die Augenbraue zeigen eine ähnliche vertikale Ausrichtung. Augenbraue und Nasenrand sind gratartig ausgeformt. Der Mittelpunkt des Augapfels markiert in etwa den halben Abstand zwischen dem oberen äußeren Rand der Ohrmuschel und der Nasenspitze.

Die vom Kopf aus abwärts sich ausbreitende Mähne besteht aus vier gegeneinander abgesetzten Einheiten, der Stirnmähne, dem Mähnenkragen, der Halsmähne und der Latzmähne (Abb. 46a/b, 48). Wie bereits erwähnt, ist der Mähnenkragen durch die gratartige äußere Begrenzung von der übrigen Mähne separiert und wird eher als Teil des Gesichtes wahrgenommen (s. S. 68). Die Latzmähne sorgt aufgrund ihres relativ flachen Reliefs und ihrer verhältnismäßig kleinteiligen Strukturierung für eine formale Vermittlung zwischen Gesicht und Halsmähne. Entlang der Achse der Halsrückseite sind die Zotten der Halsmähne zu einem regelmäßigen, zopfartigen Band zusammengefügt (Abb. 49, 34). Die übrigen Zotten sind in lockerer Aneinanderreihung über einem Raster sich kreuzender Diagonalen angeordnet. Das Raster wurde nicht mit geometrischer Strenge, sondern mit einer sich den Gegebenheiten anpassenden, geschmeidigen Formgebung über die von ihm besetzten Körperpartien gelegt. Alles in allem wird durch die so beschriebene Anordnung der Halsmähne-Zotten die Wirkung einer ‚geordneten Natürlichkeit' hervorgerufen.

Die Darstellung der vier Mähnenteile kann als Beispiel für die Verarbeitung naturnaher Elemente zu naturfernen Formen genommen werden. Bei natürlichen Löwen ist der von der Halsmähne sich absetzende, zum Teil auch andersfarbige Mähnenkragen mehr oder weniger stark ausgeprägt. Kreisbogenförmig umrissene, schmale Ausformungen in der Art des Mähnenkragens des Burglöwen kommen eher bei Bären oder Tigern vor (s. auch S. 68). Dagegen gehört das bei der Bronzefigur zu beobachtende Motiv des Herauswachsens des Mähnenkragens

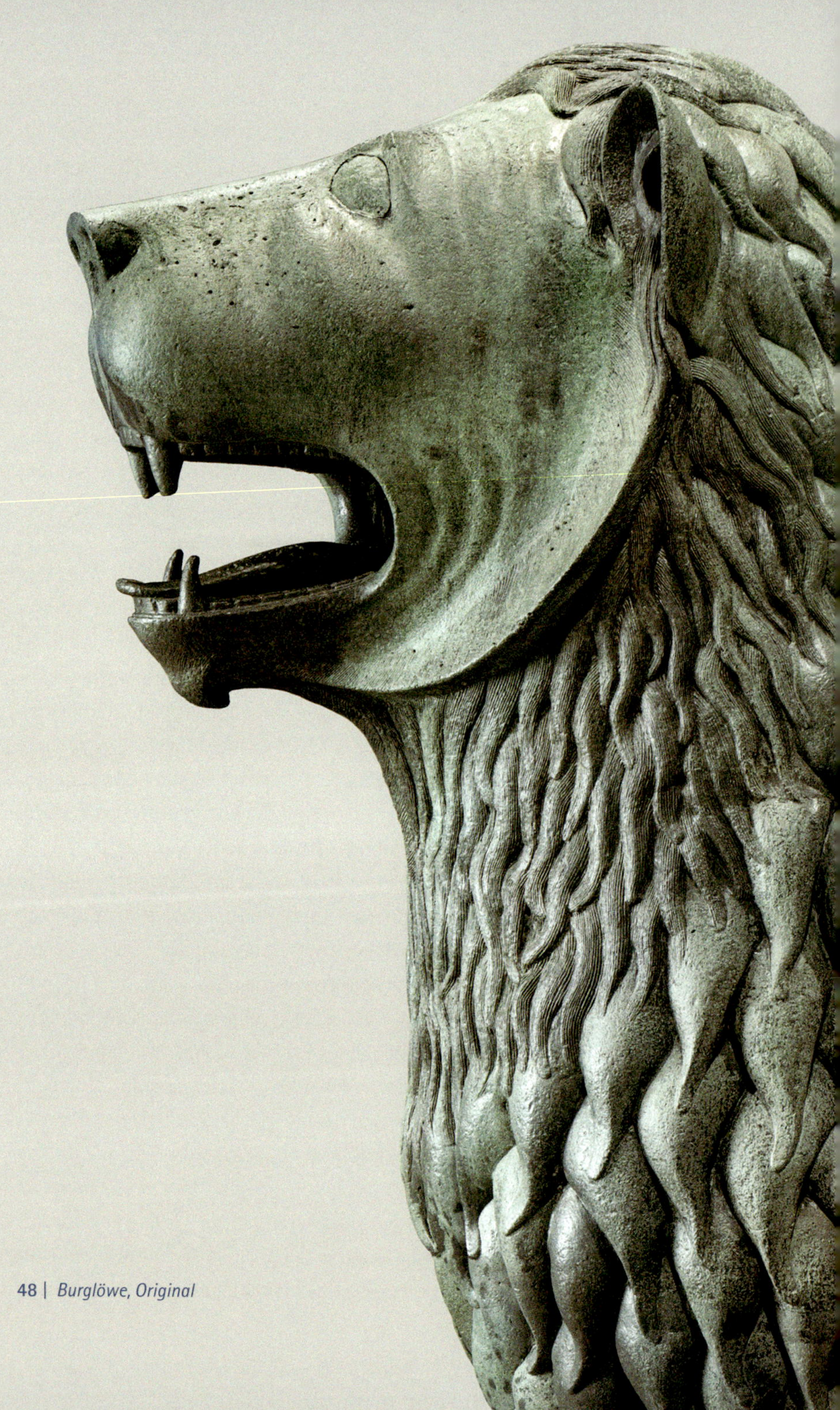

48 | *Burglöwe, Original*

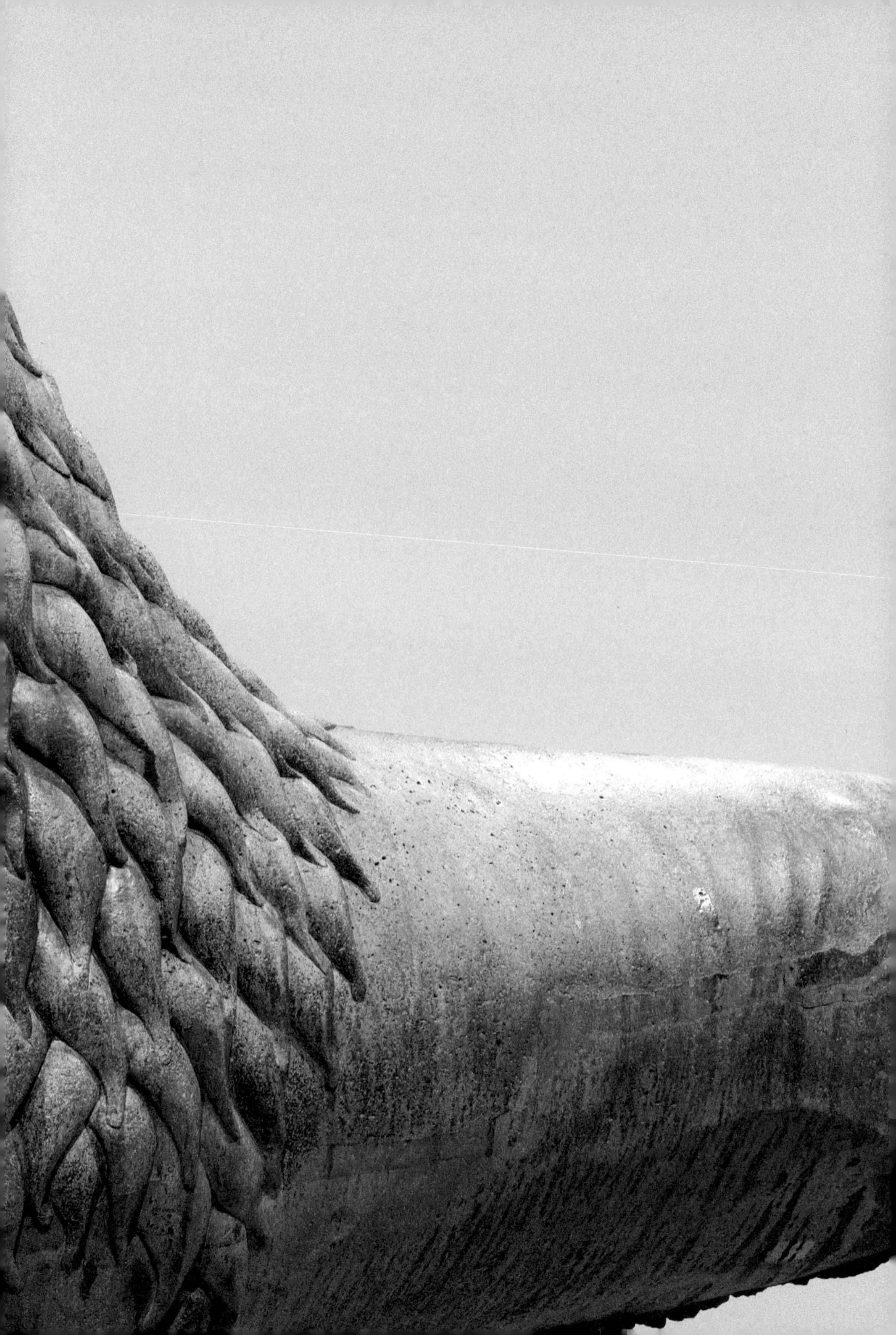

aus den Ohrmuscheln (Abb. 23, 54) zu den Eigentümlichkeiten der Kopfbehaarung zahlreicher Löwen. Allerdings ist es fraglich, ob dieses Detail auf genauer Naturbeobachtung beruht. Denn bei natürlichen Löwen bilden im Unterschied zu der Darstellung beim Burglöwen die aus den Ohren herauswachsenden Strähnen eine strukturelle Einheit mit dem Mähnenkragen. Die scheibenartige, scharf konturierte Form des bronzenen Mähnenkragens steht in Distanz zu den Naturvorbildern. Sie kann nach dem Vorbild dementsprechender altertümlicher oder byzantinischer Darstellungen, aber auch anhand vergleichbarer Löwen-Mähnenkrägen der früh- und hochmittelalterlichen Buchmalerei (s. S. 70f.) entworfen worden sein (s. Abb. 24, 25, 27).

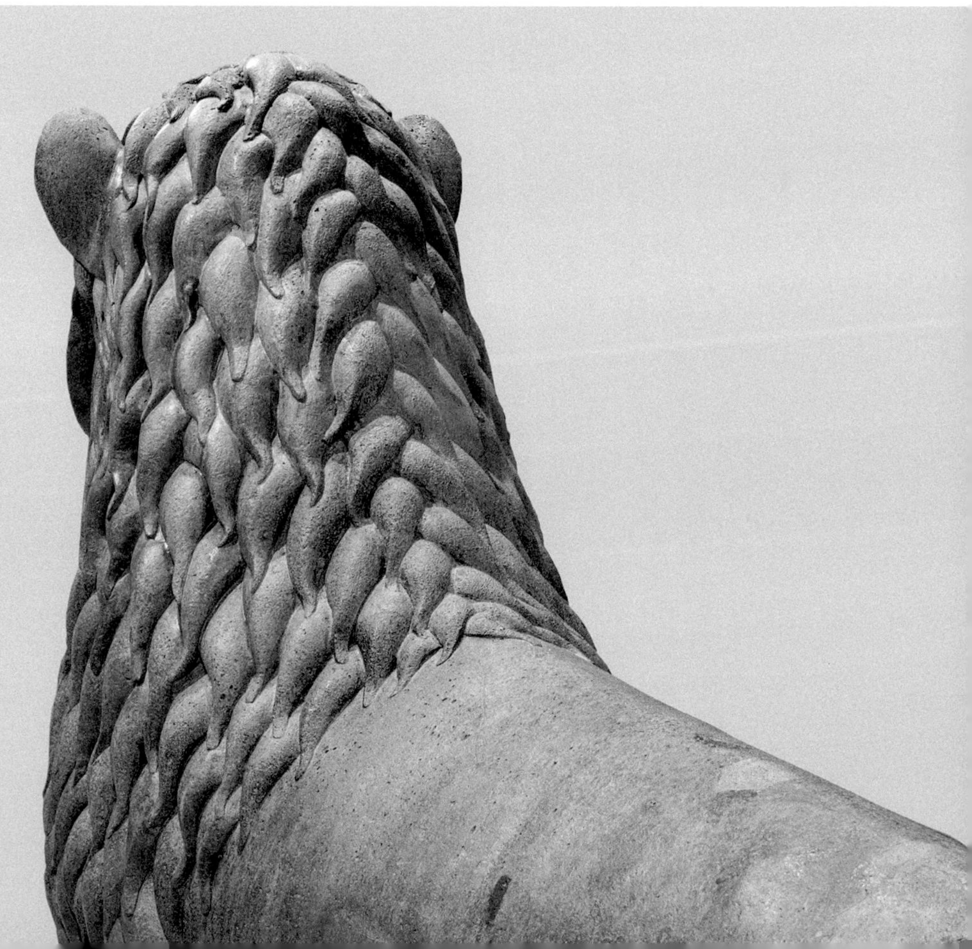

49 | *Burglöwe, Original*

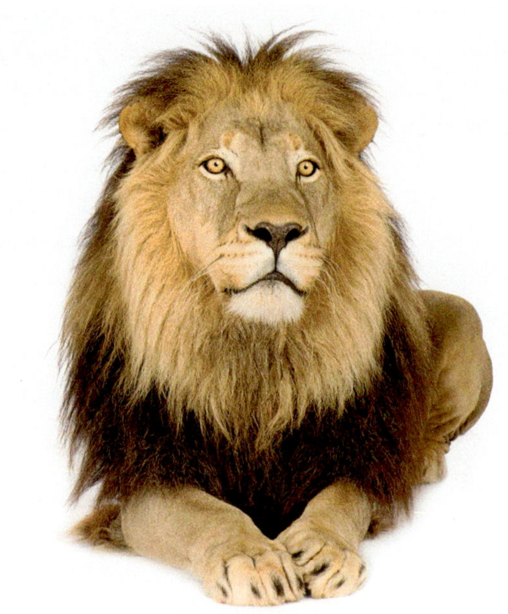

50 |

Bei manchen natürlichen Löwen ist der Mähnenkragen nach unten hin erweitert und hebt sich dabei, zum Teil auch aufgrund seiner andersartigen Färbung, von der Brustpartie der Halsmähne ab (Abb. 50). Darin kann ein Vorbild für die Latzmähne des Burglöwen gesehen werden. Eine Kombination aus Mähnenkragen und deutlich davon abgesetzter Latzmähne kommt offenbar in der Natur nicht vor. Die Latzmähne mit ihren organisch aneinandergefügten Strähnen, die mit einer feinlinigen Haarzeichnung versehen sind, zeigt in ihrer Gesamterscheinung eine größere Nähe zu vergleichbaren Mähnenstrukturen natürlicher Löwen als die Halsmähne. Deren Zotten zeigen eine glatte, unstrukturierte Oberfläche und sind weniger geschmeidig aneinandergefügt als die Latzsträhnen. Beiden, der Latzmähne wie auch der Halsmähne, fehlt die dreidimensionale Fülle natürlicher Mähnen. Im Vergleich zu diesen bleiben sie sehr viel mehr in der Fläche verhaftet. Im Grunde genommen handelt es sich dabei um ein eigentümliches Darstellungsmittel der Reliefkunst.

Frühe Vorbilder für die buckelartig hervortretenden, flammenförmigen Zotten der Halsmähne sind in der skulpturalen Kunst des Altertums zu finden. Als direkte Vorlagen für die abendländischen hochmittelalterlichen Künstler kommen wegen ihrer weiten Verbreitung und der daraus resultierenden relativ leichten Verfügbarkeit am ehesten antike Münzen bzw. Medaillen mit dementsprechenden Darstellungen in Betracht. Zu nennen sind vor allem jene in großer Menge in Umlauf gebrachten hellenistischen und römischen Alexander-Münzen und -Medaillen (Abb. 18), bei denen der König bzw. Herkules mit einer dementsprechenden Löwenmähne wiedergegeben ist (s. S. 58).

ZUSAMMENFASSENDE BEMERKUNGEN ZUM DARSTELLUNGSSTIL DES BURGLÖWEN

Die Gestaltung der Figur des Burglöwen verrät insgesamt und im Detail ein sorgfältiges Ausarbeiten und Zusammenfügen der einzelnen Formelemente. Naturnahe und naturferne, auf Darstellungskonventionen beruhende Formvorgaben wurden bei der Verarbeitung einem einheitlichen Darstellungsstil unterworfen. Dessen wesentlichen Merkmale sind das Entwickeln der Formeinheiten auf der Grundlage einfacher geometrischer Beziehungen, das Herstellen subtiler analoger formaler Bezüge, die die einzelnen Elemente miteinander verklammern bzw. verschmelzen, das Zusammenbinden aller Teile durch geradlinige oder kurvige, ebenmäßig und straff durchgezogene Umrissbildungen sowie das Akzentuieren plastischer Formen durch das Einfügen linearer bzw. gratartiger Motive. •

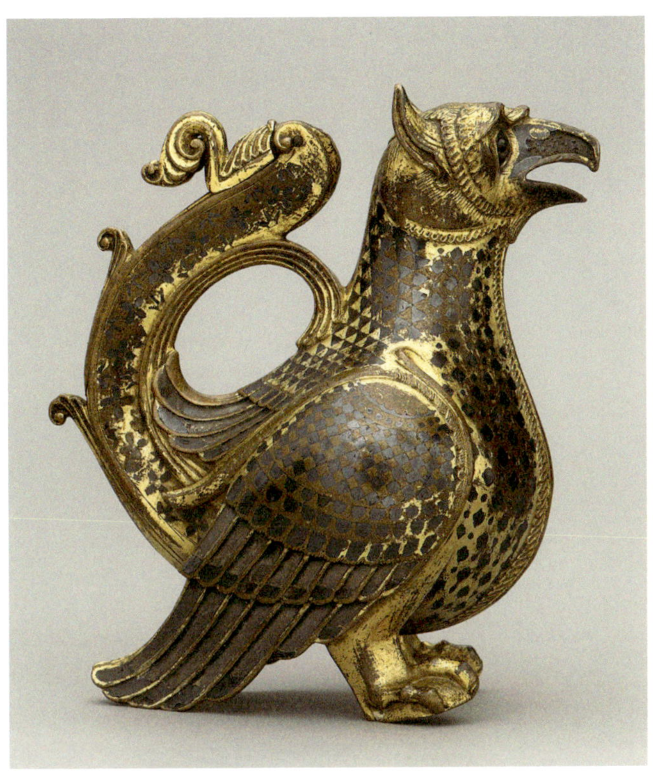

51 | *Gießgefäß, Bronze, Niello, Silbertauschierung, vergoldet, Werkstatt des Roger von Helmarshausen, um 1120/30*

Ähnlichkeiten mit zeitgleichen Hildesheimer Kunstwerken

Die von Michael Brandt aus motivischen und herstellungstechnischen Gründen vorgeschlagene Zuordnung des Burglöwen zum Kunstzentrum Hildesheim steht nicht im Widerspruch zur künstlerischen Beschaffenheit der Figur. Einige Hildesheimer skulpturale Metallarbeiten, die im 12. Jahrhundert entstanden sind, zeigen eine ähnliche Naturnähe und zum Teil auch ähnliche Gestaltungsmerkmale wie der Burglöwe.

Den nachfolgenden Beispielen sei ein im Kloster Helmarshausen um 1120/30 entstandener Bronzeguss vorangestellt, ein Gießgefäß in der Gestalt eines Greifen (Abb. 51). Vor allem der

Kopf des Fantasietieres, der in seiner Grundform und Proportionierung Greifvogel-Köpfen ähnelt, zeichnet sich durch eine naturnahe Gestaltung aus. Zudem verrät die Gliederung der Flügelfedern in fünf Reihen und deren Ausformung eine besondere Kenntnis des Aufbaus natürlicher Vogelschwingen. Interessanterweise unterscheidet sich wie beim Burglöwen die Ausrichtung der Augen, deren Längsachse annähernd einen rechten Winkel mit der des Schnabels bzw. der Schnauze bildet, vollkommen von derjenigen natürlicher Vögel und Löwen. Bei diesen zeigt der äußere Augenwinkel nicht nach unten, sondern nach hinten.

Wie beim Burglöwen sind auch die naturnahen Formen des Greifen-Gefäßes in ein stringentes geometrisierendes Darstellungssystem eingebunden. Die bogenförmige Hauptumrisslinie läuft vom Ende des Schwanzes bis zur Spitze der unteren Schnabelhälfte. Ähnlich wie beim Spitzbart des bronzenen Löwen setzt dort eine in Gegenrichtung verlaufende Konturlinie an, die sich in zwei mit kleinen Federn besetzte Bänder aufteilt. Die in den beiden Seitenansichten erkennbaren Formanalogien und -angleichungen verklammern wie jene des Burglöwen auf subtile Weise die einzelnen Darstellungselemente miteinander. Als Beispiele seien genannt die als gegenläufige Pendants zur oberen und unteren Schnabelhälfte ausgeformten Ohren sowie die beiden in der Formation der Federreihen sich fortsetzenden Konturlinien des Schwanzes.

Die Hildesheimer Bronze- und Goldschmiedekunst des 12. Jahrhunderts, die ab etwa 1130 einen Aufschwung erfuhr, orientierte sich an der Produktionsweise und den Produkten der Helmarshausener Werkstätten. Bei den ihr zugeschriebenen Arbeiten sind auch kleinformatige reliefierte oder flächige Löwendarstellungen zu finden. Peter Seiler weist auf den am Oswald-Reliquiar (um 1185–89) angebrachten Markuslöwen hin (Abb. 52), dessen Rumpf wie der des bronzenen Löwen durch eine gezackte Bauchmähne, eine aus der inneren Konturlinie des rechten Hinterbeins herausgeführte, den Bauch vom Rücken trennende

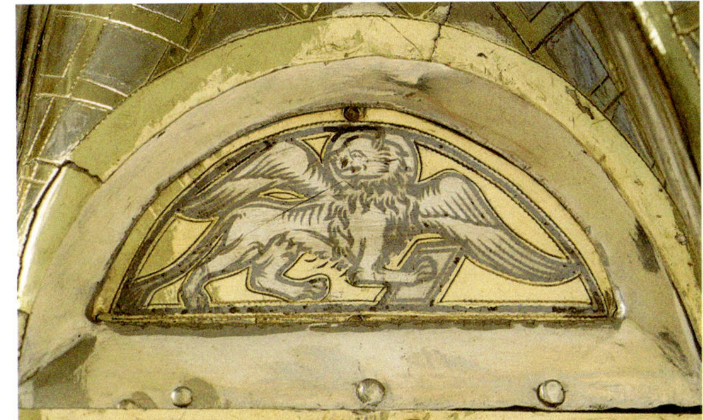

52 | *Markuslöwe, Oswaldreliquiar, Ausschnitt, Silberblech, vergoldet, Hildesheim, zwischen 1195 und 1198*

Linie sowie durch die Darstellung der Rippenbögen gekennzeichnet ist. Trotz ihrer vereinzelt zu beobachtenden Motivähnlichkeiten mit dem Burglöwen können die bildmäßigen Arbeiten als Referenzbeispiele für dessen künstlerische Lokalisierung in Hildesheim weniger in Betracht gezogen werden als die erhaltenen rundplastischen Werke.

Unter den als Hildesheimer Arbeiten geltenden figürlichen Werken aus Metall zeigt das in Cappenberg aufbewahrte, um 1160 entstandene Johannes-Kopfreliquiar (Abb. 53, 55), das lange Zeit für eine Bildnisbüste Friedrich Barbarossas gehalten wurde, ähnliche Gestaltungsmerkmale wie der Burglöwe. Auch diese Arbeit, bei der es sich um einen vergoldeten Bronzeguss handelt, lässt ein spürbares Interesse seines Schöpfers an naturnahen Erscheinungsformen erkennen. Dies betrifft beispielsweise die Ausformung der Ohren oder die Wiedergabe der Tränensäcke sowie der jeweils von den Nasenflügeln zu den Mundwinkeln verlaufenden Falte, der sogenannten Nasolabialfalte. Diese ist jedoch nicht wie bei einem natürlichen Gesicht als Kerbe, sondern als Grat ausgebildet. Zusammen mit der oberen mittigen Konturlinie des Kinnbarts schließen sich die beiden Faltengrate in der Vorderansicht zu einer ovalartigen Gesamtform zusammen, in die das untere Nasenende und der Mund eingepasst sind. Dabei ergeben sich Formanalogien durch die annä-

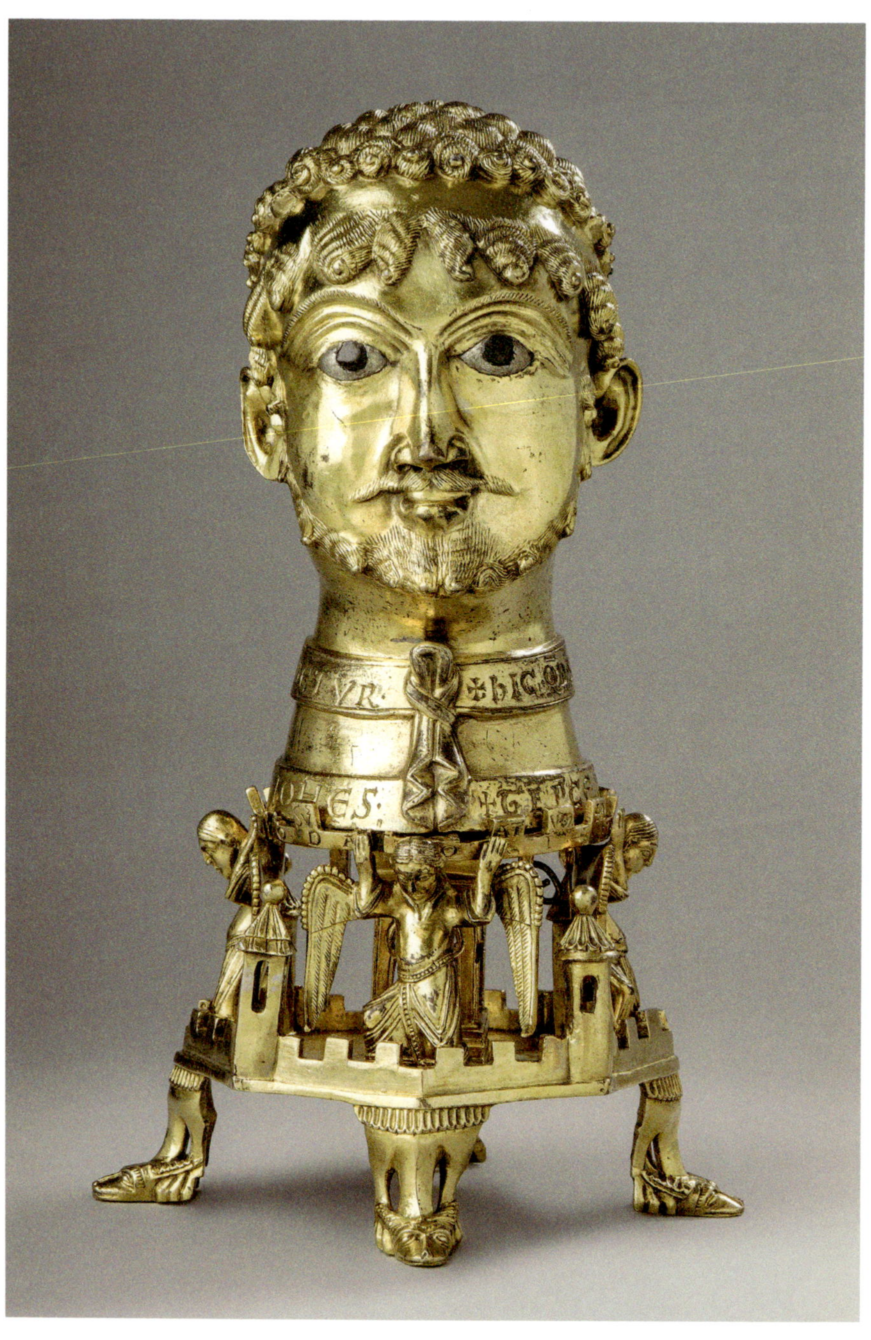

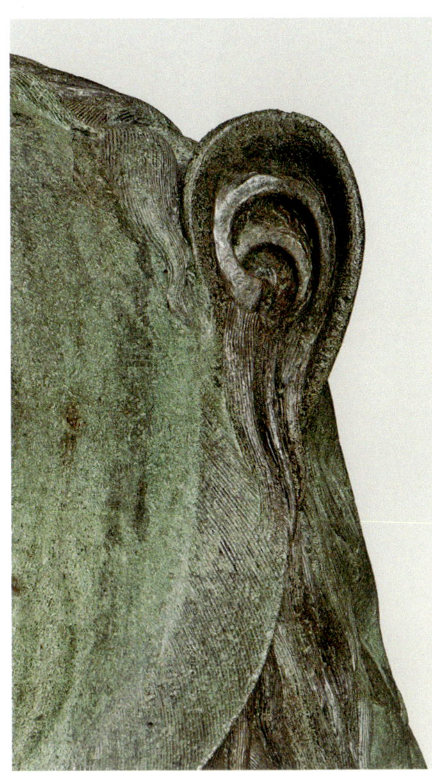

54 | *Burglöwe, Original*

hernd gleiche Breite von Mund und Nasenende sowie durch die seitlichen, gebogten Konturen der Nasenflügel und die unnatürlich wirkenden, ösenartig geformten Mundwinkel. Die in sich geschlossene Formeinheit der Nasenende-Mund-Partie wird durch den seitlich daraus hervorstehenden, punzierten Oberlippenbart mit der Kinnbartpartie verklammert. Dessen obere Konturlinie bildet ein in die entgegengesetzte Richtung gebogenes Pendant zur unteren Konturlinie des ebenfalls punzierten Kinnbarts. Die beiden Spitzen des Oberlippenbarts zeigen jeweils auf einen Zipfel des Backenbarts.

Wie beim Burglöwen und beim Greifengefäß sind auch beim Johanneskopf naturnahe Formen einem geometrisierenden Darstellungsstil untergeordnet. Und wie beim Burglöwen werden manche rundplastischen Formeinheiten durch eher naturferne gratartige Linien akzentuiert. Zu nennen sind die bereits erwähnten Nasolabialfalten, die beiden jeweils zwischen dem oberen Lid und der Augenbraue eingefügten Grate sowie die ösenartigen Mundwinkel. Die unnatürlichen, die Wirkung der Augen verstärkenden Doppelgrate erinnern an die in beide Ohren des Burglöwen eingearbeiteten bogenförmigen Knorpelleisten (Abb. 54), die bei vergleichbaren natürlichen Ohren in dieser Form nicht zu beobachten sind. Vielleicht darf man die auf diese Weise erreichte zusätzliche Betonung der Löwenohren als Ausdruck für eine dem Augensinn gleichkommende Bedeutung des Hörsinns des christlichen Burglöwen deuten.

←

53 | *Kopfreliquiar des hl. Johannes der Evangelist, vergoldete Bronze, Hildesheim(?), um 1160*

DIE BEDEUTUNG DES HÖRSINNS IN DER HOCHMITTELALTERLICHEN HÖFISCHEN GESELLSCHAFT

In der hochmittelalterlichen höfischen Gesellschaft, in der nur ein relativ kleiner privilegierter Kreis des Lesens kundig war, hatte der Hörsinn annähernd die gleiche Bedeutung wie der Sehsinn. Die weltliche und geistliche Literatur wurde hauptsächlich durch das Vorlesen bzw. Vortragen verbreitet. In besonderem Maße gilt dies für die Texte der Bibel und deren Auslegung. Bei der Verkündigung des Gotteswortes durch den Geistlichen sahen sich die Gläubigen nicht so sehr in der Rolle der bloßen Zuhörer, sondern vielmehr in der von Teilhabenden an der Offenbarung Gottes. Im St. Trudberter Hohelied, das gegen 1160 verfasst wurde, wird gar die Auffassung vertreten, dass diejenigen, die das Wort Gottes als andächtige Zuhörer vernehmen, dessen Leib mit den Ohren genauso in sich aufnehmen wie beim Empfang der geweihten Hostie mit dem Mund. •

Bei einem Vergleich der Haartracht des Johanneskopfs mit der Halsmähne des Burglöwen lohnt sich eine rückseitige Betrachtung des Reliquiars (Abb. 55). Sie zeigt, dass die Schädelkalotte hauptsächlich von gebuckelten, spitz zulaufenden Zotten bedeckt ist, die sich in ihrer Plastizität von denen der Halsmähne des Löwen nicht wesentlich unterscheiden. Gut vergleichbar ist zudem die versetzte Anordnung der Zotten, die im Gesamtbild ebenfalls ein Netz mit diagonal verlaufenden, sich kreuzenden Reihen ergibt.

Ein im zweiten Viertel des 12. Jahrhunderts in Hildesheim angefertigter bronzener Untersatz für ein Kreuz (Abb. 56) ist im Zusammenhang mit dem Burglöwen wegen der drei sitzenden

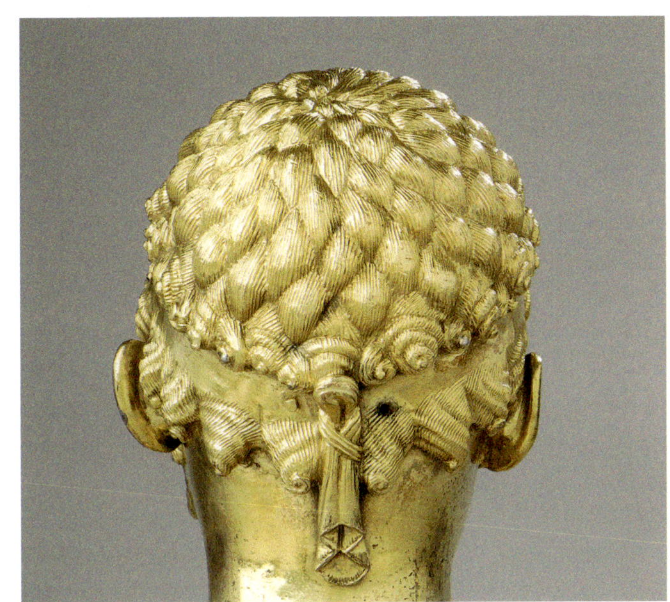

55 | *Kopfreliquiar des hl. Johannes der Evangelist, vergoldete Bronze, Hildesheim(?), um 1160*

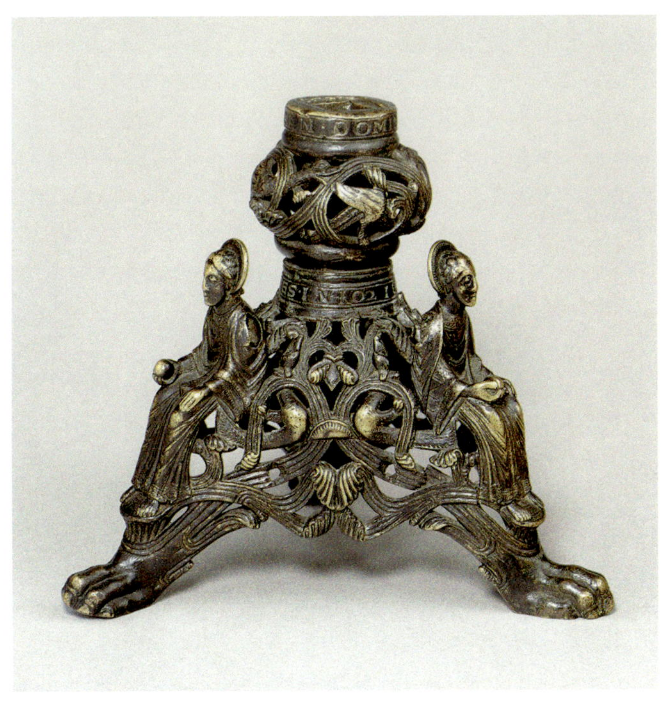

56 | *Untersatz für ein Kreuz, Bronze, Hildesheim, 2. Viertel 12. Jh.*

Engelsfiguren, deren Flügel verloren sind, von besonderem Interesse. Mit großem Gespür für eine ausgewogene Gesamtkomposition mit fließenden Übergängen fügte der Künstler des Bronzewerks die Engel in das Rankenwerk des Untersatzes ein. Ihre s-förmig gebogenen, geschmeidigen Körper erinnern in ihrer Grunddisposition an die oben beschriebene, sich aus dem Schwanz, den Keulen der Hinterbeine, dem Rumpf, dem Hals und dem Kopf zusammensetzende, hin und her schwingende Formeinheit des Burglöwen (s. S. 66f.). Die Proportionierung der überlängten Sitzfiguren entspricht weitgehend derjenigen natürlicher menschlicher Körper. Wie beim bronzenen Löwen sind auch hier die einzelnen Formelemente durch straff durchgezogene geradlinige und gebogene Konturen miteinander verklammert. Die drei in Form von Löwenpranken ausgebildeten Füße haben ähnliche keulenartige Zehen wie die Pranken des Burglöwen. Außerdem sind auch hier die Klauen von einer abgesetzten ringförmigen Hautfalte eingefasst.

Die hier anhand bestimmter Gestaltungsmerkmale aufgezeigte künstlerische Verwandtschaft zwischen dem Burglöwen und Kunstwerken, die wahrscheinlich in Helmarshausen und Hildesheim entstanden sind, ist letztlich nicht hinreichend, um dessen Schöpfer als Hildesheimer Künstler festmachen zu können. Sie lässt lediglich den Schluss zu, dass in Hildesheim neben den technischen auch die künstlerischen Voraussetzungen für den Entwurf der Löwenfigur gegeben waren.

Ähnlichkeiten mit zeitgleichen englischen Kunstwerken

Peter Seiler sieht neben den engen Beziehungen zu Hildesheimer Metallarbeiten „in einigen formalen Zügen des Burglöwen" auch „Übereinstimmungen mit Werken der englischen Kunst." Als Beleg dafür zieht er unter anderem die zwischen 1150 und 1180 entstandene Winchester Bibel heran.

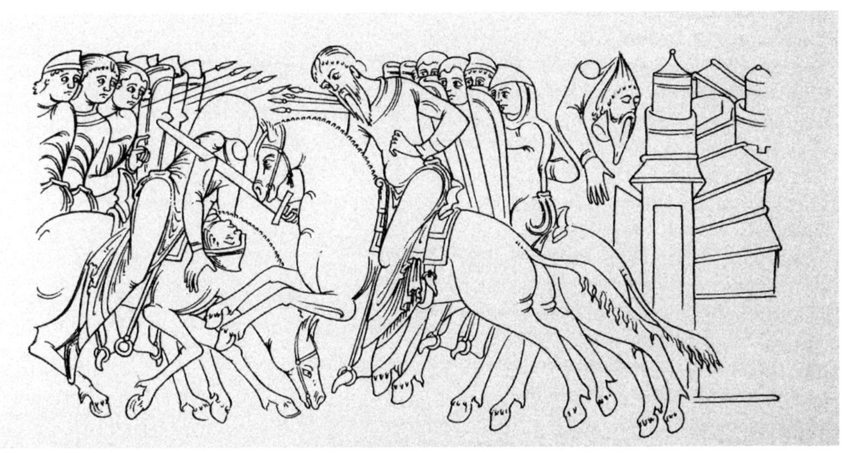

57 | *Illustration zum 1. Buch Makkabäer, in: Winchester Bibel, Pergament, Winchester, zwischen 1150 und 1160, fol. 350v*

Der hier vorgestellte Ausschnitt aus einer unvollendeten Seite der Winchester Bibel mit Illustrationen zum 1. Buch Makkabäer (um 1150–1160) zeigt insbesondere bei den dargestellten Pferden hinsichtlich der Proportionierung der Körper sowie der Ausführung mancher Details eine verhältnismäßig große Nähe zu naturnahen Vorbildern (Abb. 57). Die Darstellung besticht durch eine geradezu virtuos gehandhabte komplexe Kompositionsweise mit starker Tendenz zu einer harmonischen gegenseitigen Verschränkung der figürlichen Bildelemente und einer geschmeidigen Ausformung der einzelnen Körper. Die Art der Figurenbildung sowie die straff geführten, ebenmäßig verlaufenden bogenförmigen und geradlinigen Umrisslinien sind gut mit den entsprechenden Gestaltungsmerkmalen des Burglöwen zu vergleichen. Die Künstler der Miniaturen der Winchester Bibel hatten sich den byzantinischen Darstellungsstil zu eigen gemacht.

DIE WEITERE GESCHICHTE DES LÖWENMONUMENTS

Schriftliche Zeugnisse

Der Burglöwe fand in den rund 850 Jahren seiner direkten und indirekten Präsenz auf dem Burgplatz zu allen Zeiten große Beachtung. Dank schriftlicher und bildlicher Darstellungen erlangte er einen zum Teil weit über die Grenzen der Stadt Braunschweig hinausgehenden Bekanntheitsgrad. Die bereits zitierten Schriftquellen des 12. und 13. Jahrhunderts (s. S. 13f.) bilden im Allgemeinen die Grundlage für die in den folgenden Jahrhunderten schriftlich fixierten Bemerkungen zum Löwenmonument.

Die Autoren, die sich zwischen dem 14. und dem 18. Jahrhundert mit dem Burglöwen befassten, begnügten sich weitgehend damit, einige wenige erläuternde Sätze zu dem Monument zu Papier zu bringen. In den Werken der Geschichtsschreiber beschränkt sich der Kommentar in der Regel auf das Benennen und Zitieren ausgewählter Quellen. Gelegentlich, wie beispielsweise zur Frage der unterschiedlichen Datierungen, wird auch kurz Stellung bezogen. Vereinzelt kommen neue Aspekte hinzu, wobei bei den älteren Autoren häufig nicht mehr nachzuvollziehen ist, ob sie auf deren Phantasie oder auf heute verlorenen Quellen beruhen.

So schreibt der Dominikaner Hermann von Lerbeck, ein Angehöriger des Mindener Ordensklosters, in der von ihm um 1400 in lateinischer Sprache verfassten „Chronik der Grafen von Schauenburg“: „In demselben Jahr [1166] errichtete Heinrich der Löwe auf einem Unterbau das Bronzebild eines Löwen in Braunschweig, gewissermaßen als ‚Koloss‘, da er selbst der Löwe genannt wurde. Ein Kolossis oder Kolossus ist ein Gegenstand, gemacht als Erinnerung an einen Toten, wie Grabhügel und Bilder bei den Alten, oder man nennt so eine hohe Marmorstatue." Im Anschluss daran befasst sich Hermann in einem kurzen Einschub mit einem der sieben Weltwunder, dem bronzenen Koloss von Rhodos, ohne dabei jedoch eine direkte Verbindung mit dem Burglöwen herzustellen.

Neben den historischen Darstellungen entstand im Mittelalter auch eine sich weit verbreitende Sage zu Heinrich dem Löwen. Ihre Entstehungszeit liegt im Dunkeln. Als älteste schriftliche Darstellung hat sich eine illustrierte Version erhalten, die bald nach 1470 von einer heute verlorenen Handschrift abgeschrieben wurde. Laut dieser Sage wurde das Löwendenkmal erst nach dem Tod Heinrichs des Löwen auf dem Burgplatz aufgestellt. Es soll auch nicht in erster Linie an den Herzog, sondern an den leibhaftigen Löwen erinnern, den dieser von seiner Reise in den Orient mitgebracht habe.

DIE HEINRICH-SAGE

Herzog Heinrich erleidet auf seiner Fahrt nach Palästina Schiffbruch. In der Folgezeit besteht er mehrere Abenteuer. Er kommt dabei auch einem Löwen zu Hilfe, der mit einem Drachen kämpft. Aus Dankbarkeit bleibt der Löwe beim Herzog und unterstützt ihn bei seinem Überlebenskampf in der Wildnis. Schließlich kehrt Heinrich mithilfe des Teufels nach einem Flug durch die Lüfte in die Stadt Braunschweig zurück. Der Löwe, der ihm auf dem gleichen Weg folgt, sorgt dafür, dass die Seele des Herzogs nicht eine Beute des Satans wird. Nach dem Wiedersehensfest lebt Herzog Heinrich zusammen mit seiner Gemahlin noch sechsundzwanzig Jahre. Bei seinem Tod erhebt der Löwe ein großes Wehklagen und legt sich bis zu seinem Lebensende auf das Grab des Verstorbenen. Die Heinrich-Sage endet mit den Worten:

„Zum Zeugnis dessen wurde ein schöner Löwe gegossen, und er steht seither direkt vor dem Schloss in Braunschweig, wobei man seiner gedenken soll.“ •

Laut einer mündlich überlieferten Variante der Sage, die 1848 niedergeschrieben und publiziert wurde, verwehrte man dem Löwen nach der Beisetzung des Herzogs den Zugang in den Dom. Daraufhin habe dieser „seine Krallen tief in die steinernen Pfosten eingehauen, um zu seinem Herrn durchzukommen.“ Die „Spur seiner Krallen am Dom“ sei noch heute zu sehen. Gemeint sind damit die Einkerbungen im Gewände des Dom-Seiteneingangs bei der Burg Dankwarderode. Über die reale Ursache dieser Einkerbungen gehen die Meinungen auseinander.

Erwähnenswert ist die 1492 in Mainz gedruckte, in mittelniederdeutscher Sprache geschriebene „Chronecken der Sassen“

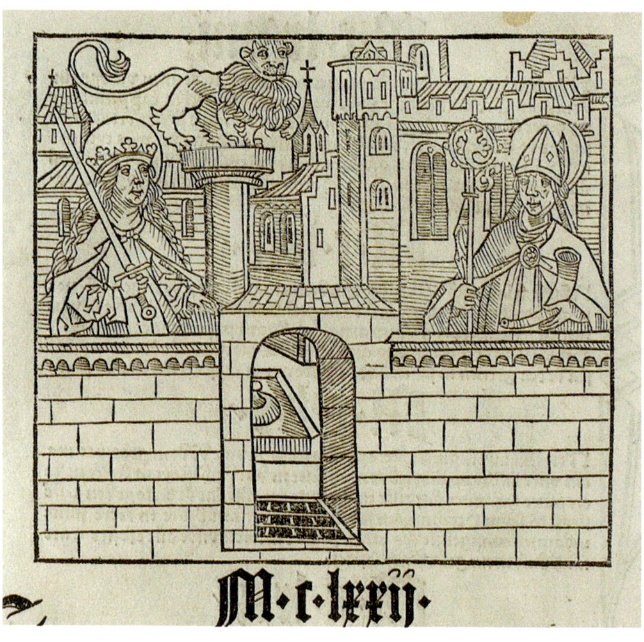

58 | *Darstellung des Löwenmonuments, in: Chronik der Sachsen, 1492, fol. 138v*

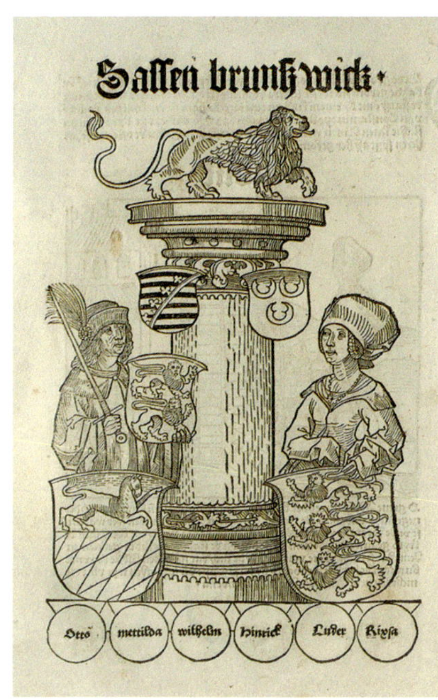

59 | *Darstellung des Löwenmonuments, in: Chronik der Sachsen, 1492, fol. 128v*

(„Chronik der Sachsen“), weil in dieser Publikation die Erwähnung des Burglöwen zum ersten Mal durch – gleich zwei – bildliche Darstellungen des Monuments illustriert wird (Abb. 58, 59). Für das Verfassen der kurzen Textpassage wurde die Reimchronik als Grundlage benutzt. Die zwei als Holzschnitte ausgeführten eigenständigen Illustrationen zeigen jeweils einen schreitenden Löwen, der auf einem Säulenpostament aufgestellt ist. Beide Tiere, die mit dem bronzenen Löwen nur wenige Gemeinsamkeiten haben, erinnern in der Art ihrer Darstellung an die in der Heraldik gebräuchlichen Löwenfiguren. Die als Buchillustration vervielfältigten Holzschnitte sorgten dafür, dass das Bild des Löwenmonuments einen weitaus größeren Bekanntheitsgrad erreichen konnte als in der Zeit vor der Erfindung des Buchdrucks.

Die „Chronecken der Sassen“ entstand in der Zeit des Übergangs vom Mittelalter zur Neuzeit. Als gedrucktes Buch steht sie zugleich am Anfang der im Druck erschienenen Texte zum Burglöwen. Im Unterschied zu den handschriftlichen Zeugnissen fanden diese eine sehr viel größere Verbreitung und trugen somit entscheidend dazu bei, dass die Kenntnis des Standbilds bei den Gebildeten zu einem Allgemeingut werden konnte. Ab dem 16. Jahrhundert ist eine zunehmende Anzahl historischer, bevorzugt in lateinischer Sprache verfasster Schriften zu verzeichnen, in denen im Zusammenhang mit Heinrich dem Löwen oder der Stadt Braunschweig auch auf das Löwenmonument hingewiesen wird.

Bei diesen Schriften handelt es sich überwiegend um Darstellungen zur Geschichte der Stadt Braunschweig oder des Herzogtums Braunschweig-Lüneburg, aber auch um allgemeinere

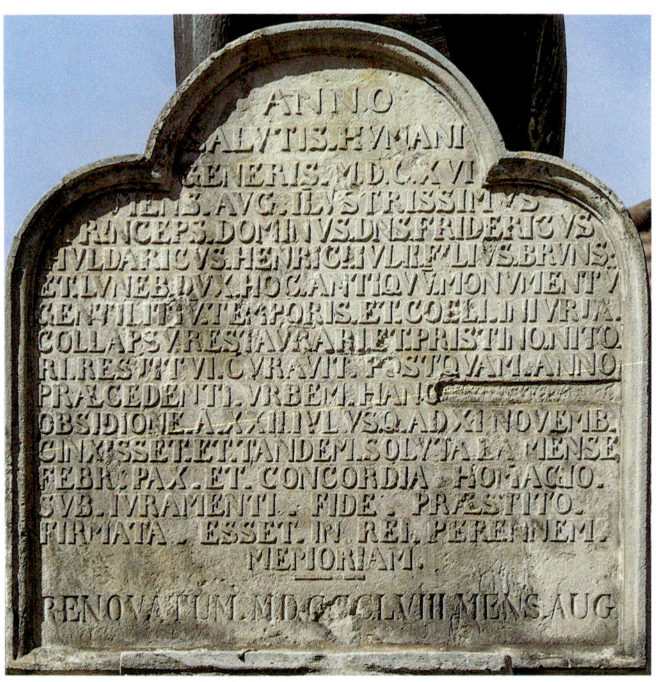

60 | *Inschrifttafel, Löwenmonument, Sockel, 1858*

historische Werke. Als Beispiele seien genannt die 1520 erschienene „Saxonia“ (Ausgabe in deutscher Sprache 1563) des Hamburger Diplomaten und Gelehrten Albert Krantz, die 1584/85 veröffentlichte „Braunschweigische und Lüneburgische Chronica“ des Hannoveraner Theologen und Gelehrten Heinrich Bünting sowie das 1607/08 herausgegebene dreibändige Werk „Aüßführlicher warhaffter Historischer Braunschweigischer Bericht“ des Helmstedter Geschichtsprofessors Heinrich Meibom des Älteren.

Krantz erwähnt neben dem Burglöwen („der erne Lewe mit aufgesperrtem Rachen, der da stehet auff einem steinernen Gerüste in der Burg zu Brunswig“) einen weiteren gegossenen Löwen, der angeblich auf das Grab Heinrichs des Löwen gelegt wurde. Auch Bünting berichtet von einem gegossenen Grablöwen. Den Löwenbeinamen begründet er damit, dass „von wegen seines künen und beherzigten Gemüthes, welches gleich

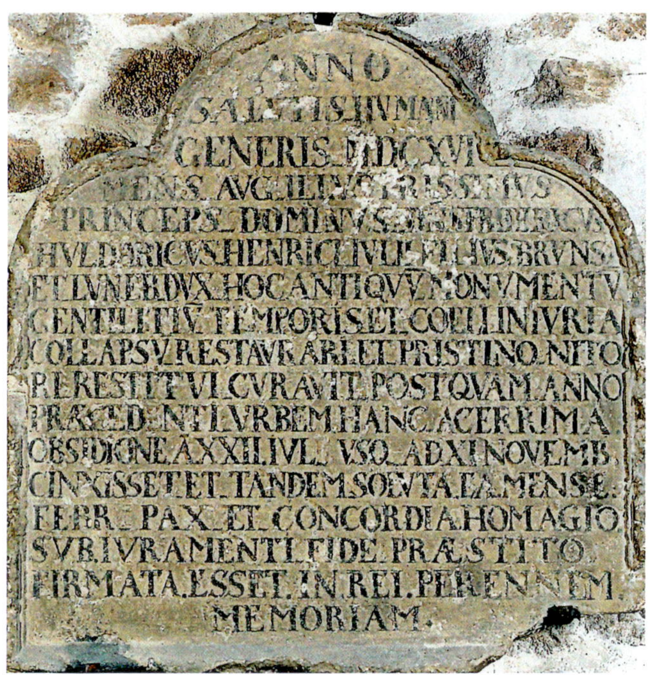

61 | *Inschrifttafel, ursprünglich am Löwenmonument angebracht, 1616(?)*

einem Lewen grosse Thaten ausgerichtet, in jederman für einen Lewen hielt und Hertzog Heinrichen den Lewen nennet." Meibom erwähnt den Burglöwen an drei unterschiedlichen Stellen seiner Abhandlung. In einem 1620 erschienenen Kommentar zu Hermann von Lerbecks Chronik vertritt er die Meinung, dass Herzog Heinrich den bronzenen Löwen aufstellen ließ, um den ihm feindlich gesinnten Reichsfürsten seine Furchtlosigkeit und sein Einschreiten gegen das Unrecht vor Augen zu halten.

Eine bedeutende schriftliche Quelle zum Burglöwen befindet sich am Sockel des Standbilds (Abb. 60). Es handelt sich um eine im Jahr 1858 nach der im Städtischen Museum Braunschweig aufbewahrten Vorgängertafel (Abb. 61) angefertigte steinerne Inschrifttafel (s. auch S. 177f.). Die originale Tafel hatte Herzog Friedrich Ulrich 1616 im Zuge der von ihm veranlassten Renovierung des Löwenmonuments anbringen lassen. Die lateinische Inschrift lautet in deutscher Übersetzung:

„Im Jahre des Heils für das Menschengeschlecht 1616, im Monat August, ließ der Erlauchteste Fürst und Herr, Herr Friedrich Ulrich zu Braunschweig und Lüneburg, Sohn des Herzogs Heinrich Julius, dieses alte Monument seiner Dynastie, das durch die Beeinträchtigungen der Zeiten und der Witterung verfallen war, wieder herstellen und in den alten Glanz zurückversetzen, nachdem er ein Jahr zuvor, vom 22. Juli bis 11. November, diese Stadt aufs heftigste belagert und eingeschlossen hatte; nach deren Befreiung im Februar waren mit der Ableistung des Huldigungseides Friede und Eintracht gesichert. Zum ewigen Gedächtnis an dieses Ereignis."

Die durch die Inschrift hergestellte Verbindung zwischen der Renovierung und den vorausgegangen kriegerischen Ereignissen verdeutlicht, dass der Herzog das Löwenmonument als Symbol seines verbrieften Herrschaftsanspruchs gegenüber der Stadt Braunschweig betrachtete. Die Belagerung war erfolglos geblieben. Wieder einmal hatte die Stadt ihre nach und nach erkämpfte Eigenständigkeit gegenüber den welfischen Herzögen behaupten können. Friedrich Ulrich musste sich damit begnügen, lediglich den Huldigungseid entgegenzunehmen. Mit der Restaurierung des Löwenstandbilds und der Anbringung der Schrifttafel demonstrierte er, dass sich die Stadt Braunschweig rechtlich nach wie vor im Eigentum der Welfen befand.

In der Folgezeit wurde bei den Beschreibungen des Löwenmonuments häufig auf die Inschrifttafel hingewiesen, deren Text auch immer wieder zitiert wird. Die wohl früheste Publikation, in der eine Übertragung der Inschrift erscheint, ist der 1654 herausgegebene 15. Band (Herzogtümer Braunschweig und Lüneburg) der viel beachteten Stadtbeschreibungen („Topographia Germaniae") des Matthäus Merian d. Ä. Das Löwenmonument wird bei der Beschreibung Braunschweigs an drei verschiedenen Stellen erwähnt und dabei u. a. als „berühmtes Monument" bezeichnet. Außerdem teilt uns der Verfasser mit, dass der bronzene Löwe vergoldet sei. In den älteren Quellen ist davon nicht die Rede.

DER GOLDENE LÖWE

Die bei Merian nachzulesende Angabe, dass der Löwe vergoldet sei, wird anscheinend durch eine Darstellung des Löwenmonuments auf einem 1637 angefertigten Gemälde bestätigt (Abb. 78 a,b). Sie zeigt die Löwenfigur in einem gelben Farbton (s. auch S. 155). Gegen 1840 waren mit bloßem Auge nur noch Spuren einer ehemaligen Vergoldung zu erkennen. Als zu Beginn der 1980er Jahre die Patina des Löwen mit naturwissenschaftlichen Methoden untersucht wurde, fand man lediglich an einigen wenigen Stellen winzige Reste der ehemaligen Vergoldung. Der Befund der Untersuchung erlaubt keinerlei Rückschlüsse darauf, ob der Löwe bereits ursprünglich vergoldet war. Gegen eine ursprüngliche Vergoldung spricht, dass er in den Quellen des 12. und 13. Jahrhunderts als bronzener bzw. gegossener, nicht aber als goldener Löwe bezeichnet wird (s. auch S. 190). •

1722 erschien eine weitere Publikation, die dreibändige „Braunschweig-Lüneburgische Chronica“ des Braunschweiger Pastors und Geschichtsschreibers Philipp Julius Rehtmeyer, in der die Erwähnung des Burglöwen durch eine bildliche Darstellung des Monuments, einen Holzschnitt, illustriert wird (Abb. 62). Dessen an drei unterschiedlichen Stellen nachzulesenden Bemerkungen zum Burglöwen beginnen mit der fabulösen Geschichte von einem Jungen, der in den Rachen des Löwen gegriffen habe und dabei von einem „giftigen bösen Wurm“ gebissen worden sei. Laut Rehtmeyer soll sich die Begebenheit im Jahre 1550 zugetragen haben.

Über die Erneuerung des Standbilds durch Herzog Friedrich Ulrich (s. S. 131f.) schreibt der Autor: „Nach verrichteter Huldigung hat Herzog Friedrich Ulrich … vornemlich das berufene

Monument des ehernen übergüldeten Löwens, mit aufgesperreten Rachen, welches Herzog Heinrich der Löwe ehemals auf den Burg-Plaz sezen lassen, weil es sehr verfallen, von neuen auf ein hohes breites Pyramiden-Mauerwerck von grossen Quater-Steinen wieder aufrichten, völlig renoviren, und oben an zu den Füssen des Löwens auf einem breiten Schilde diese merkwürdige [d. h. bemerkenswerte] Aufschrift zum stets währenden Andencken sezen lassen." (s. auch S. 174f.)

Im Unterschied zu den beiden Darstellungen in der „Chronecken der Sassen" (Abb. 58, 59) ist bei Rehtmeyer die Löwenfigur trotz vieler Freiheiten, die sich der Künstler genommen hat, in Anlehnung an das Original wiedergegeben. Einige Details, wie beispielsweise der Mähnenkragen oder die Bauchmähne, lassen darauf schließen, dass der Künstler den Burglöwen aus eigener Anschauung kannte.

1685 hatte der Universalgelehrte Gottfried Wilhelm Leibniz von Johann Friedrich, Herzog zu Braunschweig und Lüneburg der Linie Calenberg-Hannover, den Auftrag zur Erforschung und Publikation der welfischen Geschichte erhalten. Das Projekt kam, nachdem es nach Leibniz' Tod von zwei weiteren Geschichtsschreibern fortgesetzt worden war, erst Mitte des 18. Jahrhunderts zum Abschluss. Der Hannoveraner kurfürstliche Bibliothekar und Archivar Christian Ludwig Scheidt veröffentlichte zwischen 1750 und 1755 die Ergebnisse der Nachforschungen als vierbändiges Werk unter dem Titel „Origines Guelficae" („Die Geschichte der Welfen").

Der Löwenbeiname Herzog Heinrichs wird in den „Origines Guelficae" auf die Geschlechterbezeichnung „die Welfen" zurückgeführt. Zu dem bei Krantz erwähnten gegossenen Grablöwen (s. S. 130) heißt es, dass sich der Autor geirrt habe.

Der dritte Band enthält einen Kupferstich mit einer Darstellung des Löwenmonuments (Abb. 63), bei der die Löwenfigur ähnlich originalgetreu bzw. -ungetreu wie die bei Rehtmeyer abgedruckte wiedergegeben ist (Abb. 62). Die zeichnerische Vorlage für den Kupferstich war um 1675 angefertigt worden (s. S. 26–28

→ 62 | *Darstellung des Löwenmonuments, Holzschnitt, in: Philipp Julius Rehtmeyer, Braunschweig-Lüneburgische Chronika, 1722, S. 1585*

1721 Der eherne Löwe renoviret.

A. 1721. liessen Ihro Durchl. das alte Monument des ehernen Löwens auf dem Dom-Platz, so seit voriger von Herzog Friedrich Ulrichen A. 1616. geschehenen reparation ziemlich schadhaft worden, abermal renoviren, und in hier nachgesezter Form, durch Verbesserung der Stuffen von Qvater-Steinen bringen. Die Aufschrift, so jeztgedachter Herzog Friedrich Ulrich auf der Brust des Löwens sezen lassen, ist oben im 64. Cap. p. 1252. zu lesen. Ob man noch eine neue Aufschrift verfertigen werde, wird die Zeit lehren.

Bau des Grauen-Hofs.

Uber dem sind Ihre Durchl. beschäftiget, ihrem Herzoglichen Siz auf dem Grauen-Hofe durch einen neuen köstlichen schon ziemlich weit avancirten Bau bald ein ganz anderes lustre zu geben.

Im übrigen ist bekant, daß dieser preißwürdigste Landes-Herr in seiner dreyfachen Ehe annoch mit keinen Leibes-Erben sey gesegnet worden.

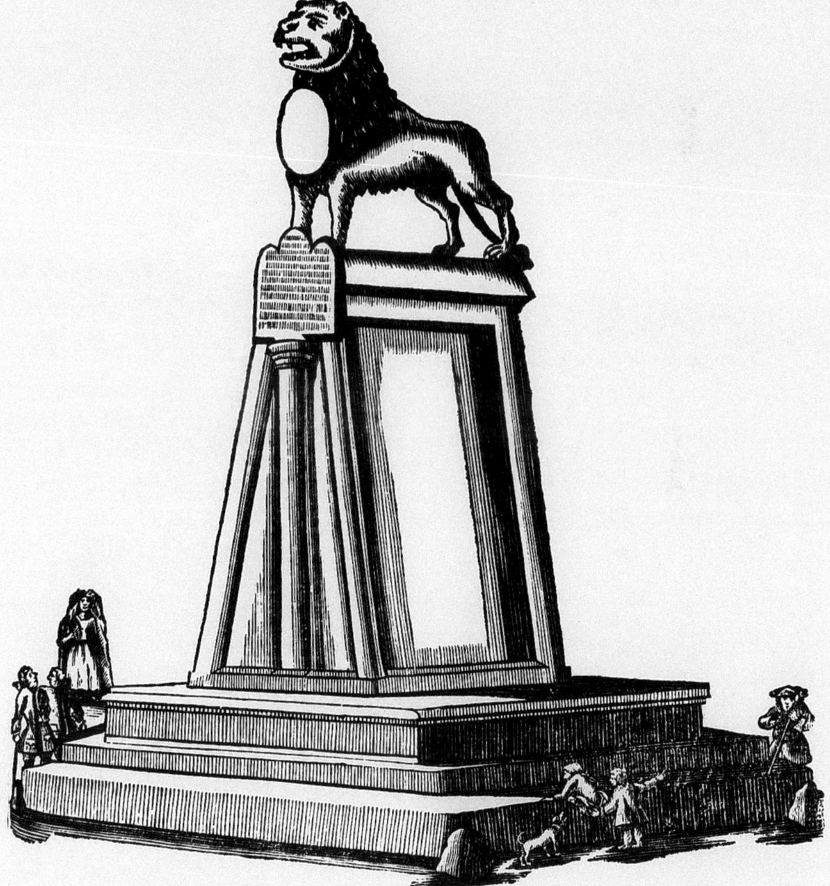

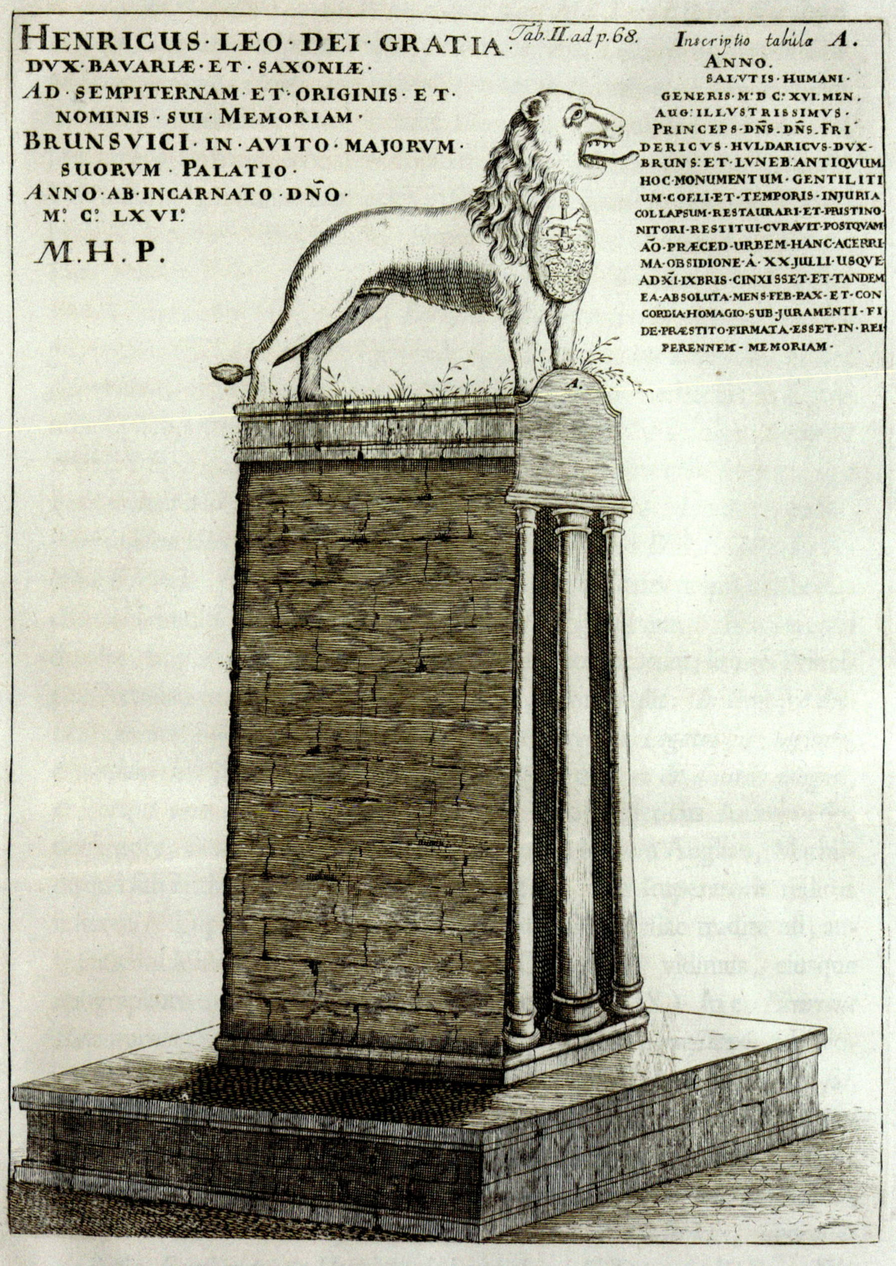
HENRICUS · LEO · DEI · GRATIA ·
DUX · BAVARIÆ · ET · SAXONIÆ ·
AD · SEMPITERNAM · ET · ORIGINIS · ET ·
NOMINIS · SUI · MEMORIAM ·
BRUNSVICI · IN · AVITO · MAJORUM ·
SUORUM · PALATIO ·
ANNO · AB · INCARNATO · DÑO ·
M° C° LXVI°
M.H.P.
Tab. II. ad p. 68.
Inscriptio tabulæ A.
ANNO.
SALUTIS · HUMANI ·
GENERIS · M° D C° XVI. MEN.
AUG: ILLUSTRISSIMUS ·
PRINCEPS · DÑS . DÑS . FRI
DERICUS · HULDARICUS · DUX ·
BRUNS: ET · LUNEB: ANTIQUUM
HOC · MONUMENTUM · GENTILITI
UM · COELI · ET · TEMPORIS · INJURIA
COLLAPSUM · RESTAURARI · ET · PRISTINO
NITORI · RESTITUI · CURAVIT · POSTQUAM
AÕ · PRÆCED · URBEM · HANC · ACERRI
MA · OBSIDIONE · À · XX · JULLI · USQUE
AD XI · IXBRIS · CINXISSET · ET · TANDEM
EA · ABSOLUTA · MENS · FEB · PAX · ET · CON
CORDIA · HOMAGIO · SUB · JURAMENTI · FI
DE · PRÆSTITO · FIRMATA · ESSET · IN · REI
PERENNEM · MEMORIAM ·
A.

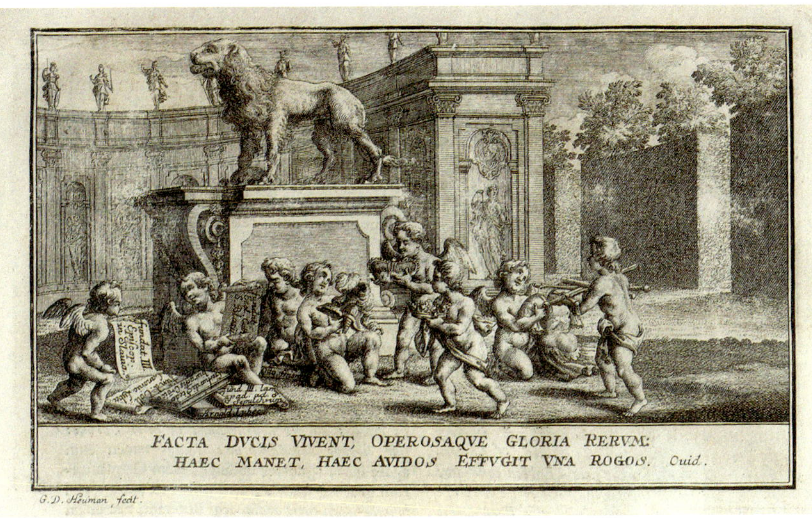

64 | *Georg Daniel Heumann, idealisierte Darstellung des Löwenmonuments, Kupferstich, in: Leibniz, Eckhart, Gruber, Origines Guelficae, Band 3, 1752, Präfatio, S. 1*

und 156f.) (Abb. 8). In dieser sind bereits die beiden Inschriften eingetragen, von denen die rechte den Text der 1616 am Sockel angebrachten Inschrifttafel wiedergibt (s. S. 131f.). Bei der linken handelt es sich um den oben im Zusammenhang mit der Gedächtniskultur zitierten und besprochenen Text (s. S. 26–28). Der die Brust des Löwen bedeckende ovale Schild zeigt das Wappen der Herzöge von Braunschweig und Lüneburg.

Am Beginn der im dritten Band der Origines Guelficae enthaltenen Abhandlung zu Heinrich dem Löwen erscheint ein von dem Künstler Georg Daniel Heuman angefertigter Kupferstich, der eine barockisierte Darstellung des Löwenmonuments zeigt (Abb. 64). Der auf einem zeitgenössischen Sockel aufgestellte Löwe steht hier im Zentrum einer monumentalen Parkanlage in der Art eines Ehrenmals. Heuman gestaltete die Figur des Burglöwen nicht als Skulptur, sondern als lebendiges bzw. präpariertes Tier. Zu erkennen ist dies unter anderem an der linienbetonten, „haarigen" Strukturierung der Mähne. Als Vorlage für die Löwenfigur benutzte der Künstler die um 1675 entstandene Zeichnung bzw. den danach angefertigten Kupferstich (Abb. 8, 63). Die lateinische Inschrift lautet in deutscher Über-

← 63 | *Darstellung des Löwenmonuments, Kupferstich, um 1675, in: Leibniz, Eckhart, Gruber, Origines Guelficae, Band 3, liber VII., 1752, nach S. 68*

setzung: „Die Taten des Fürsten und sein hart erkämpfter Ruhm leben fort / er bleibt bestehen, er allein entgeht der alles verschlingenden Vernichtung"

Der Braunschweiger Jurist und Schriftsteller Philipp Christian Ribbentrop widmete sich dem Burglöwen mit einer bis dahin nicht gekannten Ausführlichkeit und Eigenständigkeit. Seine Gedanken zu dem Monument veröffentlichte er in seiner 1789 erschienenen „Beschreibung der Stadt Braunschweig". Unter anderem berichtet er darin, manche seiner Zeitgenossen hätten Zweifel daran, dass der bronzene Löwe bereits im 12. Jahrhundert entstanden sei. Begründet werde dies damit, dass „darin zu viel Kunst, zu viel Richtigkeit der Zeichnung" zu finden sei. Ribbentrop widerspricht der Spätdatierung und verweist dabei unter anderem auf die Stilähnlichkeit mit dem bereits damals als Auftragswerk Heinrichs des Löwen angesehenen, im Dom aufgestellten siebenarmigen Leuchter (s. S. 76f. und Abb. 32). Nach seiner Überzeugung wurde der Löwe in Braunschweig hergestellt. Er hält es jedoch auch für möglich, dass ihn der Herzog auf seiner Orientreise als Geschenk erhielt oder „als eine den Ungläubigen entrissene Beute" nach Braunschweig brachte.

Im Anschluss daran schreibt Ribbentrop: „Herr Hill, ein Engländer, welcher jetzt reiset, um vorzüglich die Werke gothischer Kunst aufzusuchen, will den Löwen nicht für gothische Arbeit anerkennen; er glaubt, daran den schlechten griechischen neuern [byzantinischen] Styl zu finden, Arbeit wie sie das 5te Jahrhundert liefert." (Unter dem Begriff gotische Kunst verstand man am Ende des 18. Jahrhunderts die gesamte mittelalterliche Kunst. Der Begriff Romanik wurde erst zu Beginn des 19. Jahrhunderts in die Kunstgeschichtsschreibung eingeführt.) Hills Beurteilung fand Zustimmung bei einigen Schriftstellern, die sich in der Nachfolgezeit mit dem Burglöwen beschäftigten. Gegen Mitte des 19. Jahrhunderts hatte sich dann die Auffassung durchgesetzt, dass die Bronzefigur „höchstwahrscheinlich in Niedersachsen, möglicherweise in Braunschweig selbst gegossen worden ist." (Otto von Heinemann 1858)

DIE BEURTEILUNG DES BURGLÖWEN IN REISEBERICHTEN

Mit dem Engländer Hill lässt Ribbentrop einen kunstsinnigen Betrachter des Burglöwen zu Wort kommen, der offensichtlich im Rahmen einer Bildungsreise, einer sogenannten Grand Tour, Braunschweig besucht hatte. Manche der Reisenden führten ein Tagebuch, das sie nach Abschluss der Grand Tour als Reisebericht veröffentlichten.

Einige Autoren des 18. und 19. Jahrhunderts, die bei ihrer Beschreibung der Stadt Braunschweig auch das Löwenmonument erwähnen, bezeichnen den künstlerischen Wert der Löwenfigur als minderwertig. Diese Geringschätzung beruht im Wesentlichen auf dem Kunstideal der Neuzeit, als deren absoluter Qualitätsmaßstab die die Natur nachahmende Darstellungsweise galt, wie sie in den Bildwerken der klassischen und nachklassischen Antike exemplarisch vorgegeben ist. Mittelalterliche Kunstwerke wurden bestenfalls als Vorstufen dieses Kunstideals für wert befunden. •

Im Folgenden werden Zitate zum Burglöwen vorgestellt, die fünf Reiseberichten des 18. und 19. Jahrhunderts entnommen sind:

„Das alte Monument des aus Metall gegossenen und auf einem schlechten steinern Pfeiler stehenden Löwen ist an der Zeichnung und Arbeit gar schlecht, und gibt Zeugnis, wie die Zeiten Hertzog Heinrich des Löwen so gar bloß an guten Künsten gewesen."

(Leonhard Christoph Sturm, Architectonische Reise-Anmerckungen, 1719)

„Allein es ist dieses sonst artige Denkmal schon wiederum ziemlich schadhaft. Sonsten ist das ganze Monument von Quadersteinen aufgeführet, und der Löwe, wiewohl nicht gar sauber und natürlich, von Stein gehauen."

(Zacharias Conrad von Uffenbach, Merkwürdige Reisen durch Niedersachsen, Holland und Engelland, 1754)

„Unter anderen Merkwürdigkeiten, wovon die Stadt Braunschweig voll ist, war mir besonders der aus Metall gegossene Löwe mitten auf dem Burgplatz merkwürdig [d. h. bemerkenswert]. Dieser alte ehrwürdige Löwe ist vor Alter ganz grau geworden."

(Christian Karl Plato, Unterhaltende topographische und statistische Beschreibung einer Sommerreise, 1791)

„Wir besahen das Residentzschloß des Herzogs von Braunschw., eine Kirche, wo einer von den Herzögen mit seiner Gemahlin sein Grabmal hat, das uralte Denkmal alter deutscher Kunst auf dem Markte: ein steinerner Löwe, der aber ziemlich plump aus Olims Zeiten herüberschaut."

(Josef von Eichendorff, Tagebucheintrag zum 16. September 1805; zitiert nach Josef von Eichendorff, Werke, Band IV, 1980)

„Selbst dem sehr streng und hart stilisierten ehernen Löwen, den Heinrich der Löwe 1166 als Zeichen seiner Oberhoheit auf dem Domplatz errichtete, kann man höchstens eine technische Bedeutsamkeit in Bezug auf die Entstehungszeit, aber keinen großen Kunstwerth beilegen."

(Hermann Alexander Müller, Die Museen und Kunstwerke Deutschlands, Handbuch für Reisende und Heimgekehrte, 1857)

Die Bemerkungen der Reiseberichte können ergänzt werden mit einer Bewertung des Löwen durch den Berliner Bildhauer Johann Gottfried Schadow sowie die in Braunschweig aufgewachsene Schriftstellerin Ricarda Huch.

„Im Januar des Jahres 1811 erhielt ich einen Abguß von der kolossalen Figur [des Grabmals] Heinrichs des Löwen aus Braunschweig, nämlich nur den Kopf dieser Statue; es ist eine sehr rohe Arbeit und im Lande in alter Zeit gefertigt. Von besserer Art, obwohl auch noch von geringem Werte, ist der metallene Löwe, welcher auf dem Markt daselbst steht."

(Johann Gottfried Schadow, Kunstwerke und Kunstansichten, 1849)

„Das bronzene Löwenbild auf dem Burgplatz, einst vergoldet und mit Augen aus Glasfluß, soll in einer niedersächsischen Erzhütte gegossen sein. Es hat nichts von der pomphaft heroischen, phantastischen Gemütlichkeit der Barocklöwen, ist vielmehr nach der Art eines Pudels stilisiert, entsprach aber in seiner herrisch herausfordernden Stellung gewiß der Absicht und dem Wesen des großen Auftraggebers."

(Ricarda Huch, Im alten Reich, Lebensbilder deutscher Städte, 1927)

Anlässlich der Feier zum 700jährigen Bestehen des Löwenmonuments im Jahr 1866 veröffentlichte der Braunschweiger Heimatforscher Karl Wilhelm Sack einen 14seitigen Aufsatz, die bis dahin umfangreichste monografische Arbeit zum Burglöwen. Darin findet man einige Hinweise zu dessen Geschichte, die zum Teil auch neue Informationen liefern. Unter anderem ist zu erfahren, dass das Monument zwischen 1666 und 1858 fünfmal renoviert wurde. Ausführlich berichtet Sack von einer mit einer Inschrift in mittelhochdeutscher Sprache versehenen Steinplatte, die bei der Renovierung von 1858 (s. S. 177) im Inneren des Sockels entdeckt wurde. Die Bedeutung der Inschrift und die ehemalige Funktion der Platte, die nach der Begutachtung in den erneuerten Sockel eingebaut wurde, sind bis heute ungeklärt.

Im 19. Jahrhundert wurde das Löwenmonument Gegenstand der allgemeinen Kunstgeschichtsschreibung. Sie entwickelte sich seit dem ausgehenden 18. Jahrhundert zu einer wissenschaftlichen Disziplin, die sich nach und nach an verschiedenen Universitäten etablierte. Einer der ersten Professoren für Kunstgeschichte war Johann Dominik Fiorillo, der ab 1799 an der Universität Göttingen Kunstgeschichte lehrte. Im zweiten, 1817 erschienenen Band seiner Geschichte der deutschen und niederländischen Malerei widmet er zwei Seiten dem Burglöwen. Doch es handelt sich dabei nicht um einen eigenständigen Beitrag, sondern um den verkürzten, leicht geänderten Text der oben erwähnten Abhandlung P. C. Ribbentrops (s. S. 138).

Der bedeutende Berliner Kunsthistoriker Franz Kugler bemerkt in seinem grundlegenden, 1842 veröffentlichten „Handbuch der Kunstgeschichte" zum Burglöwen: „Die Arbeit ist streng und herb, gewissermaßen im Style der Wappenbilder, doch nicht ohne Charakter." Im Unterschied zu Fiorillo wertet Kugler die mittelalterliche Kunstepoche nicht mehr als den Tiefpunkt der abendländischen Kunstgeschichte, sondern als eine ihrer Entwicklungsstufen, von denen jede gleichberechtigt sei und ihre „eigentümliche Bedeutung in sich" habe.

Wilhelm Lübke, der wesentlich zur Popularisierung der Kunstgeschichte beitrug, weist den Leser darauf hin, dass die deutsche Bildhauerkunst des 11. und 12. Jahrhunderts insgesamt höher einzuschätzen sei als die gleichzeitige italienische und französische. In seiner 1863 publizierten „Geschichte der Plastik" charakterisiert er den Burglöwen als „ein Werk, dessen straffe Bildung bei aller Strenge nicht ohne Naturgefühl ist."

Der in Braunschweig geborene und aufgewachsene Wilhelm von Bode, der „Bismarck der Berliner Museen", bestätigt in seiner 1887 erschienenen „Geschichte der Deutschen Plastik" Kuglers und Lübkes Aussagen: „Eines der hervorragendsten Gußwerke dieser Zeit ist der Bronzelöwe. Für seine Bestimmung als Wahrzeichen des Fürsten erscheint die heraldische Auffassung von glücklichster Wirkung, und mit derselben verbindet sich der lebendige Natursinn und die vorzügliche Bronzetechnik der sächsischen Schule."

Die bei Kugler, Lübke und von Bode erkennbare kunsthistorische Wertschätzung des Burglöwen ist nicht zu verstehen ohne die gegen Ende des 18. Jahrhunderts einsetzende Bewegung der Romantik, die mit einer Verklärung des Mittelalters einherging. Im Zuge der sich parallel dazu entwickelnden Idee des Nationalstaats wurde dem Löwenmonument der Rang eines vaterländischen, überregional bedeutenden Denkmals zuerkannt.

Im Verlauf des 20. und 21. Jahrhunderts häuften sich die fachwissenschaftlichen Publikationen zum Löwenmonument. Eine große Breitenwirkung erzielten und erzielen dabei die bebilderten Kommentare zum Burglöwen in kunstgeschichtlichen Überblicksdarstellungen, wie beispielsweise in Julius Baums Handbuch der Kunstwissenschaft, Band 1 (1930), oder in The Dictionary of Art (1996), Band 26. Die dementsprechenden Handbücher für Kunstliebhaber sorgten dafür, dass vor der Zeit des Internets das Bild und das Wissen vom Burglöwen einen großen Kreis kulturinteressierter Leser*innen erreichten.

Inhaltlich werden in den Überblicksdarstellungen von den Autoren nicht nur die Ergebnisse der fachwissenschaftlichen Forschung reflektiert, sondern häufig auch individuelle Bewertungen des Kunstwerks Burglöwe vorgenommen. Die negative Kritik des 18. und früheren 19. Jahrhunderts hinsichtlich seiner künstlerischen Qualität ist vollkommen erloschen. Durchgehend wird es als großartige hochmittelalterliche Plastik beschrieben. Dazu eine kleine Auswahl von Zitaten namhafter Kunsthistoriker:

„Sicher das künstlerisch stärkste unter den uns gebliebenen Werken der Bronzeklasse ist der kolossale Löwe."

(Georg Dehio 1916)

„Mit unvergleichlicher Kraft ist das Wesen des königlichen Tieres getroffen. Alles ist große klare Form, stärkste Plastik."

(Fritz Baumgart 1957)

„Die Sicherheit der Gestaltung und die Abkürzung der Form zu einem Zeichen erheben den Löwen zum Hauptwerk aller Profankunst der Romanik nicht allein in Deutschland"

(Wolfgang Braunfels 1989)

Ab etwa der Mitte des 20. Jahrhunderts erschienen zunehmend wissenschaftliche Arbeiten, deren Autoren sich ausführlich mit bestimmten Problemstellungen zum Burglöwen auseinandersetzen. Zu nennen sind in erster Linie drei Publikationen, in denen jeweils mehrere Wissenschaftler zu Wort kommen: „Der Braunschweiger Burglöwe, Bericht über ein wissenschaftliches Symposium in Braunschweig vom 12.10. bis 15.10.1983", erschienen 1985 (219 Seiten), „Der Braunschweiger Löwe", herausgegeben von Gerd Spies, erschienen 1985 (445 Seiten), sowie „850 Jahre Braunschweiger Löwe, Dokumentation der Tagung am 10. und 11. März 2017", erschienen 2019 (143 Seiten). In den Tagungsbänden äußern sich ausschließlich Vertreter der historischen Wissenschaften. Der Band „Der Braunschweiger Löwe" enthält hauptsächlich Beiträge der Wissenschaftler, die an den zwischen 1980 und 1983 vorgenommenen naturwissenschaftlichen Untersuchungen (s. S. 186) des Burglöwen beteiligt waren.

1994/95 und 2003 veröffentlichte der Kunsthistoriker Peter Seiler vier Aufsätze, in denen er unterschiedliche Fragestellungen zum Burglöwen erörtert. Der Autor widmete zudem seine im Jahr 2000 abgeschlossene, bislang unveröffentlichte Habilitationsschrift dem Löwenmonument.

Darin setzt er sich kritisch mit den folgenden Themen auseinander: bisherige kunstgeschichtliche Einordnung des Burglöwen, formale Beschaffenheit der Löwenfigur, deren Verhalten und Charakter, ursprüngliche Form des Sockels, Verhältnis des Burglöwen zu relevanten hochmittelalterlichen Tier- und Löwenmonumenten, Deutungen in Bezug auf das Welfengeschlecht, Deutungen in Bezug auf imperiale Vorbilder, die Quellen des 12. und 13. Jahrhunderts.

Unüberschaubar ist die Vielzahl der Erzeugnisse der Massenmedien, die seit dem 19. Jahrhundert in zunehmendem Maße die breite Öffentlichkeit mit Bildern des Burglöwen und Informationen zum Gegenstand versorgten und versorgen. Dazu gehören unter anderem Druckerzeugnisse aus dem Bereich der Reiseliteratur, Aufsätze in Fachzeitschriften und überregionalen

Zeitungen, Postkarten sowie Briefmarken und Banknoten mit einer Wiedergabe des Löwenmonuments oder der Löwenfigur. Hinzu kommen Sequenzen in Dokumentarfilmen, in denen das Wahrzeichen der Stadt Braunschweig in Szene gesetzt wird. Bei Wikipedia ist unter der Bezeichnung „Braunschweiger Löwe" ein Beitrag zum Burglöwen zu finden. Eine Sammlung von rund 180 Fotos mit unterschiedlichen Detail- und Gesamtansichten, entstanden im letzten Viertel des 19. Jahrhunderts, hauptsächlich aber in der ersten Hälfte des 20. Jahrhunderts, kann online bei Foto Marburg, www.bildindex.de, unter dem Stichwort „Burglöwe" heruntergeladen werden.

Bildliche Darstellungen des Burglöwen seit dem 13. Jahrhundert

Als sich die Stadt Braunschweig ihr wohl erstes Siegel zulegte, wählte sie als Motiv das von einer Architekturkulisse gerahmte Löwenstandbild (Abb. 65). Als Vorlage für die Darstellung wurde offensichtlich das entsprechende Münzbild des 12. Jahrhunderts benutzt (Abb. 2) (s. S. 14 und 34). Die älteste Urkunde, an der das Siegel angebracht ist, stammt aus dem Jahr 1231. Es war in fast gleichbleibender Form bis 1671 in Gebrauch. In seiner frühen Zeit brachte das Stadtsiegel die Verbundenheit des städtischen Gemeinwesens mit dem Landesherrn, dem welfischen Herzog, zum Ausdruck. Bemerkenswert ist, dass das Löwen-Siegel auch dann noch beibehalten wurde, als sich die Stadt im Laufe des Spätmittelalters von der Herrschaft der Herzöge befreite und eine weitgehende Eigenständigkeit erlangte.

65 | *Darstellung des Löwenmonuments, Siegel der Stadt Braunschweig, Messing, vergoldet, frühester Nachweis 1231*

Von der jüngeren Forschung wird die Architekturkulisse des Braunschweiger Stadtsiegels als eine Darstellung des Himmlischen Jerusalems gedeutet. Der Historiker Wilfried Ehrbrecht stellt diesbezüglich die Frage, „ob das Löwenbild allein den Stadtgründer meinte, ihn gar als Heiligen im Himmel sah. Da Historiker lernen, dass selten eine Deutung allein richtig ist, ist zu ergänzen: der Löwe symbolisierte die Stadt – und auch Braunschweig war eine Stadt der Heiligen –, der Löwe war ebenso ein Christus-Symbol."

Das Löwenmotiv des Braunschweiger Stadtsiegels diente offensichtlich als Vorlage für das dementsprechende Bildsymbol auf der Ebstorfer Weltkarte (Abb. 66). Es steht dort zusammen mit der Inschrift „leo" für die Stadt Braunschweig. Während die übrigen Städte der Karte in der Regel als Architekturkürzel mit beigefügtem Stadtnamen dargestellt sind, wird Braunschweig hauptsächlich durch das Löwenstandbild versinnbildlicht. Die rund dreieinhalb Meter hohe und ebenso breite Ebstorfer Weltkarte, die nicht mehr im Original erhalten ist,

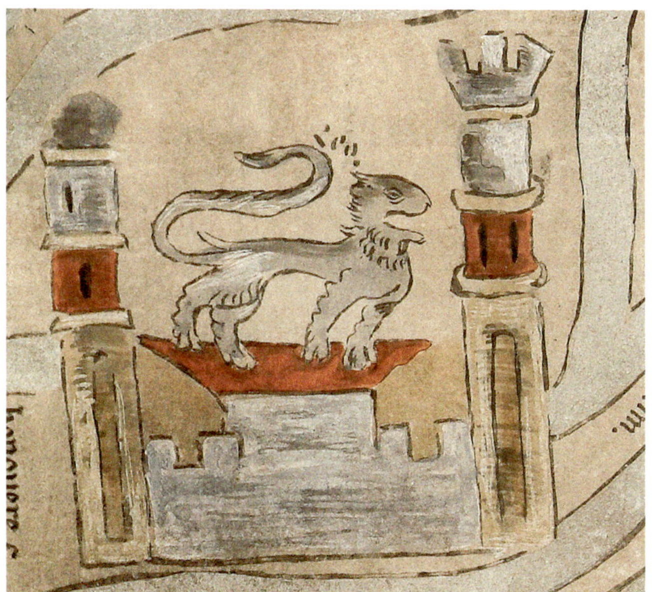

66 | *Darstellung des Löwenmonuments, Ebstorfer Weltkarte, Ausschnitt, Die Stadt Braunschweig, Rekonstruktion nach Abbildungen des verlorenen Originals, zwischen 1950 und 1953, Original zwischen 1215 und 1300*

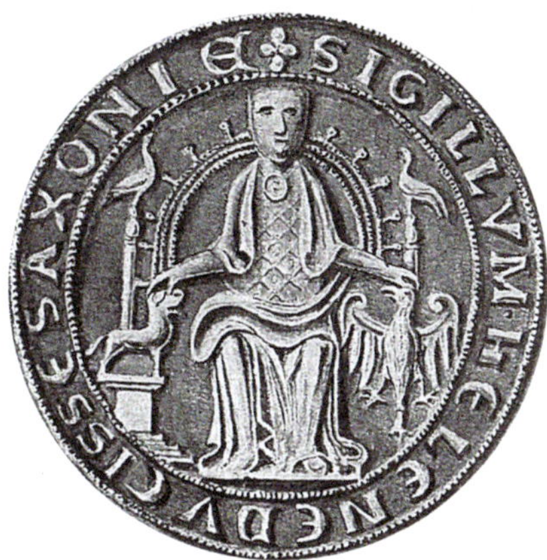

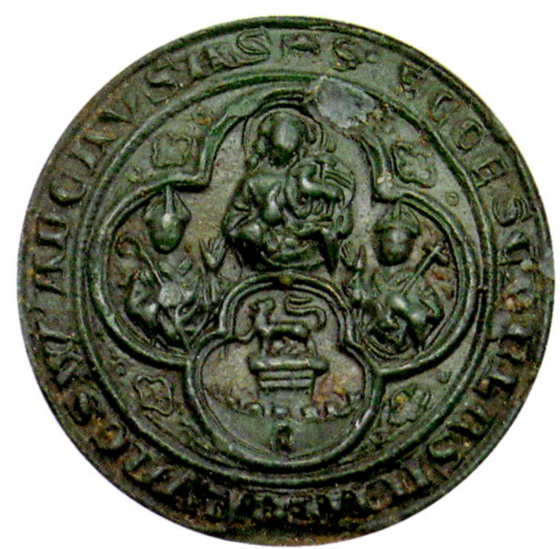

67 | *Darstellung des Löwenmonuments, Siegel der Herzogin Helene von Sachsen, 1261, bildliche Darstellung nach einem Originalabdruck, 2.Hälfte 19. Jh.*

68 | *Darstellung des Löwenmonuments, Siegelabdruck des Geschäftssiegels des Stifts St. Blasii, Wachs, Braunschweig, 1460, frühester nachweisbarer Abdruck 1351*

entstand wahrscheinlich im Benediktinerinnenkloster Ebstorf, das in der Lüneburger Heide liegt. Über die Datierung sind sich die Fachleute uneins. Sie schwankt zwischen 1215 und um 1300.

Das Braunschweiger Stadtsiegel blieb nicht das einzige Siegel, auf dem das Löwenmonument verbildlicht wurde. Es erscheint außerdem auf einem 1261 geprägten Siegelabdruck der Herzogin Helene von Sachsen (Abb. 67), einer Urenkelin Heinrichs des Löwen, sowie auf dem Geschäftssiegel des Braunschweiger Stifts St. Blasii (Abb. 68).

Das Stiftssiegel ist ab dem Jahre 1351 nachweisbar und wurde in gleicher Form bis ins 19. Jahrhundert benutzt. In seinem Bildfeld ist das von der Stadtmauer gesäumte Löwenmonument mit den drei Hauptheiligen des Braunschweiger Doms vereint. Es zeigt den Löwen – ähnlich wie beim Siegel der Stadt Braunschweig – mit s-förmig geschwungenem Schwanz.

Im Vergleich dazu ist die auf dem Siegel der Herzogin Helene wiedergegebene Löwenfigur mit dem nach unten geführten Schwanz in größerer Anlehnung an das Original gestaltet. So ist man versucht, auch die Darstellung des Sockels als verhältnismäßig getreues Abbild des ursprünglichen Postaments zu deuten (s. auch Abb. 104).

Im Laufe des Spätmittelalters legten sich einige Städte wie Einbeck (Abb. 69) oder Uslar (Abb. 70), die von den Herzögen zu

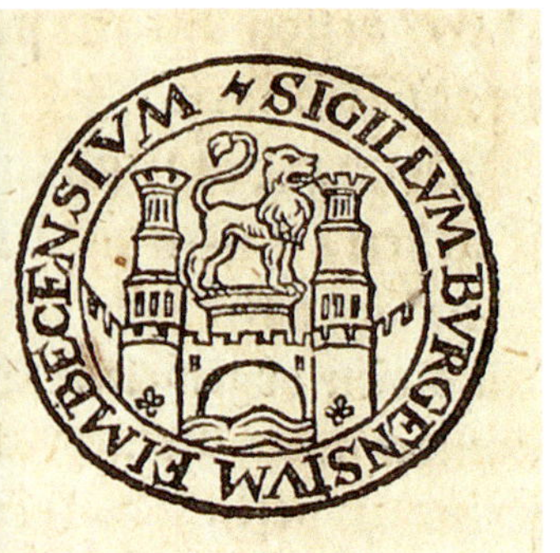

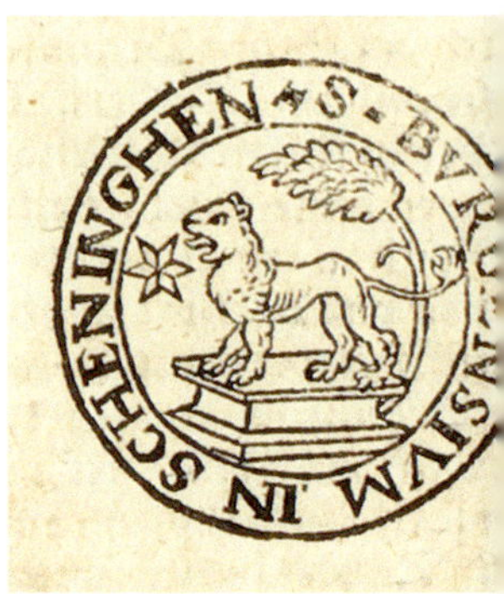

69 | *Darstellung des Löwenmonuments, Siegel der Stadt Einbeck, in: Heinrich Meibom, Außführlicher Wahrhafftiger Historischer Braunschweigischer Bericht, Helmstedt 1608, S. 1449*

70 | *Darstellung des Löwenmonuments, Siegel der Stadt Uslar, in: Heinrich Meibom, Außführlicher Wahrhafftiger Historischer Braunschweigischer Bericht, Helmstedt 1608, S. 1449*

71 | *Darstellung des Löwenmonuments, Siegel der Stadt Schöningen, in: Heinrich Meibom, Außführlicher Wahrhafftiger Historischer Braunschweigischer Bericht, Helmstedt 1608, S. 1448*

Braunschweig und Lüneburg das Stadtrecht erhalten hatten, Siegel und Wappen in Anlehnung an das Braunschweiger Stadtsiegel zu. Neben dem zentralen, mehr oder weniger abgewandelten Löwen mit Sockel wurden dabei die beiden randständigen Türme übernommen. Im Siegel der Stadt Schöningen (Abb. 71) ist der auf einem niedrigen Sockel stehende Burglöwe dargestellt. Die hier vorgenommenen Beschreibungen beziehen sich auf die bildliche Wiedergabe der Wappen und Siegel in der oben erwähnten Publikation Heinrich Meiboms des Älteren von 1607/08 (s. S. 130).

Die Stadt Braunschweig wählte einen Löwen nicht nur als Motiv für ihr Siegel, sondern auch für ihr Wappen, das – in abgewandelter Form – noch heute als offizielles Stadtwappen besteht. Dessen früheste bekannte Darstellung entstand im letzten Drittel des 14. Jahrhunderts (Abb. 72). Bereits zu dieser Zeit hatte das Wappentier die Form eines aufrecht stehenden, ausgesprochen heraldischen Löwen. Es ist deshalb nicht zu entscheiden, ob mit dem Wappenlöwen ursprünglich der Burglöwe, der welfische Löwe oder der Löwe im Allgemeinen gemeint war.

Eine um 1515 angefertigte Zeichnung des Löwenmonuments im sogenannten Braunschweiger Schichtbuch zeigt als ein wesentliches Merkmal des Originals den nach unten geführten Schwanz (Abb. 73). Berücksichtigt man ihren ausgesprochen skizzenhaften Charakter, wird man in der Darstellung keine we-

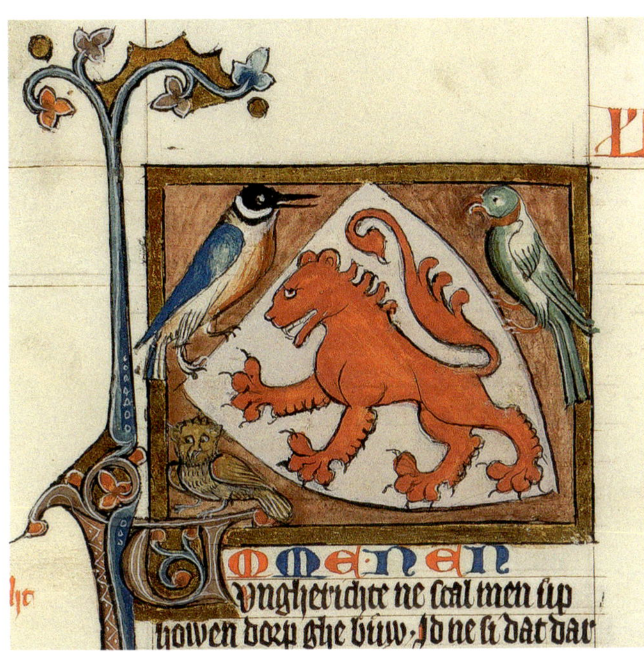

72 | *Wappen der Stadt Braunschweig, in: Sachsenspiegel, Pergament, 1367, fol. 115v*

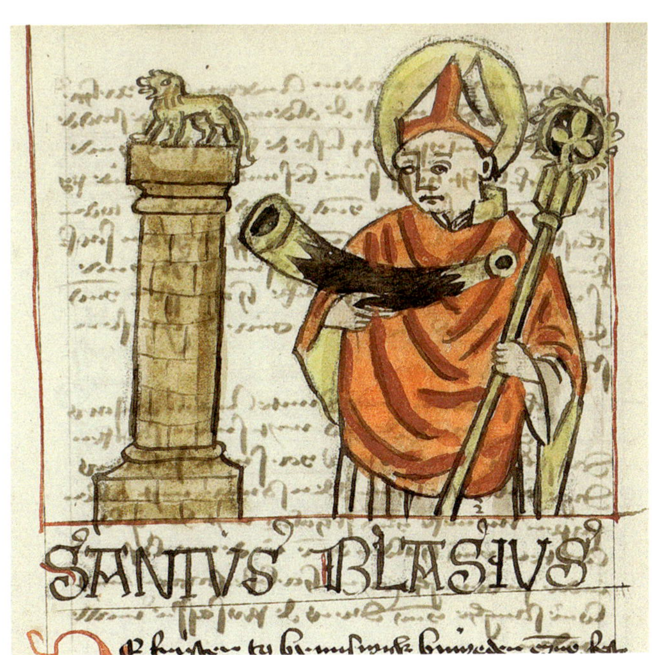

73 | *Darstellung des Löwenmonuments, Hermann Bote, Schichtbuch, Braunschweig, 1514, fol. 178v*

sentlichen Widersprüche zur Erscheinungsform der Bronzefigur erkennen können. Dagegen entspricht der als Rundpfeiler dargestellte Sockel des Löwenmonuments ganz und gar nicht der längsrechteckigen, geböschten Form des heutigen Sockels. Da die beiden Zeichnungen höchstwahrscheinlich vom Verfasser des Schichtbuchs, dem Braunschweiger Hermann Bote, angefertigt wurden, darf man davon ausgehen, dass dieser das Monument aus eigener Anschauung kannte.

1584 wurde ein von Herzog Heinrich Julius in Auftrag gegebener großformatiger, prächtiger Welfenstammbaum fertiggestellt. Im Zentrum des Blatts ist als Pendant zum springenden Pferd, dem Welfenross, die bildbeherrschende Darstellung des Löwenmonuments eingefügt (Abb. 74). Der schlanke, mit der Jahreszahl 1172 versehene Sockel trägt die Inschrift: „Der Lewenstein zu Braunschw. in der Burgk von Heinrichen dem Lewen ge-

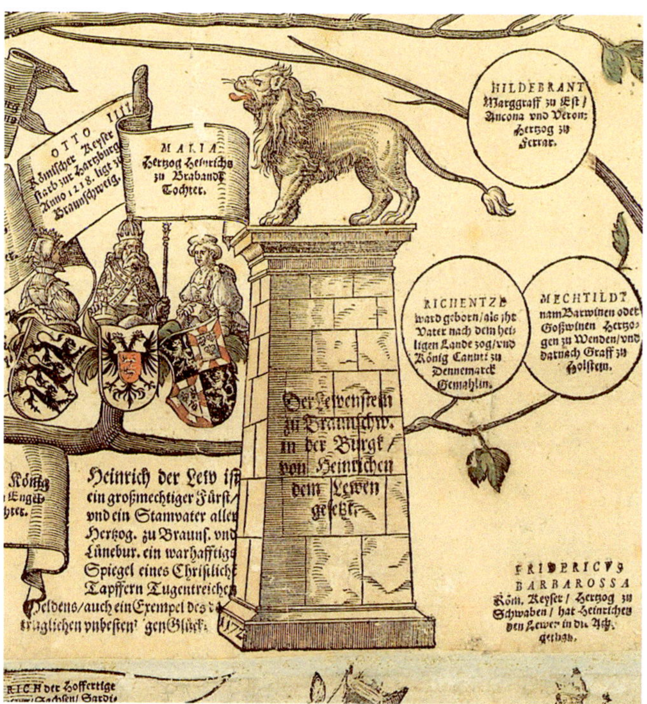

74 | *Georg Scharffenberg, Welfenstammbaum, Holzschnitt, Ausschnitt, Darstellung des Löwenmonuments, 1584*

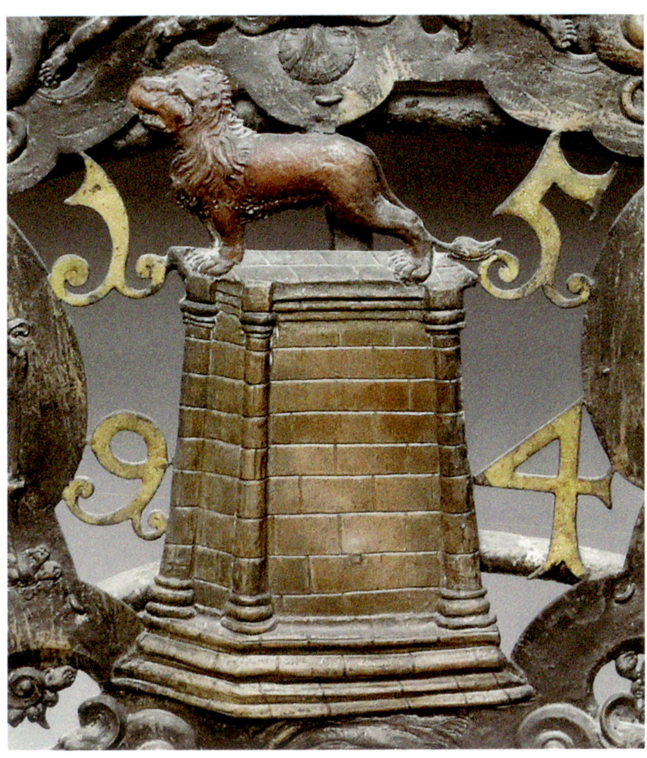

75 | *Darstellung des Löwenmonuments, Kupferblech, getrieben, bemalt, 1594, Lettner, Brüdernkirche, Braunschweig*

setzt.“ Bei dem im Stil der Zeit gestalteten Standbild wird erkennbar, dass der Künstler die Löwenfigur mit Blick auf den Bronzelöwen entwarf. In freier Umsetzung übernommen sind unter anderem die Körperhaltung, der nach unten geführte Schwanz sowie die Anordnung der Mähne einschließlich der Bauchmähne.

Um 1600 entstanden drei unterschiedliche, heute noch erhaltene Darstellungen des Löwenmonuments. Sie befinden sich in der Braunschweiger Franziskanerkirche, der sogenannten Brüdernkirche, und zwar am mittleren Gitter des alten Lettners (Abb. 75), an dessen linksseitigem Aufsatz (Abb. 76) sowie am Einfassungsgitter des spätgotischen Taufbeckens (Abb. 77). Die Brüdernkirche liegt in der Braunschweiger Teilstadt Sack, die an den Burgbezirk angrenzt. Für die Mitte des 16. Jahrhunderts ist

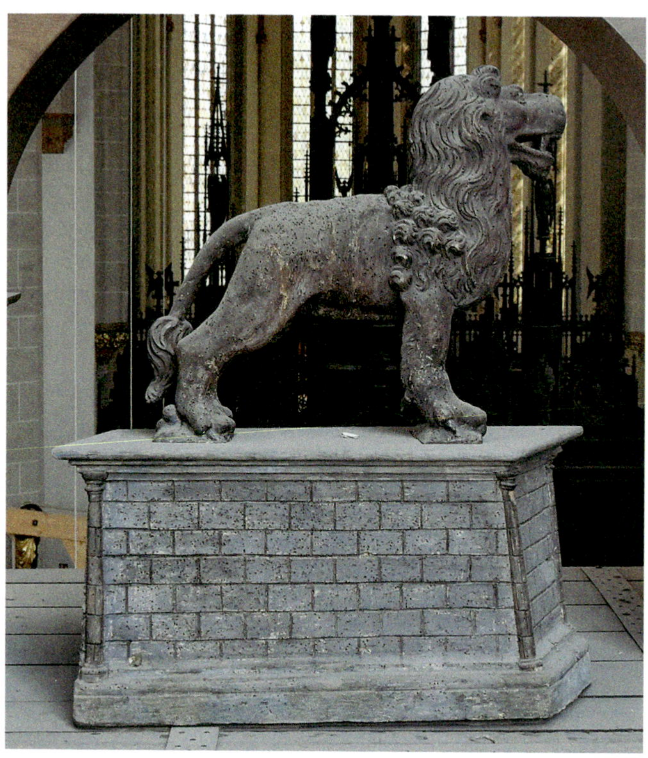

76 | *Darstellung des Löwenmonuments, Holz, geschnitzt, 1594, Lettner, Brüdernkirche, Braunschweig*

erstmals als Emblem dieses Stadtteils eine Darstellung des Löwenstandbilds nachweisbar (s. Abb. 80 und S. 155f.). Spätestens seit Beginn des 17. Jahrhunderts hatte das Emblem die Form eines Wappens angenommen.

In der Forschung spielt die am Lettnergitter angebrachte Darstellung, ein in ein Kupferblech getriebenes Relief (Abb. 75), eine besondere Rolle, weil ihr Sockel bezüglich der Kantensäulen und deren quaderförmigen Aufsätze von mehreren Fachleuten als Vorstufe des endgültigen, heute noch bestehenden Sockels betrachtet wird. Das Relief ist mit der Jahreszahl 1594 versehen. Diese bezieht sich jedoch auf das Jahr der Fertigstellung des Lettners bzw. des Lettnergitters. Auf einer zu Beginn des 18. Jahrhunderts angefertigten, unbeholfenen Zeichnung des Lettners ist das Relief möglicherweise am linken Gitter wieder-

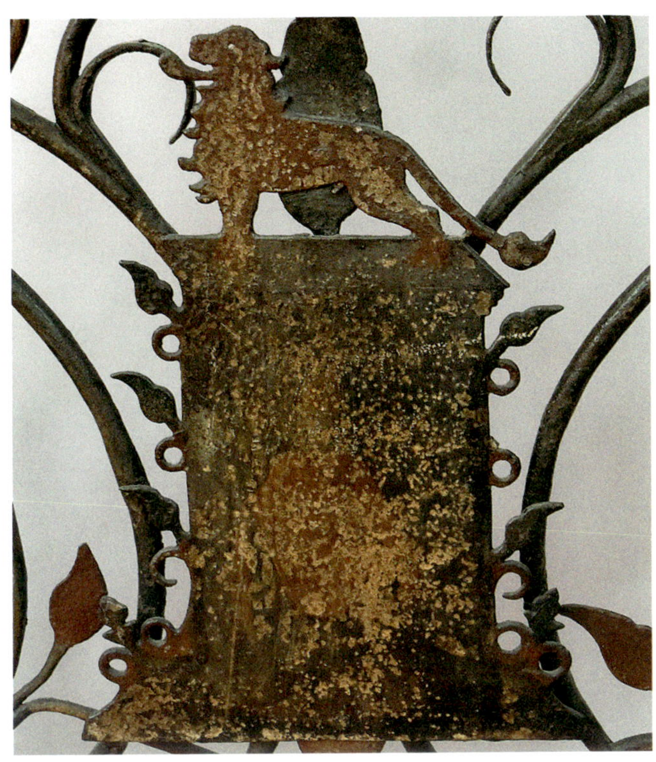

77 | *Darstellung des Löwenmonuments, Eisenblech, bemalt, 1611, Einfassung Taufbecken, Brüdernkirche Braunschweig*

gegeben. Es wird erstmals im 19. Jahrhundert in Verbindung mit dem seit 1861 vom Lettner getrennten, im Kreuzgang der Brüdernkirche installierten mittleren Gitter erwähnt.

Die rundplastische Darstellung im Lettneraufsatz (Abb. 76) ist aus Holz geschnitzt. Sowohl die Löwenfigur am Lettnergitter als auch die im Aufsatz gleichen eher einem Pudel als einem Löwen. Der hölzerne Löwe steht auf einem ausladendem Sockel, der von einer leicht überstehenden Deckplatte bekrönt wird. Wie beim Sockel des Reliefs sind auch hier die vertikalen Kanten mit je einer (zierlichen) Säule besetzt.

Die am Gitter des Taufbeckens angebrachte, 1611 entstandene Darstellung (Abb. 77) ist aus Eisenblech gefertigt und bemalt. Bei der Gestaltung der Löwenfigur mit ihrer weit herausgestreckten Zunge und den abstehenden Mähnenzotten orientierte

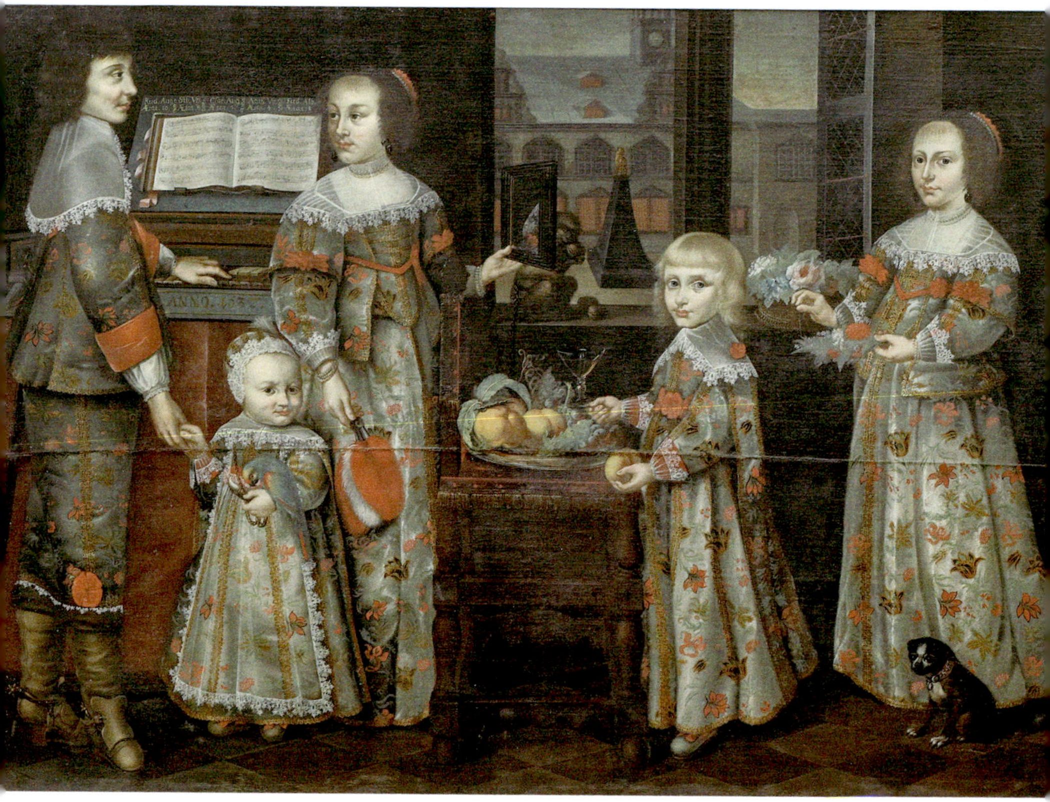

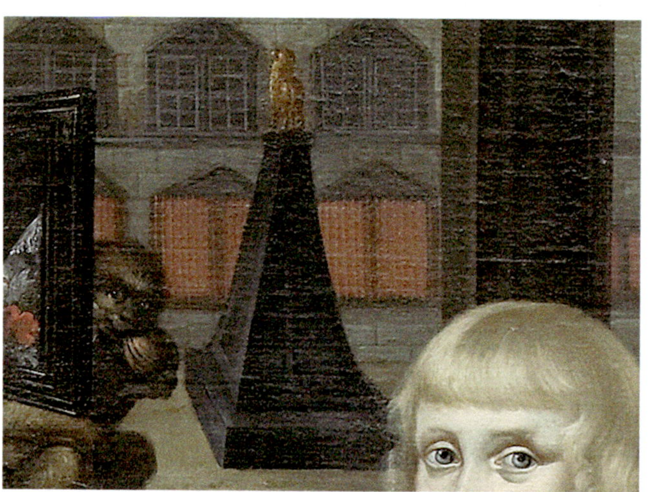

78 a, b | *Unbekannter Maler, Fünf Kinder des Herzogs August des Jüngeren von Braunschweig-Wolfenbüttel, Öl auf Leinwand, 1637*

sich der Künstler teils am Typus der heraldischen Löwen, teils am Original auf dem Burgplatz. Der mit der Figur eines Bischofs bemalte Sockel lässt kaum noch die ursprünglichen Binnenstrukturen erkennen.

Im Jahr 1637, also 21 Jahre nach der von Herzog Friedrich Ulrich veranlassten Renovierung (s. S. 131f.), vollendete ein unbekannter Künstler ein Gemälde, auf dem fünf Kinder des Herzogs August des Jüngeren von Braunschweig-Wolfenbüttel wiedergegeben sind (Abb. 78 a). Das geöffnete Fenster des Gemachs, in dem sie sich aufhalten, gibt den Blick frei auf die rückwärtige Seite des Löwenmonuments und einen Teil der Burg Dankwarderode (Abb. 78 b). Wie bereits erwähnt, ist der Bronzelöwe entsprechend seiner damaligen Vergoldung in einem gelben Farbton wiedergegeben (s. S. 133). Der Maler des Gemäldes hat die Löwenfigur sowie die dahinter erscheinende Fassade der Burg Dankwarderode trotz einiger Detailabweichungen im Wesentlichen dem Original entsprechend wiedergegeben. Von daher gibt es keinen Anlass, in der Darstellung des Löwenmonuments ein Phantasiegebilde zu vermuten.

Die bei dem Gemälde zu beobachtende ausgeprägt pyramidale Form des Sockels ist bereits bei zwei im Jahr 1605 bzw. 1606 (Abb. 79) gedruckten Stadtkarten nachweisbar. Ein in Heinrich Meiboms 1607/08 veröffentlichter Abhandlung (s. S. 130f.) wiedergegebenes Emblem des Stadtteils Sack (Abb. 80) zeigt eine

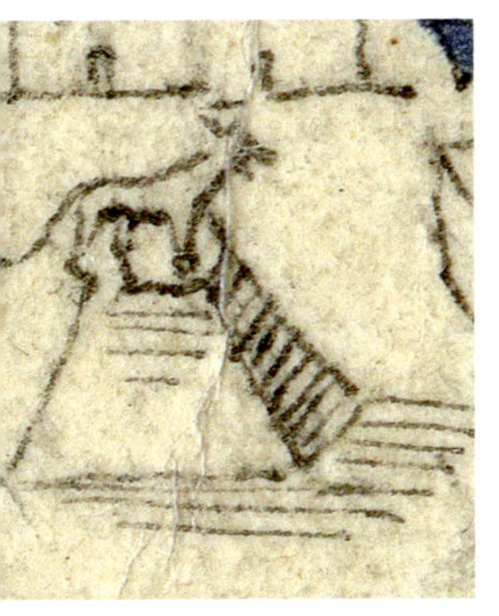

79 | *Darstellung des Löwenmonuments, Karte der Stadt Braunschweig, 1606*

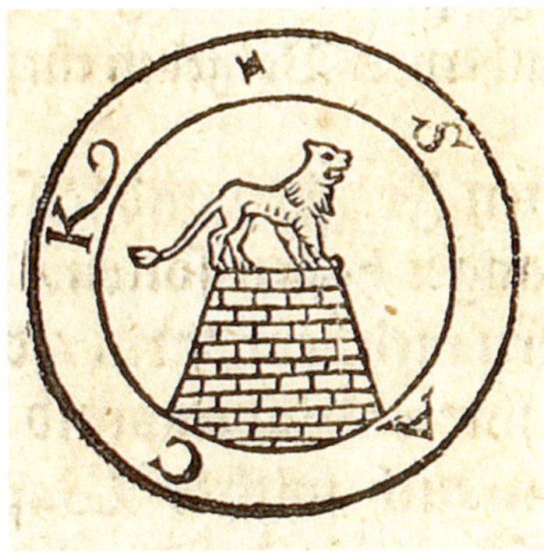

80 | *Darstellung des Löwenmonuments, Emblem der Braunschweiger Teilstadt Sack, in: Heinrich Meibom, Aüßführlicher Wahrhafftiger Historischer Braunschweigischer Bericht, Helmstedt 1608, S. 1451*

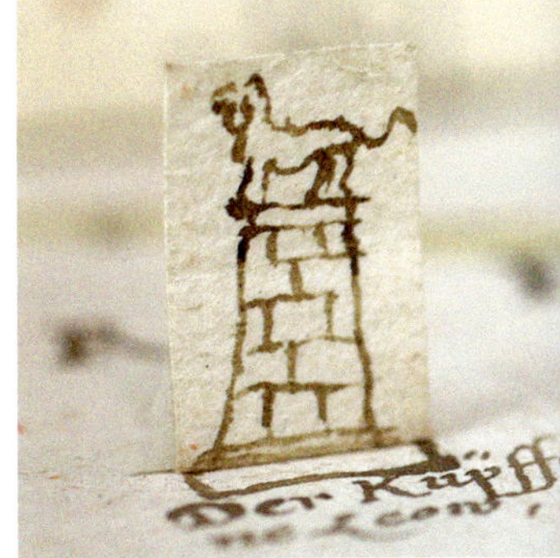

81 | *Darstellung des Löwenmonuments, Klappkarte des Burgplatzes Braunschweig, um 1600*

stark geböschte Vorder- und Rückseite. Der Entwerfer des Emblems übernahm bei der graphischen Umsetzung der bronzenen Löwenfigur einige Details wie beispielsweise den nach unten geführten Schwanz mit angehobener Quaste, die Rippenzeichnung oder den gerundeten Winkel des Mauls. Eine leicht geböschte Vorder- und Rückseite des Sockels ist beim Holzschnitt von 1584 (Abb. 74), bei einem gegen Ende des 16. Jahrhunderts angefertigtem Bucheinband sowie einem um 1600 hergestellten Papiermodell des Burgplatzes zu erkennen (Abb. 81).

In der zweiten Hälfte des 17. Jahrhunderts wurde die welfische Geschichtsschreibung zum Burglöwen durch eine außergewöhnliche Arbeit bereichert. Sie stammt aus der Feder Johann Heinrich Hoffmanns, der als Sekretär und Archivar am Hof des Herzogs Johann Friedrich von Braunschweig-Lüneburg der Linie Hannover tätig war. In dieser um 1675 entstandenen, als Manuskript erhaltenen Abhandlung zu den Wappen und Siegeln der Herzöge von Braunschweig und Lüneburg widmet sich der Autor auch ausführlich dem Löwenmonument. Er zitiert dabei mehrere ältere Quellen, stellt sie zur Diskussion und zieht daraus seine eigenen Schlüsse. Hinsichtlich der Beweggründe für die Aufstellung des Standbilds lässt er ausschließlich die Überlieferung gelten, dass der bronzene Löwe wegen des „Namens“, und „Herkommens“ des Herzogs sowie zu dessen „Gedächtnis“ errichtet worden sei. Hoffmann erstellte zudem eine Liste mit den wesentlichen Abmessungen der Löwenfigur und des Sockels.

Johann Heinrich Hoffmanns Abhandlung zum Burglöwen enthält die bereits vorgestellte Zeichnung mit der ganzseitigen Wiedergabe des Monuments (Abb. 8) (s. S. 26–28) bzw. (in zwei Abschriften der Abhandlung) den danach angefertigten Kupferstich (Abb. 63), der dann Mitte des 18. Jahrhunderts für die Illustration der „Origines Guelphicae“ verwendet wurde (s. S. 134/137). Das auf der Oberseite des Sockels wuchernde Unkraut soll offensichtlich den Eindruck einer laut Hoffmann „genauen“, das heißt authentischen Darstellung erwecken. Jedoch genügt bereits ein flüchtiger Blick auf die Löwenfigur, um zu erkennen, dass sich diese in den Details mehr oder weniger deutlich vom Original unterscheidet. Ebenso führt ein Abgleich der aufgelisteten Sockelmaße mit den Proportionen des dargestellten Postaments zu widersprüchlichen Ergebnissen. Außergewöhnlich an der Darstellung ist, dass die hier zum ersten Mal abgebildete Inschrifttafel auf drei Säulen ruht.

Vor der Brust trägt der Löwe den bereits erwähnten ovalen Schild mit dem Wappen der Herzöge von Braunschweig und Lüneburg (s. S. 137). Der Text der Inschrifttafel ist in der Zeichnung bzw. im Kupferstich rechts oben wiedergegeben. Die links von ihm angebrachte lateinische Inschrift wurde im Zusammenhang mit der adeligen Gedächtniskultur bereits zitiert (s. S. 26/28). Über ihren Ursprung ist nichts bekannt.

Das Aussehen des Löwenmonuments zu Beginn des 18. Jahrhunderts dokumentieren zwei Kupferstiche aus der Werkstatt des Braunschweiger Kupferstechers Johann Georg Beck. Sie wurden 1714 (Abb. 82) bzw. 1716 (Abb. 83) angefertigt und waren für die Illustration je eines Kalenders bestimmt. Die Kalenderbilder, zu denen noch ein weiterer, 1764 datierter Kupferstich zu

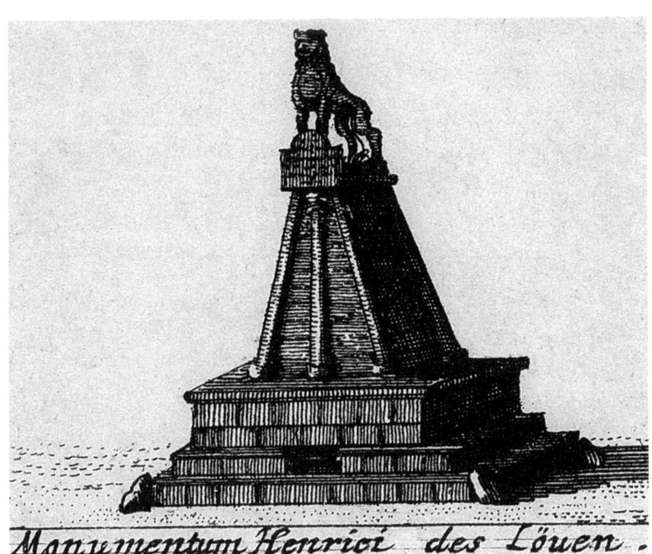

82 | *Johann Georg Beck, Darstellung des Löwenmonuments, Kalenderblatt zum Januar, Kupferstich, 1714*

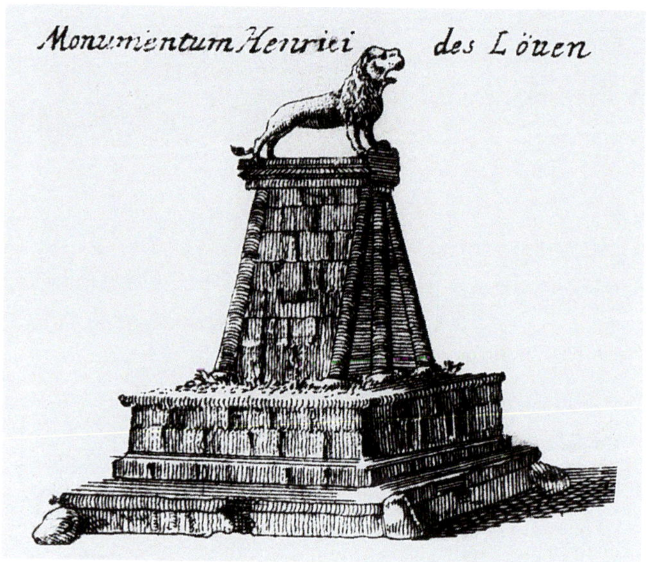

83 | *Johann Georg Beck, Darstellung des Löwenmonuments, Kalenderblatt, Kupferstich, 1716*

zählen ist, stehen am Beginn der populären Verbreitung des Bildes vom Burglöwen. Es ist davon auszugehen, dass die bzw. der ausführende/n Künstler vor der Anfertigung des Stichs das Löwenmonument vor Ort skizzierte/n. Dem Verwendungszweck der Darstellungen entsprechend genügte dabei eine mehr oder weniger flüchtige Aufnahme des Objekts.

Der bereits vorgestellte Holzschnitt von 1722 in Rehtmeyers Chronik (Abb. 62) (s. S. 133f.) zeigt das Monument nach der 1721 unter Herzog August Wilhelm durchgeführten Renovierung.

1762 erfolgte eine weitere Renovierung des Löwenmonuments. Eine um 1790 von dem Braunschweiger Künstler Karl Schröder angefertigte Radierung (Abb. 84) bestätigt im Wesentlichen den bei Rehtmeyer dokumentierten Zustand. Schröder zeichnete den Löwen mit merkwürdig überlängten Beinen. Die Quadersteine des Monuments zeigen deutliche Spuren der Verwitterung. Die linke untere Stufe des Unterbaus liegt offensichtlich unter dem Niveau des angrenzenden Bodenbelags des Burgplatzes. In den Jahren 1791/92 sowie 1818 wurde der Sockel erneut renoviert.

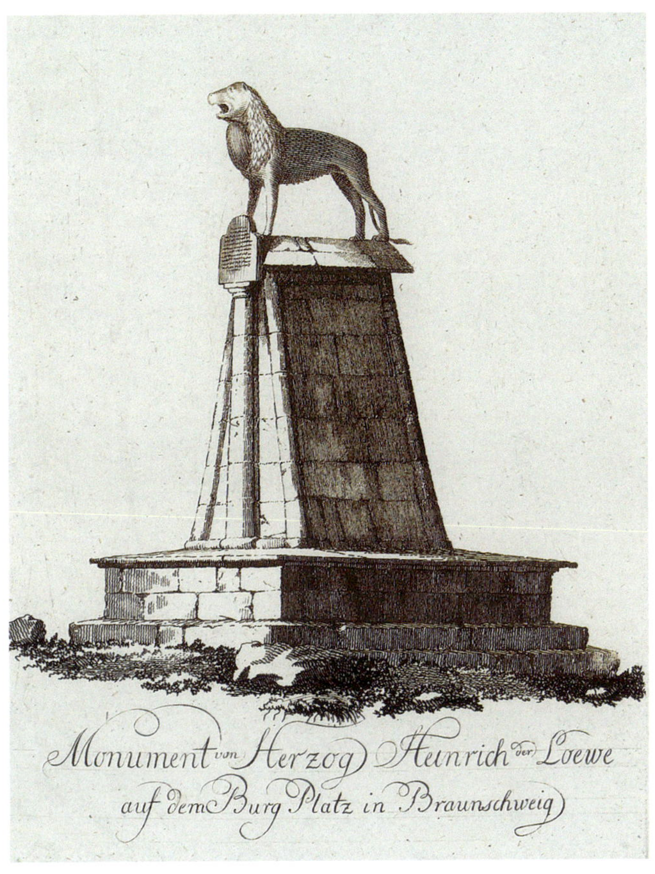

84 | *Karl Schröder, Darstellung des Löwenmonuments, Radierung, um 1790*

Für das 19. Jahrhundert ist eine starke Zunahme der bildlichen Darstellungen des Monuments zu verzeichnen. 1829 erschien unter dem Titel „Hanoverian and Saxon Scenery“ ein dem englischen König Georg IV. gewidmeter Band mit Ansichten bedeutender Orte und Bauwerke aus dem Königreich Hannover, dem Königreich Sachsen und dem Herzogtum Braunschweig. Die Vorzeichnungen für die Stiche bzw. Holzschnitte stammen aus der Hand des englischen Künstlers Robert Batty, der 1825 die genannten Länder bereist hatte. Seine Darstellung (Abb. 85) ist wohl das früheste bildliche Dokument des 1791/92 und/oder 1818 renovierten Löwenmonuments. Im Vergleich zu den entsprechenden Darstellungen des 18. Jahrhunderts zeigt die von Batty wiedergegebene, in der Holzschnitttechnik umgesetzte Löwenfigur eine größere Übereinstimmung mit dem Original. Georg IV. stammte aus dem Geschlecht der hannoverschen Welfen, die ab 1714 in Personalunion als Könige von Großbritannien und Kurfürsten von Hannover regierten.

Um 1835 entstand der Stahlstich des in Braunschweig ansässigen Malers und Zeichners Friedrich Barthel mit einer Darstellung des Burgplatzes (Abb. 86), in deren Zentrum das Löwen-

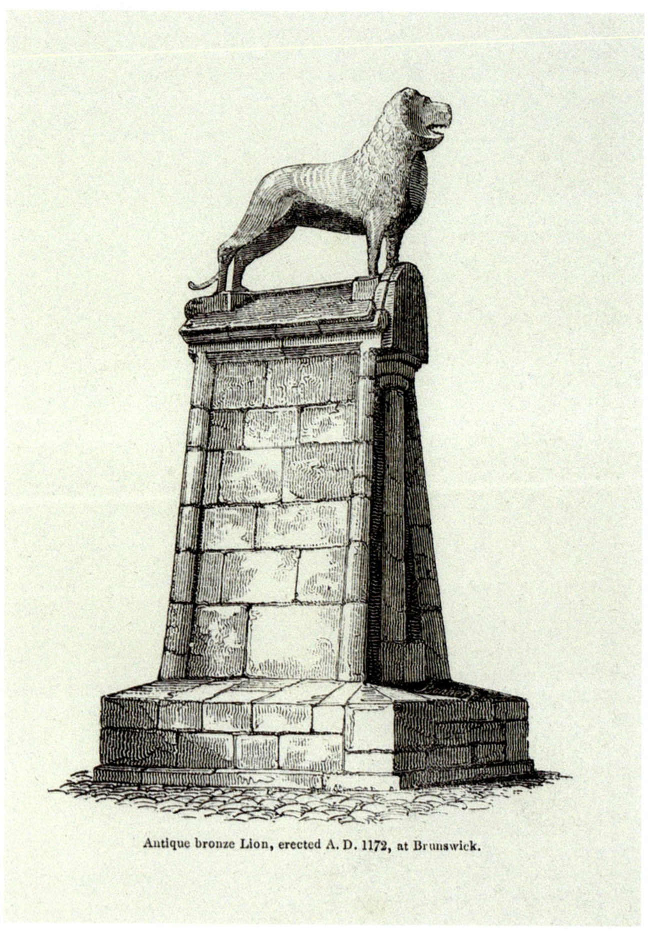

Antique bronze Lion, erected A. D. 1172, at Brunswick.

85 | *Robert Batty (Entwurf), George Wilmot Bonner (Holzschnitt), Darstellung des Löwenmonuments, in: Hanoverian and Saxon Scenery, 1829*

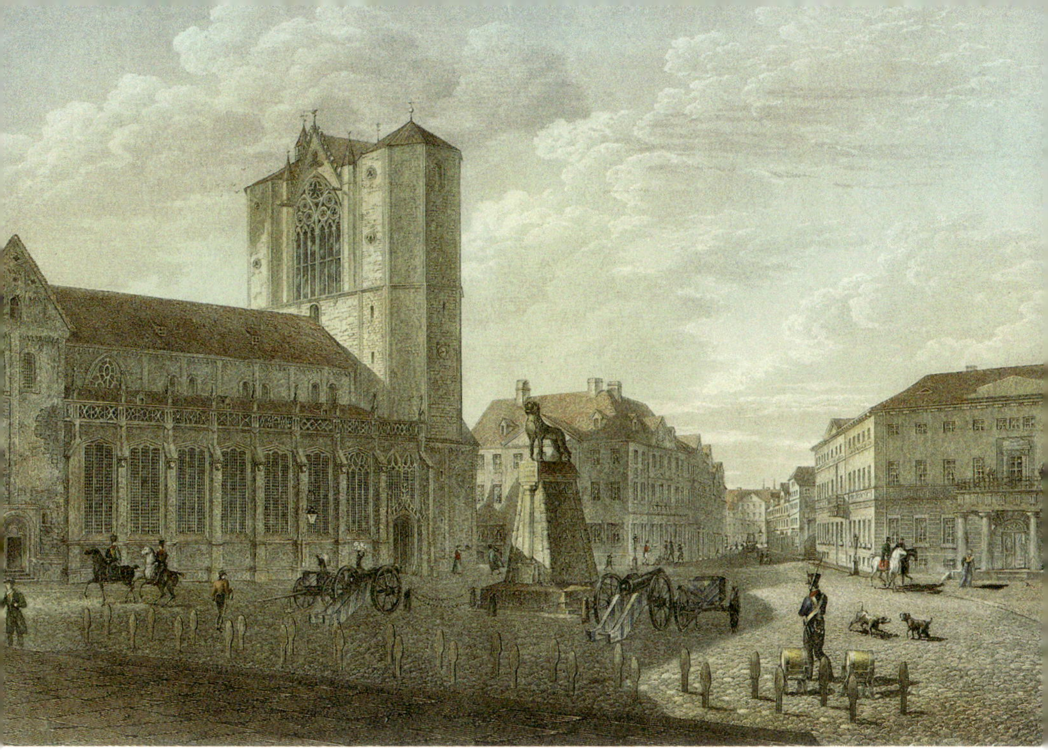

86 | *Friedrich Barthel (Entwurf), Müller (Stecher), „Der Burgplatz mit der Domkirche zu Braunschweig", Stahlstich, um 1835*

monument zu sehen ist. Die militärische Staffage verweist auf die Burg Dankwarderode, die 1808 zu einer Kaserne umfunktioniert worden war. Barthels Stich markiert einen Wendepunkt in der Geschichte der Darstellungen des Burglöwen. Zum ersten Mal ist hier das Monument in eine atmosphärische, streng nach den Gesetzen der Zentralperspektive angelegte Stadtansicht eingebunden.

Der Braunschweiger Maler Andreas Christian Ludwig Tacke wählte für seine um 1850 angefertigte Darstellung des Burglöwen, eine kolorierte Lithographie (Abb. 87), den Moment des Sonnenaufgangs. Der seitlich einfallende Lichtkegel beleuchtet das Standbild wie bei einer Theaterinszenierung. Indem Tacke den Löwen zum Blasiusdom und zur Burg Dankwarderode in Beziehung setzt, verweist er auf dessen Ursprung sowie auf den Ensemblecharakter der drei Kunstwerke.

Eine weitere, etwa zur gleichen Zeit entstandene kolorierte Lithographie aus der Hand desselben Künstlers zeigt das Löwenmonument von seiner anderen, der südlichen Seite (Abb. 88).

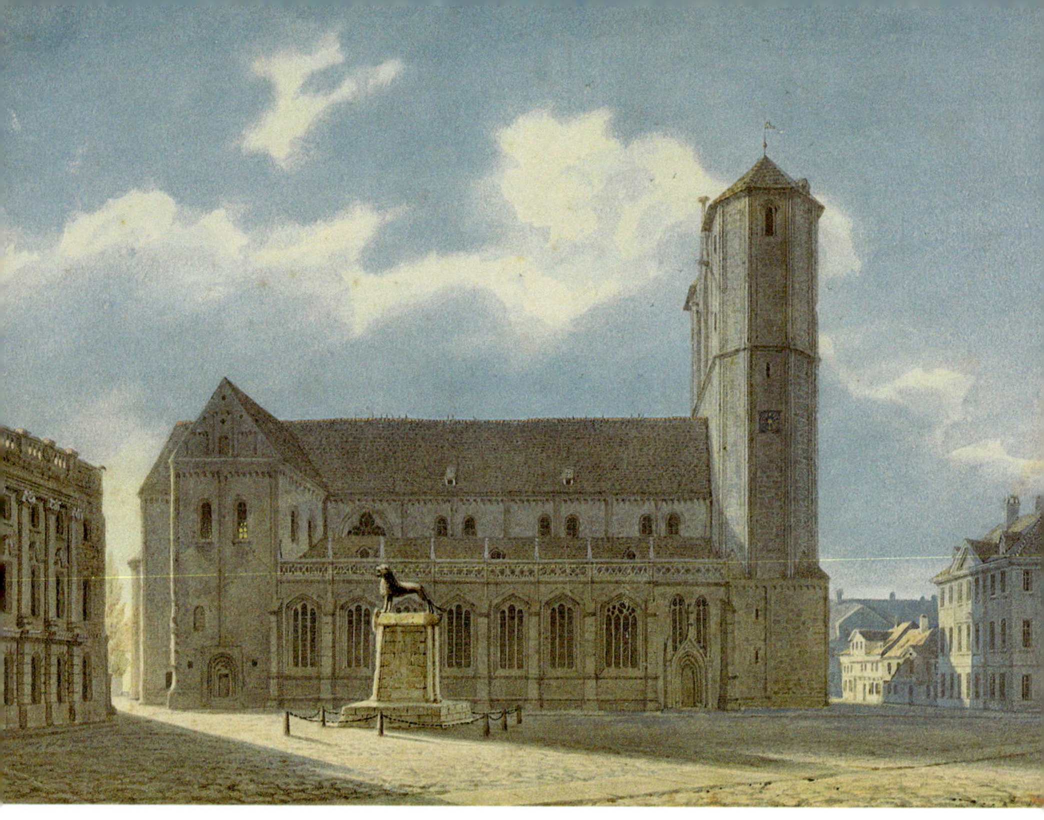

Durch den Wechsel des Betrachterstandpunkts erscheinen im Mittelgrund drei an den Burgplatz angrenzende bürgerliche Gebäude sowie im Hintergrund die Türme der Andreaskirche, der Pfarrkirche der Teilstadt Neustadt. Auf diese Weise stellt Tackes Variante den Löwen in einen Zusammenhang mit der Bürgerschaft der Stadt. In den folgenden Jahrzehnten fand die Darstellung des Löwenstandbilds vor dem Hintergrund der bürgerlichen Burgplatzseite zahlreiche Nachahmer. Auch bei den frühen, aus der zweiten Hälfte des 19. Jahrhunderts stammenden Fotoaufnahmen ist mehrfach die Südansicht gewählt, so auch bei der frühesten bislang bekannten, vor 1858 angefertigten Aufnahme (Abb. 89).

Zur Tausendjahrfeier der Stadt Braunschweig im Jahr 1861 erschienen drei Medaillen mit je einer auf der Vorder- oder der Rückseite angebrachten Wiedergabe des Löwenmonuments. Ganz offensichtlich wurde von den Veranstaltern der Feier der

87 | *Christian Ludwig Tacke, Burgplatz mit Löwenmonument, Dom und Burg Dankwarderode, Lithographie, um 1850*

↗

88 | *Christian Ludwig Tacke, Burgplatz mit Löwenmonument, Blick nach Norden, Lithographie, um 1850*

→

89 | *Burgplatz mit Löwenmonument, Blick nach Norden, Fotoaufnahme, vor 1858*

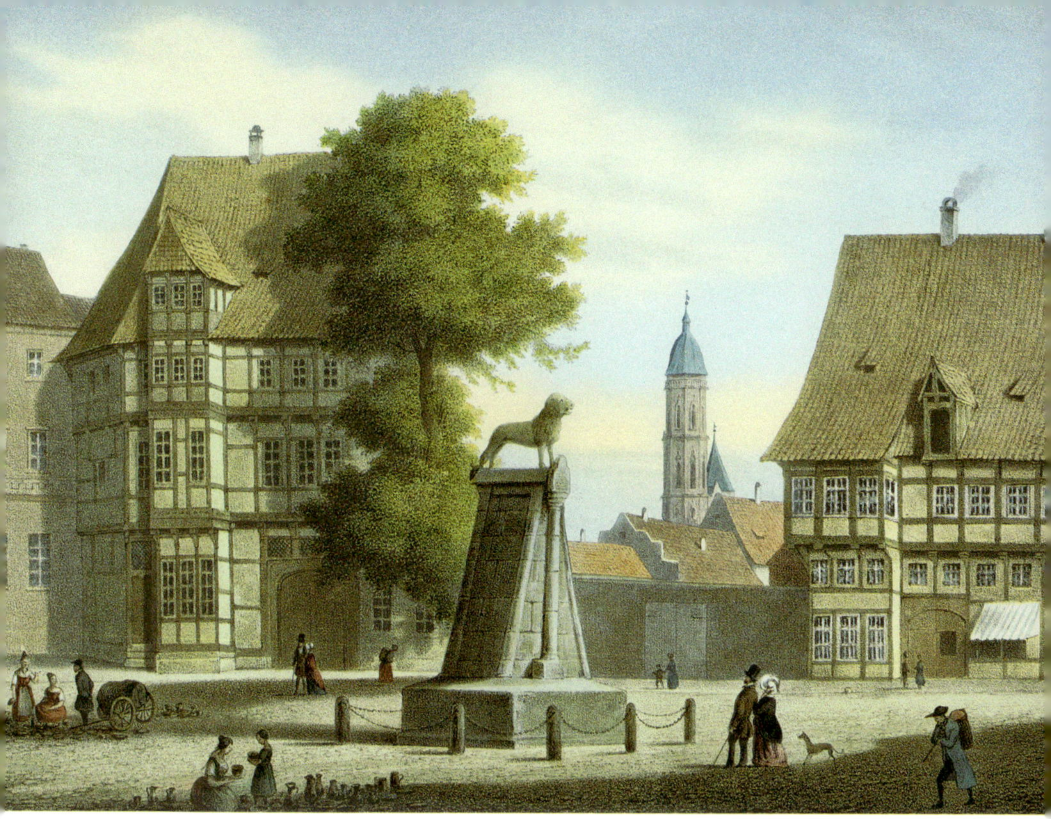

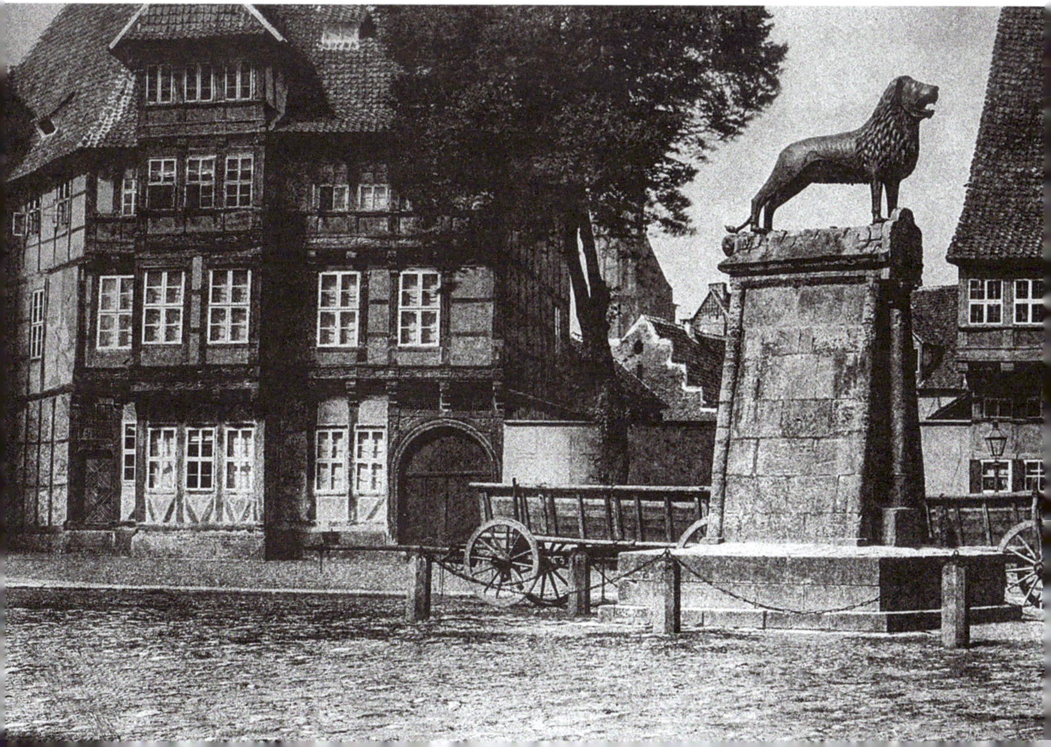

Burglöwe als das zentrale identitätsstiftende Symbol der Stadt und der Stadtgeschichte angesehen. Darüberhinaus symbolisierte er das Land Braunschweig und die deutsche Nation.

Die von dem Graveur Nehrkorn gestaltete Medaille (Abb. 90) ist deshalb von besonderem Interesse, weil hier die strenge Formgebung des bronzenen Löwen teilweise aufgelöst und der Erscheinung eines natürlichen Löwen angeglichen wurde. Nehrkorns Darstellung kann als eine mit künstlerischen Mitteln zum Ausdruck gebrachte Kritik an der vermeintlich minderwertigen bildnerischen Qualität des Originallöwen verstanden werden.

90 | *Nehrkorn, Darstellung des Burglöwen, Gedenkmedaille, Rückseite, 1861*

Gegen Ende des 19. Jahrhunderts stellte der Braunschweiger Hofgürtlermeister Friedrich Höse kleinformatige bronzene Nachbildungen des Löwenmonuments her (Abb. 91), die teilweise vom Regenten des Herzogtums an verdienstvolle Personen des Landes verschenkt wurden. Sie stehen am Beginn der bis in unsere Zeit hineinreichenden Produktion von Miniaturanfertigungen aus unterschiedlichen Materialien. Das vielleicht wertvollste Stück ist eine 1913 vollendete, aus Silber gearbeitete, 57 cm hohe Nachbildung mit vergoldeter Löwenfigur (Abb. 92), ein Hoch-

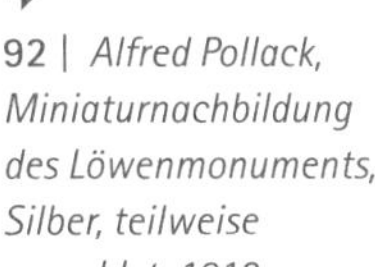

→

92 | *Alfred Pollack, Miniaturnachbildung des Löwenmonuments, Silber, teilweise vergoldet, 1913*

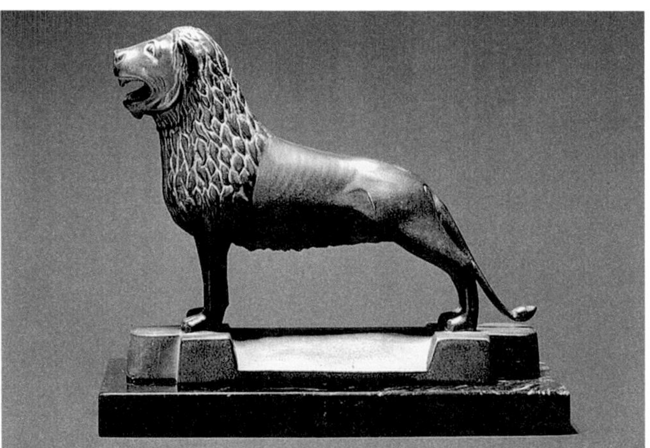

91 | *Miniaturnachbildung des Burglöwen, unter Verwendung der Ausformung Friedrich Höses vom Ende des 19. Jahrhunderts, Blei-Antimon-Legierung, erhältlich beim Büchsenmacher-Betrieb Knappworst, Braunschweig*

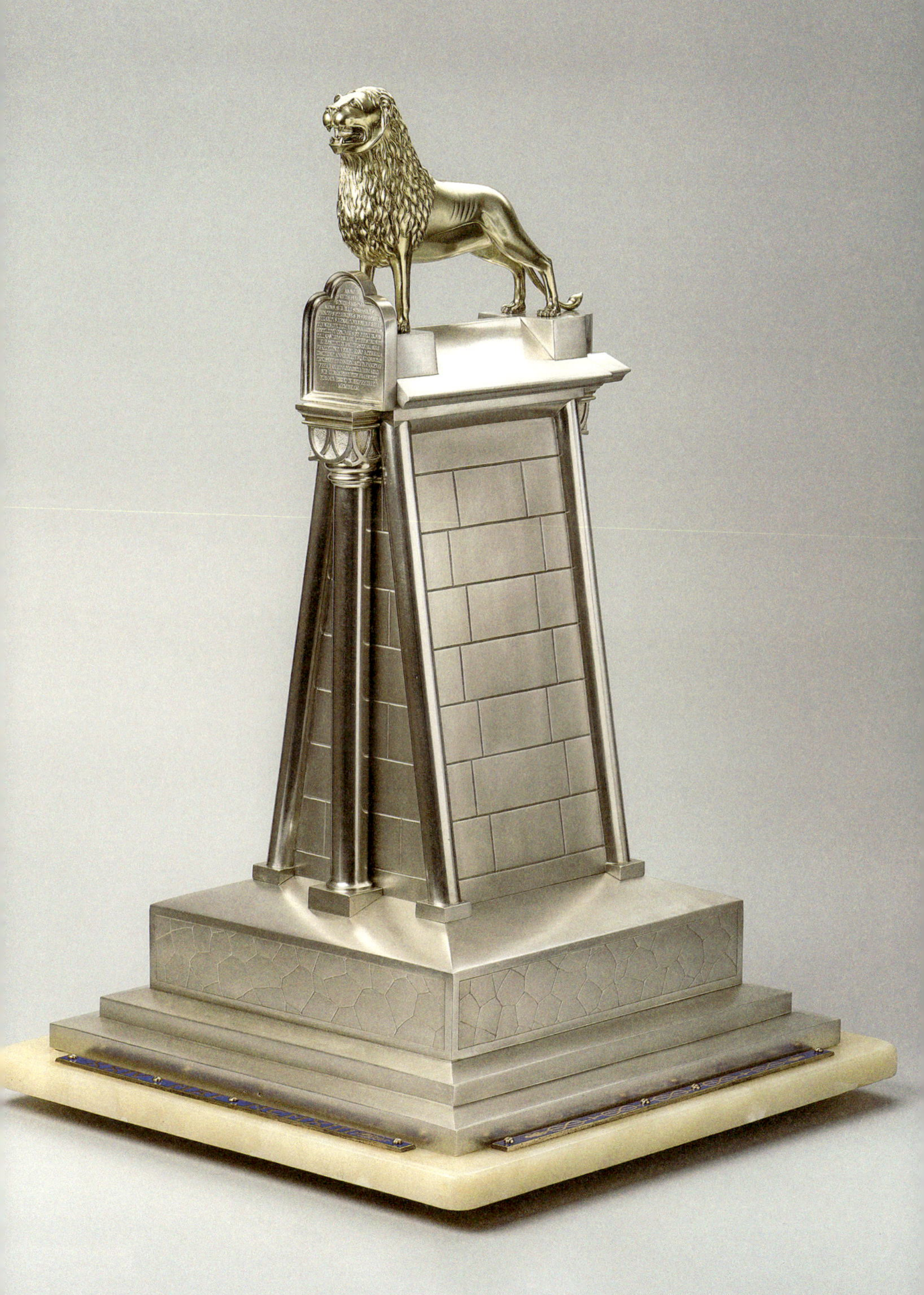

zeitsgeschenk für Herzog Ernst August und seine Gemahlin Viktoria Luise.

In der ersten Hälfte des 20. Jahrhunderts wurden von verschiedenen Bildhauern großformatige Löwenfiguren geschaffen, deren Körperhaltung mit nach hinten gezogenen Hinterbeinen unmittelbar an den Braunschweiger Burglöwen erinnert. In formaler Hinsicht steht ihm besonders nahe ein 1916 an der Düsseldorfer Königsallee aufgestellter, aus Holz gearbeiteter Löwe (Abb. 93), ein „Kriegswahrzeichen", in das gegen eine Geldspende Nägel eingeschlagen werden konnten. Mehrere dieser Löwenfiguren waren als Kriegerdenkmäler errichtet worden (Warendorf 1906, Wuppertal-Barmen 1922, Offenburg 1926, Mühlhausen/Thüringen 1927 oder Ingolstadt 1928).

Unter den bildenden Künstler*innen, die sich im 20. und 21. Jahrhundert mit dem Löwenmonument auf dem Burgplatz

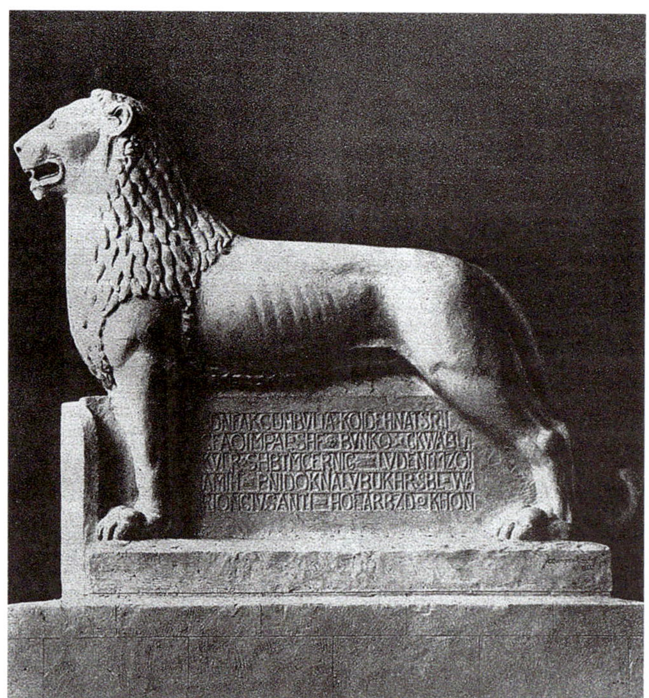

93 | *Johannes Knubel, Bergischer Löwe, Modell, Düsseldorf, 1916*

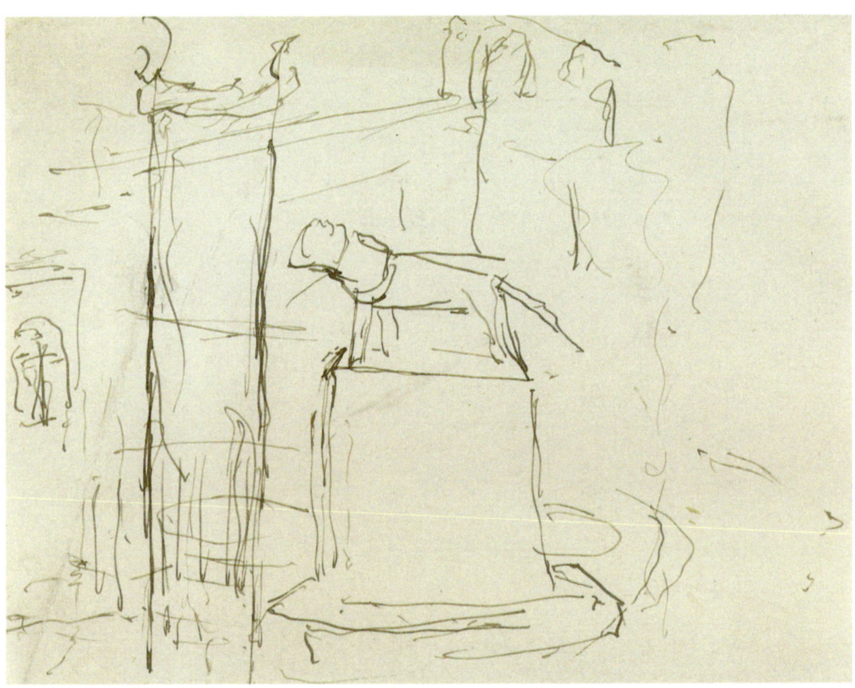

94 | *Lovis Corinth, Darstellung des Löwenmonuments, Federzeichnung, 1917*

auseinandersetzten, ragen heraus Lovis Corinth und Gerd Winner. Lovis Corinth skizzierte das Standbild im Kriegsjahr 1917 mit wenigen flüchtigen Strichen, die das Wesentliche der Figur und ihres Sockels erfassen (Abb. 94). Die Säule gehört zu einem Balkon des Hotels Deutsches Haus, auf dem sich der Künstler während der Anfertigung der Zeichnung befand.

Gerd Winner hat in jüngerer Zeit mehrere Bilder mit dem Motiv des Burglöwen ausgearbeitet (Abb. 95). Die wesentlichen gestalterischen Elemente seiner Werke sind fotografische Aufnahmen des Monuments, des Doms und der Burg Dankwarderode. Durch Überlagerungen ausgewählter Fotoaufnahmen schuf Winner eine vielschichtige Verflechtung des Standbilds mit den Gebäuden.

Außer den genannten bildenden Künstlern ist der renommierte Wolfsburger Fotograf Heinrich Heidersberger zu erwähnen. In dem von ihm 1957 herausgegebenen Bildband „Braunschweig“ erscheint das angeschnittene, gegen streifige Wolkenschwaden gesetzte Löwenmonument auf der vorderen Umschlagseite (Abb. 96). Im Inneren des Bands ist ganzseitig eine bei tief stehender Abendsonne angefertigte Aufnahme des Monuments wiedergegeben.

Der Burglöwe spielte und spielt in der Werbung des 20. und 21. Jahrhunderts für Braunschweiger Firmen oder Institutionen eine beachtliche Rolle. Seine Eignung als lokales Werbemotiv basiert sowohl auf der Gleichsetzung des Standbilds mit Herzog Heinrich dem Löwen, der wohl wirkungsmächtigsten historischen Persönlichkeit der Stadt Braunschweig, als auch auf den

95 | *Gerd Winner, Löwe vor Burg Dankwarderode, Cibachrome, 2001*

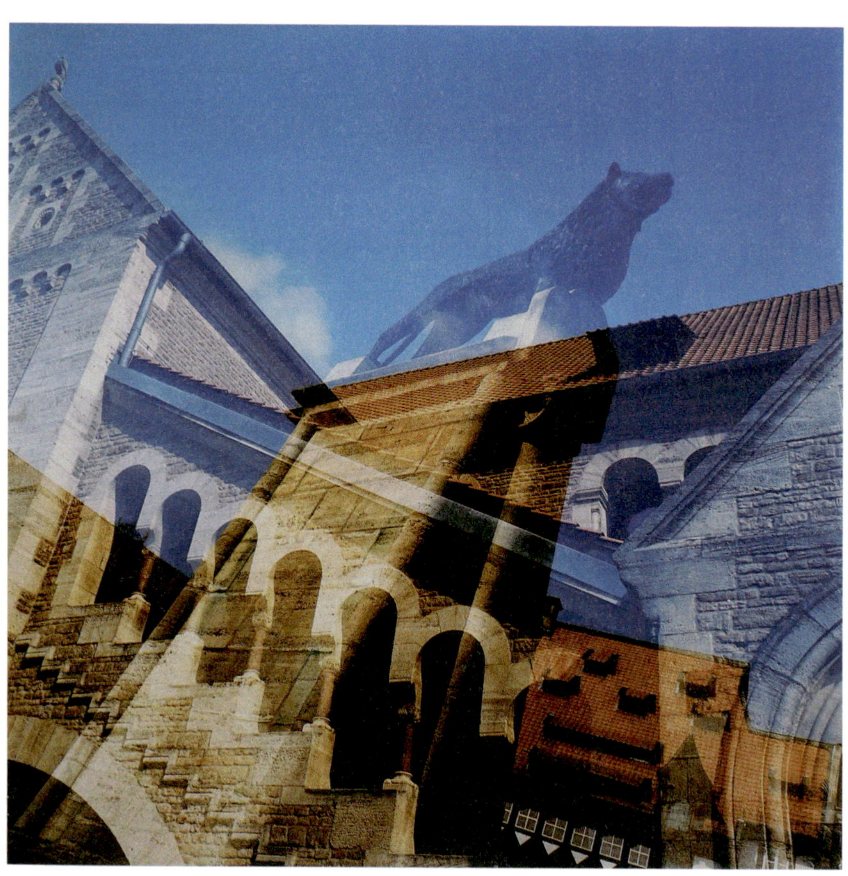

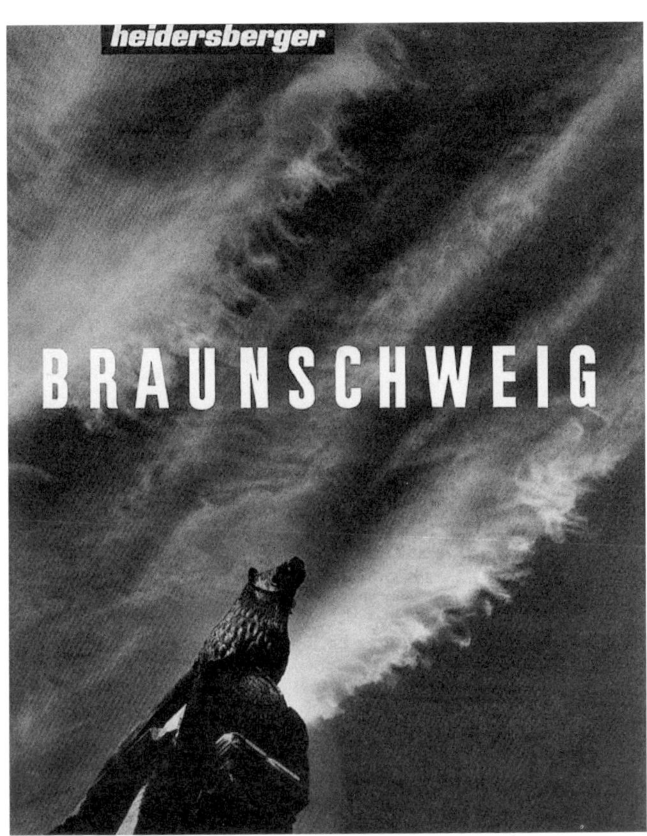

96 | *Heinrich Heidersberger, Braunschweig, Buchcover, 1956*

allgemein dem (männlichen) Löwen seit jeher zugeschriebenen positiven Eigenschaften wie die der Stärke oder Selbstbehauptung. Darüber hinaus ist die Attraktivität des Burglöwen für die heimische Produktwerbung damit zu erklären, dass er im allgemeinen Bewusstsein als außerordentlich prominentes Wahrzeichen der Stadt Braunschweig verankert ist. Stellvertretend für die unübersehbare Zahl der Organisationen und Firmen, die das Löwenmonument in Vergangenheit und Gegenwart als Werbemotiv benutzten und benutzen, sei der Büssing-Löwe genannt.

DER BÜSSING-LÖWE

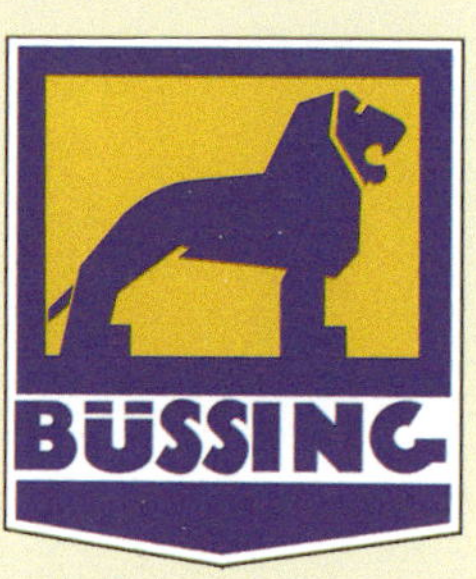

97 | *Logo der Firma Büssing, ab 1950*

1913, ein Jahrzehnt nachdem Heinrich Büssing eine Nutzfahrzeuge-Fabrik gegründet hatte, wurde der Burglöwe als Marke der expandierenden Braunschweiger Firma eingeführt. Der Gebrauchsgrafiker Hermann Fischer entwickelte dann gegen 1920 aus der Seitenansicht des Burglöwen schrittweise das prägnante Bildzeichen des Büssing-Löwen (Abb. 97). Der von Fischer gestaltete Löwe, dessen besonderes Kennzeichen die klobigen Beine sind, erschien zunächst auf Plakaten und Prospekten der Firma Büssing. Serienmäßig wurde er seit 1935 an der Kühlerhaube des Modells „Burglöwe", eines Leichtkraftwagens, angebracht. Ab 1950 zierte der Büssing-Löwe die Kühlerhaube sämtlicher Modelle der Firma.

Nach der 1971 vollzogenen Übernahme der Büssing-Automobil-Werke durch den MAN-Konzern diente der Büssing-Löwe in überarbeiteter Formgebung als Firmen-Logo der MAN-Nutzfahrzeuge. Als 2013 MAN in den Besitz der Volkswagen AG mit Sitz in Wolfsburg überging, kehrte der Büssing-Löwe wieder in seine Ursprungsregion zurück. Bei der Umgestaltung des Logos im Jahr 2012 wurden die winklig aneinanderstoßenden Konturlinien kurvig miteinander verschliffen und zudem in an- und abschwellender Stärke ausgeführt (Abb. 98). Die Verschleifung der Konturen führte zu einer Wiederannäherung an die Formgebung des bronzenen Löwen. •

98 | *Aktuelles Logo der Firma MAN, Vinyl-Sticker*

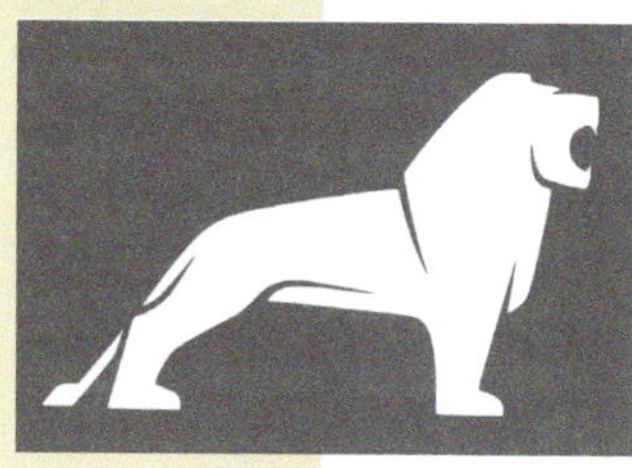

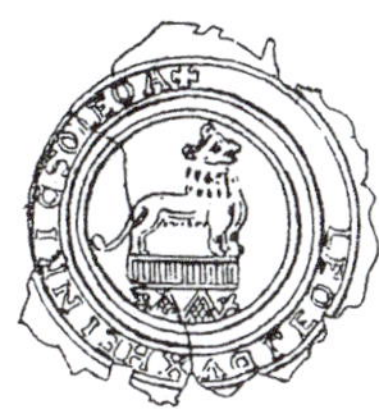

99 | *= Abb. 1, zwischen 1163 und 1195*

Entwicklung der Sockelform

In seiner 1967 erschienenen Veröffentlichung „Vom Burglöwen und seinem Stein“ kommt der Braunschweiger Kunsthistoriker Martin Gosebruch zu dem Ergebnis, dass der Sockel des Löwenmonuments „in seiner heutigen Erscheinung [einschließlich der Inschrifttafel] trotz kleinerer Abänderungen und einiger Auswechslung am Steinbestand mit dem ursprünglichen von 1166 so gut wie identisch sein dürfte.“ (s. auch S. 39)

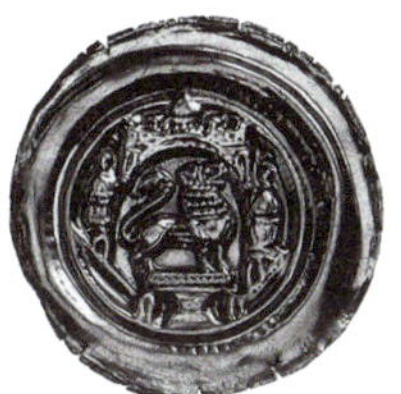

100 | *= Abb. 2, zwischen 1163 und 1195*

Gerd Spies, Historiker und ehemaliger Direktor des Städtischen Museums Braunschweig, befasst sich in seiner 1985 veröffentlichten Untersuchung zum Burglöwen anhand zahlreicher, zwischen dem 12. und dem 19. Jahrhundert entstandener bildlicher Darstellungen des Löwenmonuments ausführlich mit den unterschiedlichen virtuellen Erscheinungsformen des Sockels. Zusammenfassend macht er darauf aufmerksam, dass „vor dem Jahr 1616 [dem Jahr der Renovierung durch Friedrich Ulrich] keine Mitteldienste [Säulen] am Pfeiler [Sockel], und zwar weder vorn noch hinten, erkennbar sind, weiterhin sind keine Schriftplatten dargestellt.“ Außerdem weist er darauf hin, dass der hohe Sockelaufsatz mit geneigten Seiten bei sämtlichen älteren (vor 1722 entstandenen) Darstellungen nicht zu finden ist.

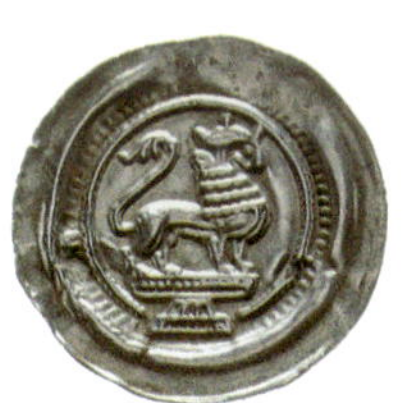

101 | *= Abb. 12, zwischen 1198 und 1218*

RENOVIERUNGEN VOR DEM ENDE DES 19. JAHRHUNDERTS

Gosebruchs These der weitgehenden Beibehaltung der ursprünglich für den Burglöwen geschaffenen Sockelform setzt die Annahme voraus, dass bei allen im Laufe von 7 Jahrhunderten notwendig gewordenen Instandsetzungen des Unterbaus dessen überkommene Gestalt respektiert wurde. Doch eine derartige auf Erhaltung bedachte, der Ethik der heutigen Denkmalpflege entspre-

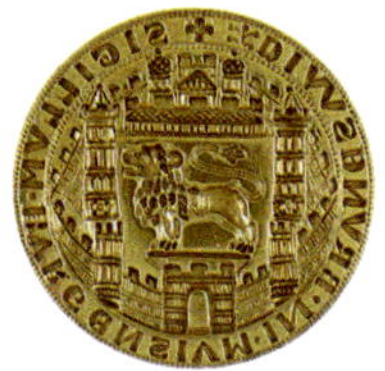

102 | *= Abb. 65, nach 1231*

chende Einstellung gegenüber Vorrichtungen, die einem Kunstwerk dienlich sind, war vor dem Ende des 19. Jahrhunderts eher die Ausnahme. In der Regel wurden zu erneuernde Sockel, Bilderrahmen und ähnliches im Stil der eigenen Zeit gestaltet. •

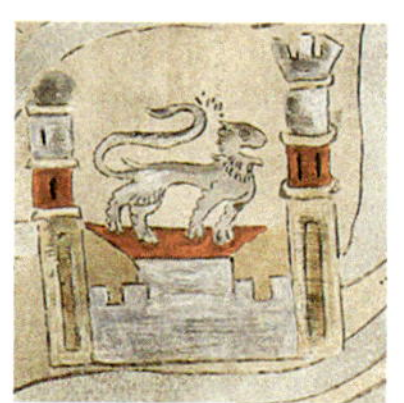

103 | = *Abb. 66, zwischen 1215 und 1300*

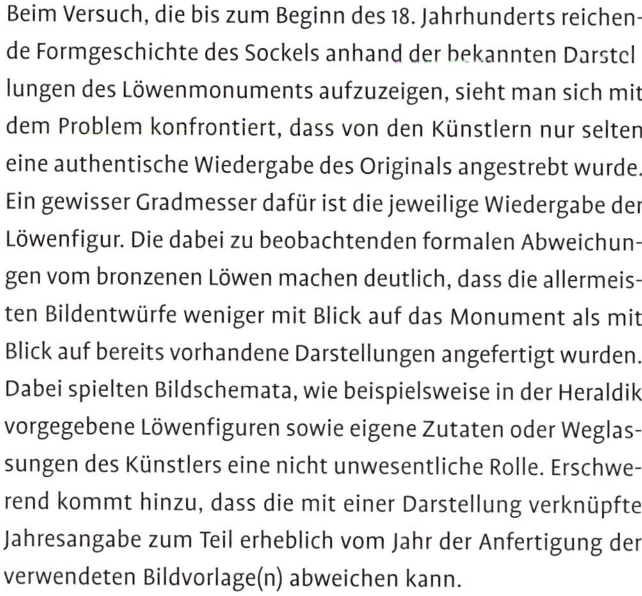

Beim Versuch, die bis zum Beginn des 18. Jahrhunderts reichende Formgeschichte des Sockels anhand der bekannten Darstellungen des Löwenmonuments aufzuzeigen, sieht man sich mit dem Problem konfrontiert, dass von den Künstlern nur selten eine authentische Wiedergabe des Originals angestrebt wurde. Ein gewisser Gradmesser dafür ist die jeweilige Wiedergabe der Löwenfigur. Die dabei zu beobachtenden formalen Abweichungen vom bronzenen Löwen machen deutlich, dass die allermeisten Bildentwürfe weniger mit Blick auf das Monument als mit Blick auf bereits vorhandene Darstellungen angefertigt wurden. Dabei spielten Bildschemata, wie beispielsweise in der Heraldik vorgegebene Löwenfiguren sowie eigene Zutaten oder Weglassungen des Künstlers eine nicht unwesentliche Rolle. Erschwerend kommt hinzu, dass die mit einer Darstellung verknüpfte Jahresangabe zum Teil erheblich vom Jahr der Anfertigung der verwendeten Bildvorlage(n) abweichen kann.

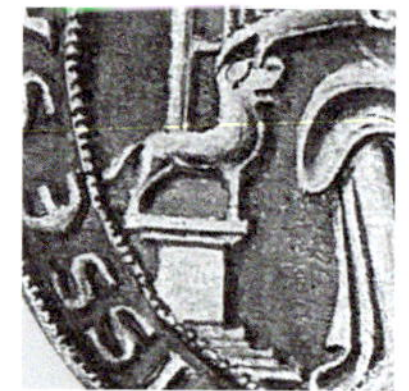

104 | *Ausschnitt aus Abb. 67, 1261*

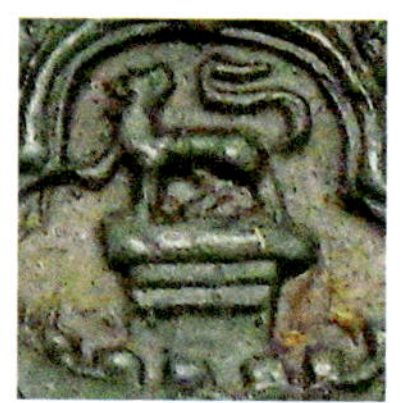

105 | *Ausschnitt aus Abb. 68, seit 1351 nachweisbar*

Wenn auch die vor dem 18./19. Jahrhundert angefertigten Darstellungen der Löwenfigur bezüglich ihrer Zuverlässigkeit mit den genannten Unwägbarkeiten behaftet sind, so enthalten sie zugleich auch mehr oder weniger genau wiedergegebene Merkmale des Originals. Bezüglich der Darstellungen des Sockels darf man daraus den Schluss ziehen, dass auch hier in den allermeisten Fällen Merkmale des jeweiligen Originalzustands wiedergegeben sind. Allerdings kann man dabei im Einzelfall nicht erkennen, welche Teile der zu diesem Zeitpunkt aktuellen Form des Originals entsprechen und welche nicht. Peter Seiler bringt es auf den Punkt, wenn er dazu bemerkt: „Im Einzelfall

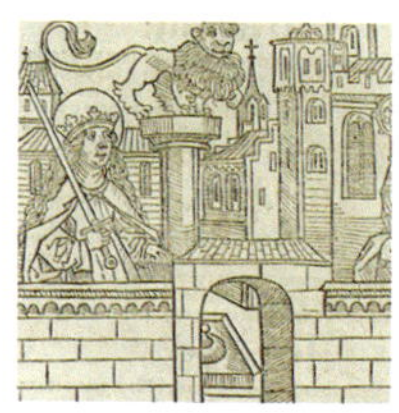

106 | *Ausschnitt aus Abb. 58, 1492*

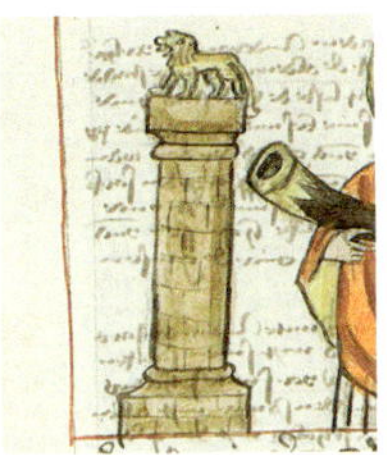

107 | *Ausschnitt aus Abb. 73, 1514*

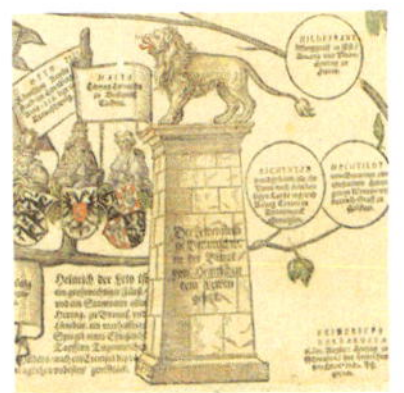

108 | *= Abb. 74, 1584*

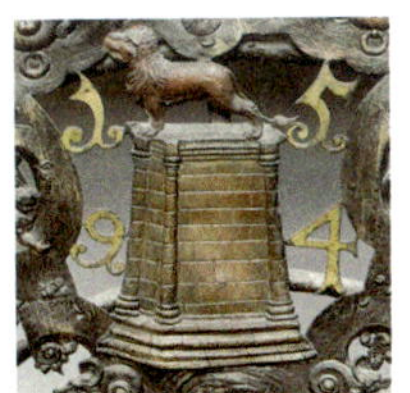

109 | *= Abb. 75, 1594*

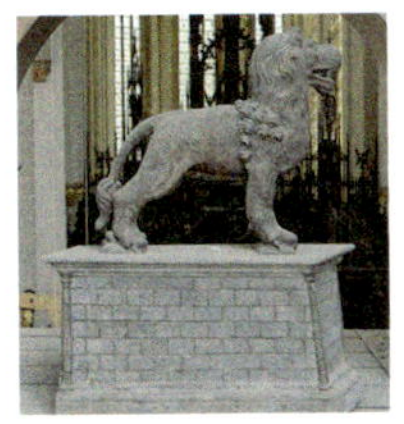

110 | *= Abb. 76, 1594*

kann man weder sicher sein, dass alle dargestellten Elemente tatsächlich vorhanden waren, noch, dass alle nicht dargestellten Elemente nicht vorhanden waren."

Zu der bis zum 18. Jahrhundert reichenden Formgeschichte des Sockels können auf der Grundlage einer abwägenden Gesamtschau aller bekannten Darstellungen nur einige wenige einigermaßen widerspruchsfreie Aussagen getroffen werden.

Vom 12. bis zum Beginn des 16. Jahrhunderts zeigt der hauptsächlich auf Münzen und Siegeln wiedergegebene Sockel meist eine pfeilerartige Grundform, die von einer auskragenden, planen Aufsatzplatte bekrönt wird (Abb. 99–107). Bei den allermeisten Darstellungen aus diesem Zeitraum kann die Sockelform auch als Rundpfeiler interpretiert werden. Als solcher ist er in der 1514 angefertigten Zeichnung des Braunschweiger Schichtbuchs (Abb. 107) (s. S. 149f.) sowie in den beiden in der Chronik der Sachsen abgedruckten, 1492 erschienenen Holzschnitten (s. S. 128f.) wiedergegeben (Abb. 106 und 59). Da die Darstellungen den Sockel ausschließlich in strenger Seitenansicht zeigen, kann er mit Ausnahme der ausgewiesenen Rundpfeiler aber auch als ein Gebilde mit längsrechteckigem Grundriss interpretiert werden.

Ab dem ausgehenden 16. Jahrhundert bis zum Anfang des 18. Jahrhunderts zeigt der Sockel überwiegend eine kastenartige Grundform auf längsrechteckigem Grundriss (Abb. 108–110, 112, 114–116). Auch die in strenger Seitenansicht wiedergegebenen Sockel (Abb. 111, 113) lassen eine derartige Interpretation zu. Jede der vier Seiten kann dabei mehr oder weniger geneigt sein. Der Sockel von 1584 (Abb. 108) markiert den Übergang zum nachfolgenden Zeitabschnitt. Einerseits ähnelt seine Grundform der der Pfeiler-Sockel, andererseits weist sie aufgrund ihres längsrechteckigen Grundrisses sowie ihrer leicht geneigten schmalen Seiten wesentliche Merkmale der Nachfolge-Sockel auf. Bis zum Beginn des 18. Jahrhunderts lässt sich anhand der bekannten Darstellungen keine nachvollziehbare Entwicklung der Detailausbildungen festmachen.

Die diesbezügliche Problematik veranschaulichen schlaglichtartig die drei in der Brüdernkirche erhaltenen Bildwerke (s. S. 151–155), die innerhalb von rund 20 Jahren entstanden sind (Abb. 109, 110, 114). Jeder der Sockel zeigt im Ganzen und in den Details eine eigene Formgebung, die sich von der der jeweils zwei anderen mehr oder weniger deutlich unterscheidet. Als bemerkenswerte Gemeinsamkeit des Sockels am Lettnergitter mit dem im Lettner sind die zum ersten Mal anzutreffenden Kantensäulen hervorzuheben (Abb. 109, 110). Sie können als Vorläufer der mit Beginn des 18. Jahrhunderts zur Grundausstattung gehörenden, an den Kanten angebrachten Rundstabvorlagen gesehen werden.

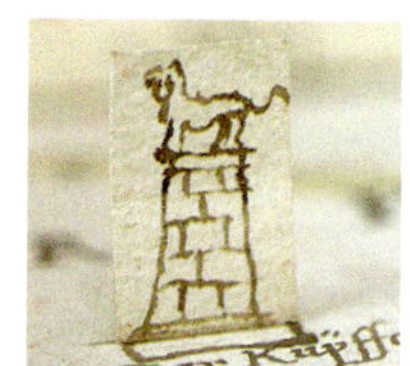

111 | = *Abb. 81, um 1600*

Bei dem 1637 entstandenen Gemälde (Abb. 115) (s. S. 155) ruht der pyramidale Sockelkörper auf einem ausladenden einstufigen Unterbau. Auf die Form des Sockels scheint die von Rehtmeyer 1722 veröffentlichte Beschreibung des von Herzog Friedrich Ulrich 1616 erneuerten Sockels zuzutreffen: „Friedrich Ulrich hat das Monument von neuen auf ein hohes breites Pyramiden-Mauerwerk von grossen Quater-Steinen wieder aufrichten [und] völlig renoviren lassen." (s. S. 133f.). Für eine verhältnismäßig authentische Darstellung spricht außer der relativ getreuen Wiedergabe des Löwen und der Burg-Fassade (s. S. 155), dass der hier zum ersten Mal in dieser Form erscheinende Unterbau in seiner Grundgestalt offensichtlich bei den nachfolgenden Renovierungen beibehalten wurde (Abb. 116–124). Im Unterschied zu den beiden Darstellungen des Monuments am Lettner der Brüdernkirche (Abb. 109, 110) fehlen beim Gemälde von 1637 die Kantensäulen.

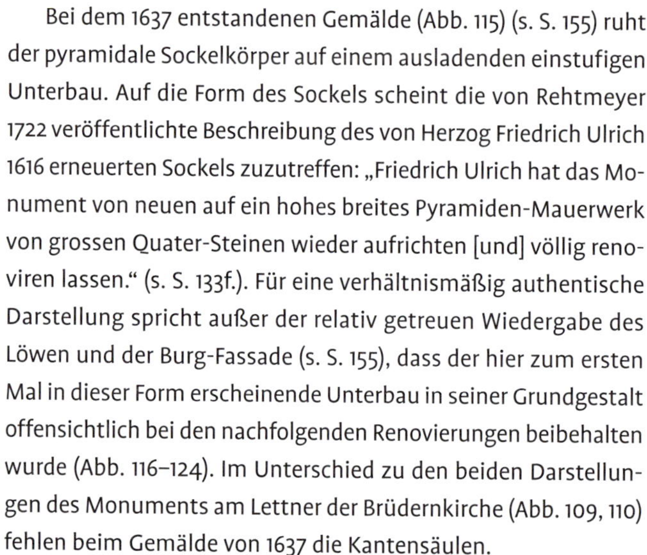

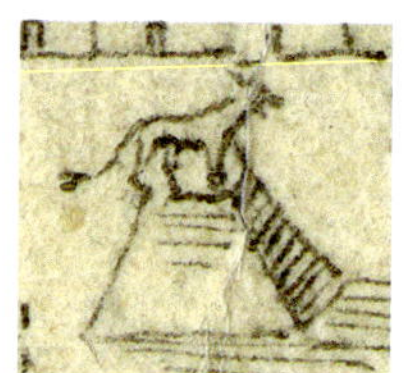

112 | = *Abb. 79, 1606*

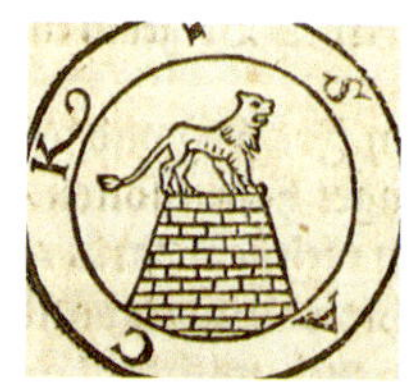

113 | = *Abb. 80, 1608*

Die auf der Mittelachse der Rückseite erkennbare Vorlage ist der früheste bildliche Nachweis dieses vermutlich bei allen späteren Erneuerungen in ähnlicher Form ausgebildeten Gestaltungselements des Sockels. Die um 1675 zum ersten Mal bildlich dargestellte, auf der Mittelachse der Vorderseite angebrachte säulenförmige Vorlage (Abb. 116) (s. S. 156f.) mit der darauf aufgestellten Inschrifttafel dürfte wie die der Rückseite bei der Renovierung des Sockels durch Herzog Friedrich Ulrich (s. S. 131f.) hinzugefügt worden sein.

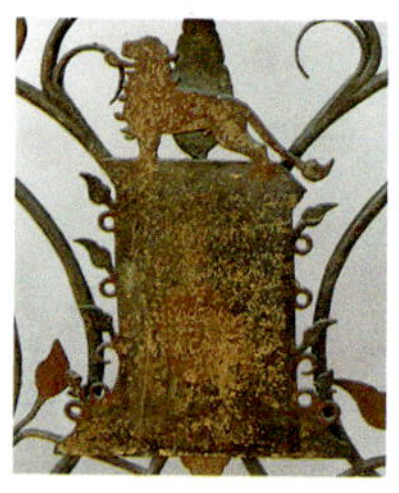

114 | = *Abb. 77, 1611*

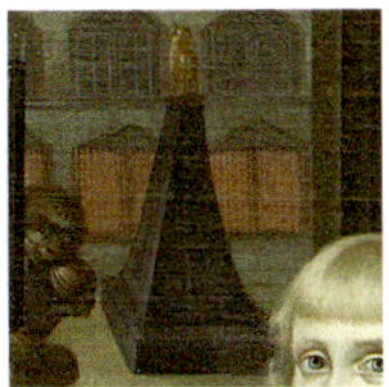

115 | = Abb. 78 b, 1637

Unter der Voraussetzung, dass bei den kleinformatigen graphischen Darstellungen von 1606 (Abb. 112) und 1608 (Abb. 113) (s. S. 155f.) der jeweilige Sockel in seiner Grundgestalt wiedergegeben ist, bestand die pyramidale Form des Postaments bereits vor der 1616 von Herzog Friedrich Ulrich veranlassten Renovierung. Denkbar ist, dass schon unter dem Vorgänger Friedrich Ulrichs, Herzog Heinrich Julius, der auf der Inschrifttafel von 1616 ebenfalls genannt wird (s. S. 132), mit der Instandsetzung des Löwenmonuments begonnen wurde.

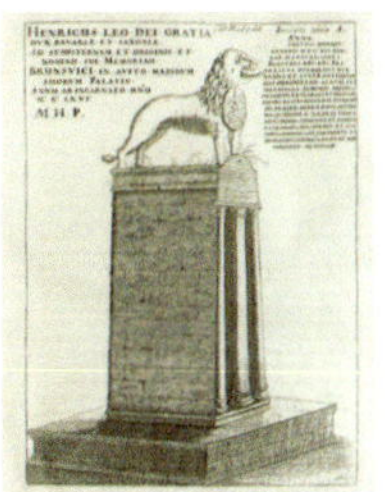

116 | = Abb. 63, um 1675

Die um 1675 als Stichvorlage für die Abhandlung Johann Heinrich Hoffmanns angefertigte Zeichnung des Löwenmonuments (Abb. 8, 116) zeigt den Sockel im Vergleich zum Zustand von 1637 in veränderter Gestalt (s. S. 156f.). Vom Pyramidenstumpf ist lediglich der Unterbau übernommen. Die schmalen Seiten des darauf aufgesetzten Sockelkörpers sind lotrecht, die breiten Seiten leicht geneigt. Seine Grundform kann als Vorstufe der am Anfang des 18. Jahrhunderts in Erscheinung tretenden, im Wesentlichen bis zur jüngsten Renovierung beibehaltenen Sockelform (Abb. 124) betrachtet werden. Ebenso kann man die beiden knapp neben den Kanten der Vorderseite angebrachten Säulenvorlagen, die zusammen mit der Mittelsäule die hier zum ersten Mal wiedergegebene Inschrifttafel tragen, als Vorläufer der späteren Ecksäulen bzw. Rundstäbe ansehen. Auch sie gehören ebenso wie die Mittelsäule spätestens seit dem beginnenden 18. Jahrhundert zur Grundausstattung des Sockels. Hoffmanns Maßangaben (s. S. 156f.) stimmen nur grob mit den Proportionen des dargestellten Sockels überein. Falls sie korrekt sind, war der Sockel in der Zeit um 1675 außerordentlich schlank. Möglicherweise befand sich in seinem Inneren ein Eisengerüst.

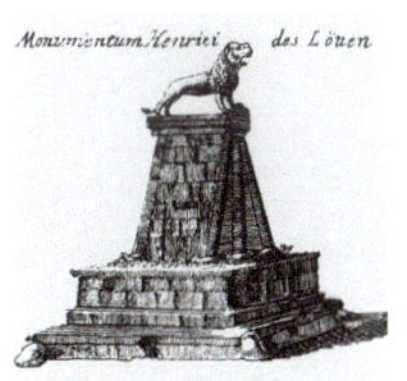

117 | = Abb. 83, 1716

Mit dem beginnenden 18. Jahrhundert lässt sich anhand der bekannten bildlichen Darstellungen eine weitgehend widerspruchsfreie Formgeschichte des Löwensockels aufzeigen. Den Anfang der Reihe bilden die beiden 1714 und 1716 entstandenen Kupferstiche aus der Werkstatt des Johann Georg Beck (Abb. 117, 82) (s. S. 157f.). Vier der fünf bestimmenden Gestaltungsmerk-

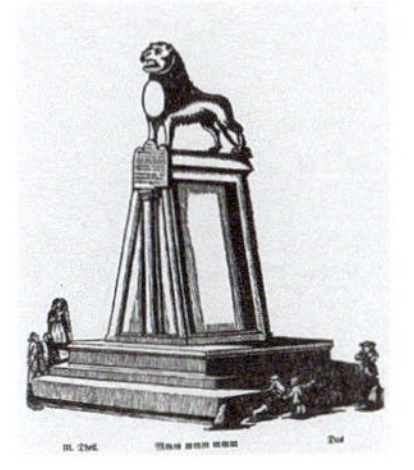

118 | = Abb. 62, 1722

male der dargestellten Sockel – der ausladende, dreifach abgetreppte Unterbau, der sich nach oben verjüngende Sockelkörper mit lotrechten kurzen und geneigten langen Seiten, die über den vier vertikalen Kanten liegenden Rundstabvorlagen sowie die mit einem Kapitell bekrönte Mittelsäule – sind in ähnlichen Formgebungen bei allen folgenden Darstellungen sowie dem 1858 erneuerten, heute noch vorhandenen Sockel zu finden. Lediglich der Aufsatz zeigt eine von den späteren Lösungen vollkommen abweichende Formgebung. Die oberste Stufe und beim Stich von 1716 auch die unterste Stufe des Unterbaus sind mit einer Deckplatte versehen.

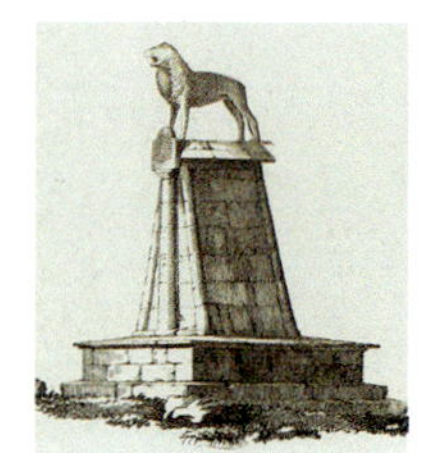

119 | *= Abb. 84, um 1790*

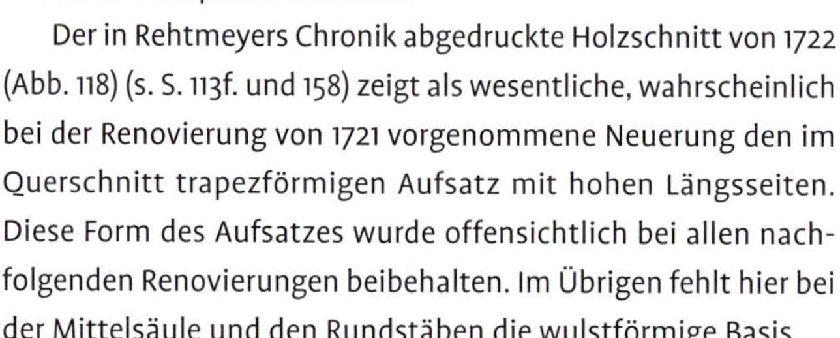

Der in Rehtmeyers Chronik abgedruckte Holzschnitt von 1722 (Abb. 118) (s. S. 113f. und 158) zeigt als wesentliche, wahrscheinlich bei der Renovierung von 1721 vorgenommene Neuerung den im Querschnitt trapezförmigen Aufsatz mit hohen Längsseiten. Diese Form des Aufsatzes wurde offensichtlich bei allen nachfolgenden Renovierungen beibehalten. Im Übrigen fehlt hier bei der Mittelsäule und den Rundstäben die wulstförmige Basis.

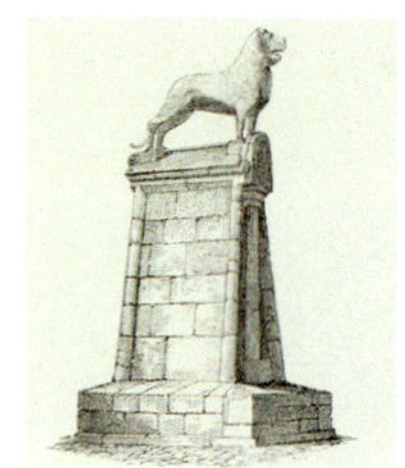

120 | *= Abb. 85, 1825*

In der um 1790 von Karl Schröder angefertigten Radierung (Abb. 119) (s. S. 158), die im Vergleich zu 1722 keine wesentlichen Veränderungen erkennen lässt, sind durchgängig die Steinfugen wiedergegeben, so dass man sich ein Bild von der bautechnischen Beschaffenheit des Sockels machen kann. Die linke untere Stufe des Unterbaus liegt offensichtlich unter dem Niveau der angrenzenden Oberfläche des Burgplatzes.

Bei der 1829 veröffentlichten Darstellung des Robert Batty (Abb. 120) (s. S. 159f.) erscheinen zum ersten Mal die keilartigen Querriegel des Aufsatzes, auf denen die Pranken der Löwenfigur aufruhen. Die Mittelsäule steht anders als zuvor auf einem Sockel. Des weiteren fehlt die in den Darstellungen von 1714, 1716 und 1722 wiedergegebene Deckplatte, die die obere horizontale Fläche des Unterbaus schützte. Stattdessen sind deren vier Teilflächen zu der jeweiligen Außenkante hin abgeschrägt. Die unterste Stufe ist inzwischen vollständig von der Pflasterung des Burgplatzes bedeckt.

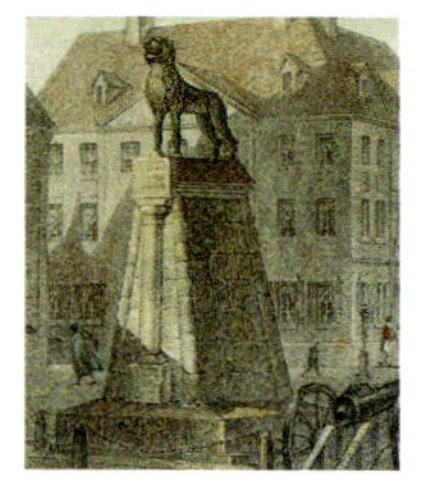

121 | *Ausschnitt aus Abb. 86, um 1835*

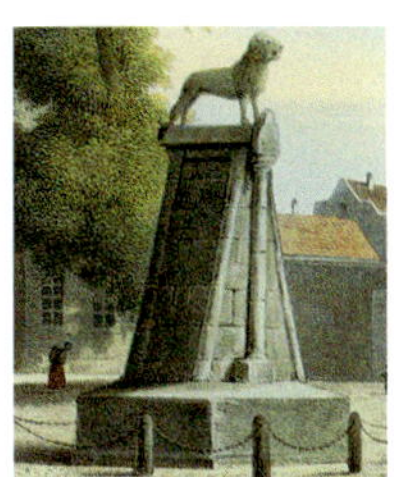

122 | *Ausschnitt aus Abb. 88, um 1850*

Die zeitlich nachfolgenden Darstellungen (Abb. 121, 122) (s. S. 160–162) sowie die vor 1858 angefertigte Fotoaufnahme (Abb. 123) (s. S. 162) bestätigen im Wesentlichen den in Battys Ansichtsband wiedergegebenen Zustand. Allerdings fehlen bei den beiden Gemälden die Querriegel des Aufsatzes.

In einem 1857 niedergeschriebenen Bericht der Herzoglichen Baudirektion wird der Sockel des Löwenmonuments als „sehr schadhaft" bezeichnet (s. Abb. 89, 123). Man fasste den Beschluss, ihn vollständig abzutragen und mit neuen Quadern wieder aufzubauen. Friedrich Maria Krahe, der mit der Renovierung beauftragte Architekt, schreibt nach dem Abschluss der 1858 durchgeführten Arbeiten: „Das Postament des Löwen ist nun getreu in der alten Form incl. des unter den Pflaster verborgen gewesenen zweiten Trittes, nun zu Tage gekommen, hergestellt."

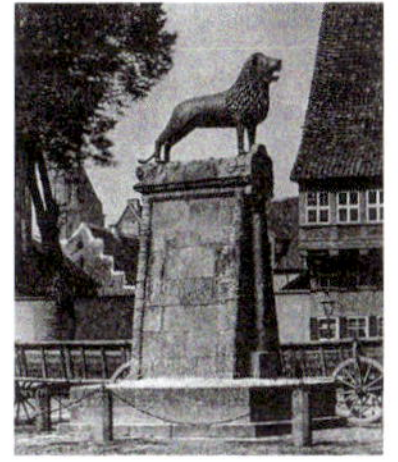

123 | *Ausschnitt aus Abb. 89, vor 1858*

Vergleicht man jedoch das Ergebnis der Renovierung von 1858 (Abb. 124) mit dem Vorzustand des Sockels (Abb. 121–123), hat Krahe die folgenden Änderungen vorgenommen: Der Sockel der Mittelsäule wurde durch eine flache Plinthe ersetzt. Anstelle des antikisierenden Säulenkapitells ist ein Kapitell in neoromanischem Stil getreten. Anders als zuvor sind die Quader an den Längsseiten des Sockelkörpers in regelmäßiger und symmetrisch zur Mittelachse ausgerichteter Anordnung nach dem Schema Läufer-Binder aneinandergefügt. Auch die Quader des Unterbaus sind neu formiert. Sie zeigen ebenfalls eine auf die Mittelachse bezogene symmetrische Anordnung und ergeben so zusammen mit den Quadern des aufragenden Sockelkörpers ein architektonisch durchgestaltetes Gesamtbild. Die durch eine Kopie ersetzte Inschrifttafel (Abb. 60, 61) erhielt ein kräftigeres, stärker hervorstehendes Rahmenprofil. Die Inschrift wurde nicht mehr aufgemalt, sondern aus dem Stein herausgemeißelt. Den von der alten Tafel übernommenen Text (s. S. 131f.) ergänzte man mit der Schriftzeile RENOVATUM MDCCCLVIII MENS AUG (renoviert im August 1858).

Auf einer 1885 angefertigten Fotoaufnahme ist zu erkennen, dass das heute abgemeißelte Adjektiv ACERRIMA, das die Belagerung der Stadt als „sehr heftig“ bezeichnet (s. S. 132), Spuren einer Überarbeitung zeigt. Der Grund seiner Eliminierung ist nicht bekannt. Seit 1858 wurde der Sockel mit Ausnahme kleinerer Ausbesserungen und Oberflächenreinigungen nicht mehr renoviert.

STATISCHE GESICHTSPUNKTE BEZÜGLICH DER SOCKELFORM

Aufgrund des Gewichts der bronzenen Löwenfigur von 880 kg muss zu allen Zeiten die Stabilität des Sockels von vorrangiger Bedeutung gewesen sein. Die Sorge um dessen Standfestigkeit bezeugt ein zu Beginn des 14. Jahrhunderts im Stadtbuch der Braunschweiger Teilstadt Sack eingetragener Vermerk, demzufolge stets darauf zu achten sei, dass das Löwenmonument nicht umstürze.

Es ist davon auszugehen, dass eine Sockelkonstruktion, die sich mit der Zeit bezüglich ihrer Statik als problematisch herausstellte, durch eine andere, stabilere ersetzt wurde. Vor diesem Hintergrund sollte auch der bestehende Sockel mit seinem ausladenden Unterbau und den geneigten Längsseiten des aufragenden Sockelkörpers in erster Linie als statische Konstruktion verstanden werden. Die Neigung der Längsseiten verhindert hauptsächlich das seitliche Nachgeben des aufragenden Teils des Sockels. Der massive Unterbau bildet das Gegenlager zu den nach außen wirkenden Kräften im Auflager des Sockelkörpers. •

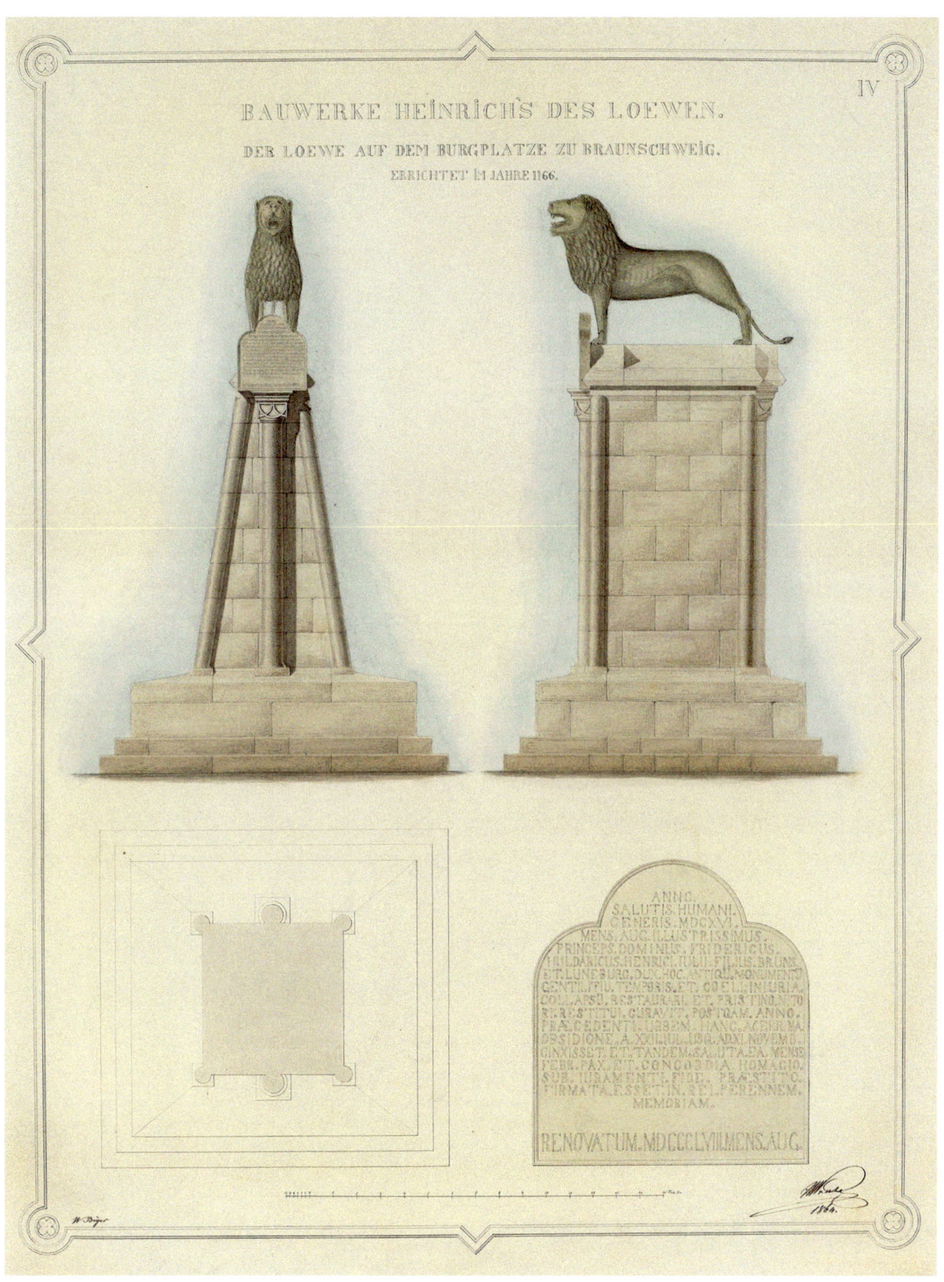

124 | *Friedrich Maria Krahe, Ansichten und Grundriss des Löwenmonuments, 1864*

Bemerkenswerte Ereignisse in der Geschichte des Löwenmonuments

Außer den bereits im Zusammenhang mit der Geschichte der schriftlichen und bildlichen Darstellungen sowie der Sockelgestaltung genannten Geschehnissen sind weitere den Burglöwen betreffende historische Ereignisse und Betrachtungsweisen zu erwähnen.

Einer im Jahre 1282 ausgestellten Urkunde ist zu entnehmen, dass „vor dem Postament, auf dem der Löwe steht", eine Rechtshandlung vollzogen wurde. Das Löwenmonument hatte demnach zu dieser Zeit auch die Funktion eines Gerichts- und Rechtssymbols. Als solches vertrat es bei einem auf dem Burgplatz vollzogenen Rechtsakt den obersten Gerichtsherrn, den Herzog. Weitere vor dem Löwenstandbild abgeschlossene Gerichts- und Rechtshandlungen sind je zweimal für das 14. und 16. Jahrhundert bezeugt.

Völlig offen ist jedoch, ob der Burglöwe auch schon vor 1282 als Gerichtszeichen diente. Dennoch wird in der Fachliteratur zum Burglöwen wiederholt die Meinung vertreten, dass bereits mit seiner Aufstellung eine juristische Funktion intendiert war. Joachim Ehlers vertritt die Auffassung, dass es nicht eigens zu einem Gerichts- und Rechtssymbol erklärt werden musste, sondern als „stellvertretendes Bildnis" Heinrichs des Löwen zwangsläufig „ein Gerichtszeichen war, denn Heinrich war der oberste Richter seiner Leute und Länder."

Ein erheblicher Eingriff in das Erscheinungsbild des Burglöwen wurde im 17. Jahrhundert vorgenommen, als man den bereits erwähnten ovalen Schild (s. S. 137 und 157) über der Brust der Figur anbrachte. Wie auf dem nach der Zeit um 1675 entstandenen Kupferstich (Abb. 63) bzw. der dafür angefertigten Vorzeichnung (Abb. 8) zu sehen ist, war er offensichtlich ursprünglich mit dem Wappen der Herzöge zu Braunschweig und Lüneburg bemalt. Vermutlich ließ Herzog Friedrich Ulrich im Zuge der 1616 abgeschlossenen Renovierung des Monuments

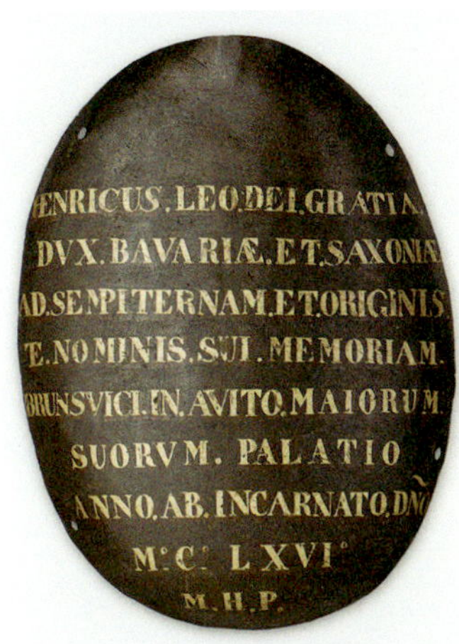

125 | *Schild, ehemals am Hals des Burglöwen montiert, Kupfer, um 1616(?), Inschrift nachträglich aufgemalt*

(s. S. 131f.) den Wappenschild anbringen, um dadurch seinem Herrschaftsanspruch gegenüber der Stadt Nachdruck zu verleihen.

Zu einem unbekannten Zeitpunkt wurde der im Braunschweigischen Landesmuseum erhaltene, aus Kupfer hergestellte Schild (Abb. 125) überarbeitet. Das Wappen ersetzte man dabei mit der Inschrift, die in der um 1675 entstandenen Darstellung im linken oberen Eck wiedergegeben ist (Abb. 8, 63) (s. S. 26/28). Die früheste Erwähnung des mit der Inschrift übermalten Schilds stammt aus dem Jahr 1841. Zu dieser Zeit war er bereits stark verwittert, die in Gold aufgemalte Inschrift weitgehend verschwunden. Im selben Jahr wurde er von der Brust entfernt und nach einer Renovierung am Sockel des Standbilds angebracht. Offensichtlich verzichtete man nach der 1858 vorgenommenen Renovierung des Sockels (s. S. 177) auf eine erneute Anbringung am Monument.

Im November 1790 wurde das Löwenmonument anlässlich der Vermählung des Erbprinzen Karl Georg August mit der Prin-

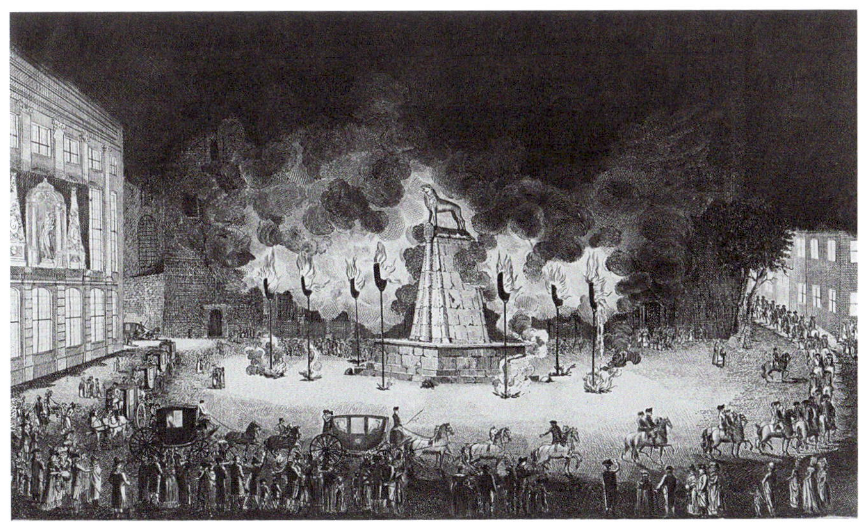

126 | *Karl Schröder, Burgplatz, Radierung, 1790*

DER BURGLÖWE – EIN HÖFISCHES SPIELZEUG?

Gegen Schluss seiner Ausführungen zum Burglöwen schreibt Philipp Christian Ribbentrop (s. S. 138): „Die Brust des Löwen ist nachher durch eine darin gemachte Thür etwas verunstaltet. Es war ein Spiel bei Hofe, bei welchem man von dem damals vor dem großen Mosthause [= Burg Dankwarderode] befindlichen Altan her in den offenen Rachen des Löwen Geld zu werfen suchte, welches man durch Hülfe der Thür aber wieder hohlen konnte.“ Es ist fraglich, ob das so beschriebene höfische Spiel jemals stattgefunden hat. Offensichtlich deutete man zu Ribbentrops Zeiten den vor der Brust angebrachten ovalen Schild als Tür. Als man ihn 1841 entfernte, wurde offensichtlich, dass dahinter keine Öffnung verborgen war. •

zessin Friederike von Nassau-Oranien mit einer spektakulären Fackelbeleuchtung in Szene gesetzt. Der Braunschweiger Künstler Karl Schröder hat das Ereignis in einer Radierung festgehalten (Abb. 126).

Archivalisch belegt ist, dass am 18. Oktober 1815 aus Anlass der Begehung des zweiten Jahrestags der Völkerschlacht von Leipzig eine weitere Fackelbeleuchtung des Burglöwen stattfand. Herzog Carl Wilhelm Ferdinand war 1806 als regierender Herzog in der Schlacht bei Jena und Auerstedt gefallen. Sein Sohn, Herzog Friedrich Wilhelm, ereilte im Juni 1815 das gleiche Schicksal in der Schlacht bei Quatre-Bras. An die beiden Herzöge erinnert der von vier ruhenden Löwen flankierte, 1822/23 errichtete Obelisk auf dem Braunschweiger Monumentenplatz.

Glaubt man den Berichten des 19. Jahrhunderts, drohte dem Burglöwen während der Zeit der von 1806 bis 1813 dauernden französischen Herrschaft sowohl die Gefahr des Abtransports als auch die der Vernichtung. Die eine Aussage lautet, dass im Rahmen der Beschlagnahmung und Überführung wertvoller Braunschweiger Kunstschätze nach Paris auch der bronzene Löwe für den Transport bestimmt war, die andere, dass er für die Herstellung von Kanonen eingeschmolzen werden sollte. In beiden Fällen soll der Präfekt des Departements, ein gebürtiger Braunschweiger, mit einem Volksaufstand gedroht und damit den Abtransport bzw. die Vernichtung verhindert haben.

Hinsichtlich der Geschichte des Monuments ist der Wahrheitsgehalt der Berichte weniger von Belang als das nach dem Ende der französischen Herrschaft von verschiedenen Autoren der Lokalgeschichte wiederholte Zitieren der Berichte. Ganz offensichtlich gefiel die Vorstellung, dass die Braunschweiger Bevölkerung in der „Franzosenzeit" dazu bereit war, für „ihren" Löwen auf die Barrikaden zu gehen.

Zu Beginn des 20. Jahrhunderts wurde der Burgplatz umgestaltet. Anstelle der durchgehenden Pflasterung trat eine nach gärtnerischen Gesichtspunkten entworfene Anlage mit eingefassten Rasenflächen (Abb. 131). Das Löwenmonument war bereits zu Beginn des 19. Jahrhunderts mit einer Kettenabsperrung eingefriedet worden. 1937 wurde die Begrünung wieder entfernt, der Platz eingeebnet und mit Ausnahme der mit Steinplatten befestigten randständigen Fußwege durchgängig mit groben Steinen gepflastert. Die Kettenabsperrung entfiel. Im Wesentlichen ist die Anlage von 1937 bis heute erhalten. Das Konzept der durchgängigen Pflasterung war bereits in den 1920er Jahren entwickelt worden.

Im Jahr 1927 stand das Löwenmonument im Mittelpunkt einer vom Zirkus Sarrasani auf dem Burgplatz vor Publikum veranstalteten Löwendressur. Der Zirkusdirektor Hans Stosch-Sarrasani überreichte zum Abschluss der Vorführung der Stadt Braunschweig als Geschenk zwei junge Löwen. Sie wurden zur Pflege im Städtischen Schlachthof untergebracht.

DER BURGLÖWE IN DER ZEIT DES NATIONALSOZIALISMUS

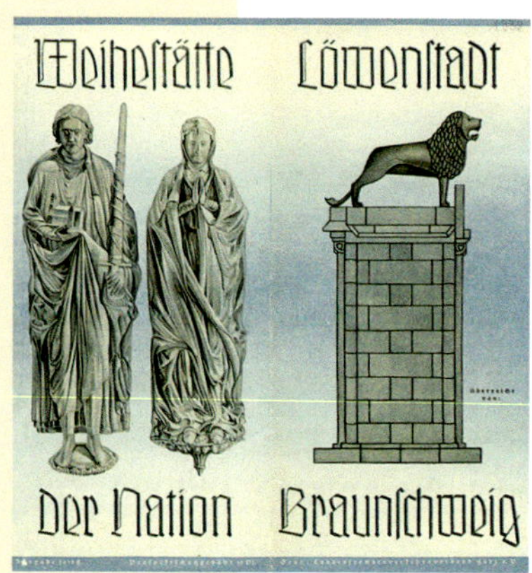

127 | *Broschüre des Städtischen Verkehrsvereins Braunschweig, Umschlag, 1938*

Die NS-Ideologen vereinnahmten Herzog Heinrich den Löwen als angeblichen Vorkämpfer der deutschen Ostkolonisation. Der Braunschweiger Dom und der Burgplatz wurden zu einer „nationalen Weihestätte" umgestaltet (Abb. 127). Bei der Einbeziehung des Burglöwen in die nationalsozialistische Geschichtsklitterung kamen dessen Ostausrichtung sowie die tradierte Deutung als zum Angriff bereites Raubtier zupass. So heißt es in einem Geschichtsschulbuch von 1939: „Auf hohem Sockel steht das königliche Tier, den Köper gestrafft, das gewaltige Haupt drohend erhoben. Unverwandt schaut es nach Osten, nach den weiten Landen, die Heinrich dem Deutschtum zurückgewann." In der 1940 eröffneten Wanderausstellung „Deutsche Größe", in der keine Originale gezeigt wurden, stand ein Gipsabguss des Burglöwen im Zentrum der Abteilung „Die Zeit der Staufer". Auf dem Beschriftungsschild war zu lesen: „Wuchtig und kühn steht das Wappentier Heinrichs vor seiner Burg Dankwarderode."

Während der Renovierung des Monuments im Jahr 1858 (s. S. 177) verbrachte man die Löwenfigur zur Restaurierung in die Werkstatt des Braunschweiger Bildhauers und Erzgießers Georg Ferdinand Howaldt. Rund 80 Jahre später, im Kriegsjahr 1941, wurde sie erneut vom Sockel genommen, um sie vor Beschädigungen bzw. vor der Vernichtung durch kriegerische Handlungen zu schützen. Von Februar 1941 bis August 1943 war sie im Kellerge-

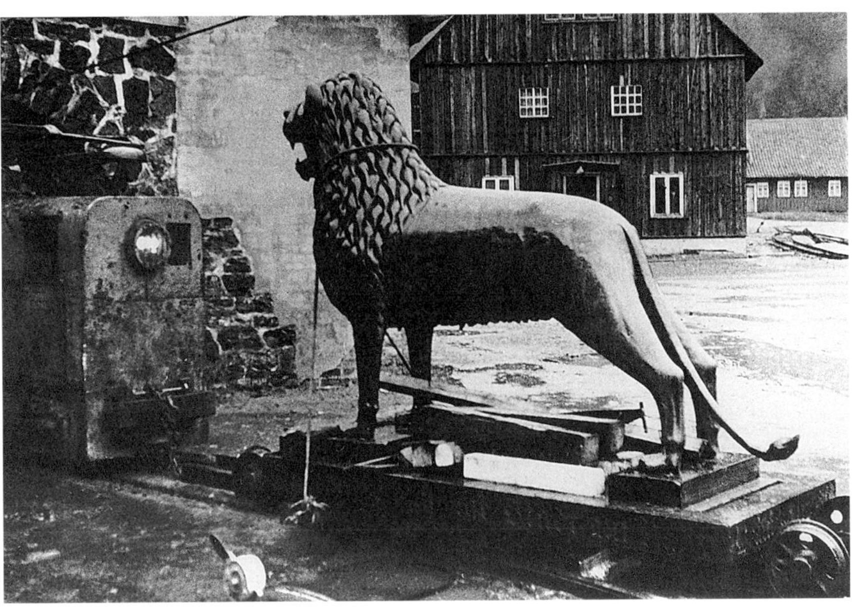

128 | *Burglöwe, Original, Rammelsberg, Goslar, Aufnahme 1943*

schoss des Herzog Anton Ulrich-Museums untergebracht. Als Ersatz für das Original wurde auf dem Burgplatz eine Bronzekopie aufgestellt (Abb. 139) (s. S. 198f.).

Im August 1943 ließ Kurt Seeleke, Landeskonservator beim Braunschweigischen Landes-Kulturverband, die Löwenfigur nach Goslar transportieren, um sie dort in einem Bergwerksstollen des Rammelsbergs sicher verwahren zu können (Abb. 128). Nach dem Zweiten Weltkrieg kehrte sie Ende Oktober 1945 nach Braunschweig zurück und wurde nach einer Restaurierungsaktion Ende März 1946 wieder auf dem Burgplatz aufgestellt. Grund der Restaurierung war ein während der Deponierung von einem oder mehreren Unbefugten an der Rückseite der Figur herausgebrochene handtellergroße Öffnung.

Aufgrund zunehmender Korrosionsbildungen beschloss man Ende der 1970er Jahre, die bronzene Löwenfigur restaurieren und konservieren zu lassen. Sie wurde im Juli 1980 vom Sockel genommen und in eine eigens im Städtischen Museum eingerichtete Restaurierungswerkstatt gebracht (Abb. 129). Die Fach-

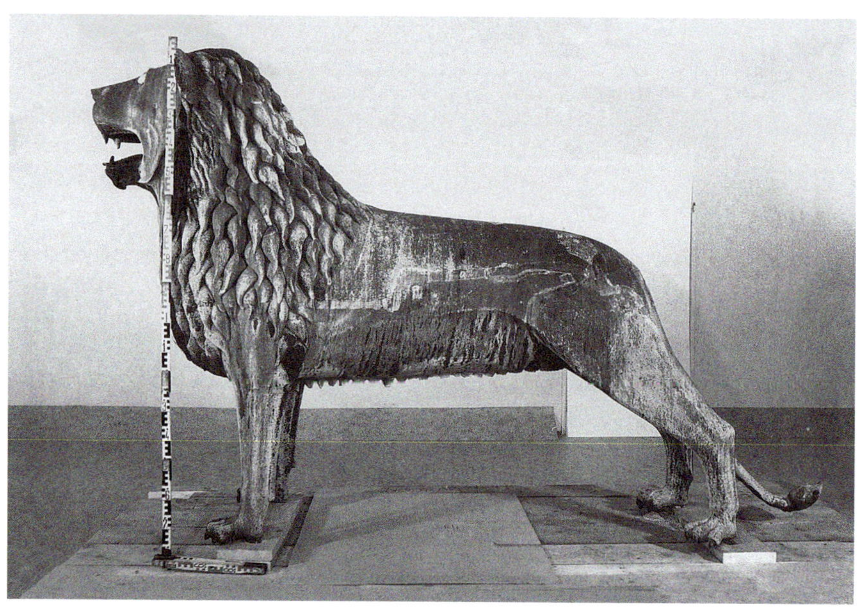

129 | *Burglöwe, Original, im Städtischen Museum, Braunschweig, Aufnahme 1981*

restauratorin Ingrid Reindell war dort von 1981 bis 1983 mit der Restaurierung und Konservierung des Bronzebildwerks beschäftigt. Der Werkstattaufenthalt des Burglöwen wurde auch dazu genutzt, verschiedene technologische Untersuchungen durchzuführen.

Da die Fachleute inzwischen zu dem Ergebnis gekommen waren, dass eine Wiederaufstellung der Löwenfigur unter freiem Himmel nicht zu verantworten sei, musste nach Abschluss der Konservierung ein neuer ständiger, in einem Gebäude befindlicher Aufbewahrungsort gefunden werden. Nach zwei Zwischenaufenthalten, dem Altstadtrathaus (ab 1984) und dem Braunschweigischen Landesmuseum (ab 1985), gelangte der Burglöwe Anfang April 1989 an den für ihn letztendlich bestimmten Ort, den Ausstellungssaal der Mittelaltersammlung des Herzog Anton Ulrich-Museums in der Burg Dankwarderode (Abb. 130). Anstelle des Originals war bereits 1980 eine eigens angefertigte, aufwändig produzierte Bronzekopie auf dem Burgplatz aufgestellt worden (Abb. 22) (s. S. 199).

Die seit Ende der 1970er Jahre geführte Diskussion um einen geeigneten ständigen Aufbewahrungsort wurde begleitet von einer Debatte um die Eigentumsrechte am Burglöwen. Zur Frage stand und steht auch heute noch, wer sein rechtmäßiger Besitzer ist, die Stadt Braunschweig oder das Land Niedersachsen. Da keine Dokumente zu den Besitzverhältnissen existieren, konnte bislang keine Lösung des Problems gefunden werden.

Dass mit dem Herzog Anton Ulrich-Museum eine Einrichtung des Landes Niedersachsen zum ständigen Aufbewahrungsort des bronzenen Löwen bestimmt wurde, darf nicht mit der Frage nach den Eigentumsverhältnissen in Zusammenhang gebracht werden. Bei der Entscheidung um den optimalen Aufstellungsort sprachen im Wesentlichen vier Gründe für die Unterbringung in der Burg Dankwarderode: 1. die unmittelbare Nähe zum ursprünglichen Standort, 2. die museale Präsentation in einem klimatisierten Raum, 3. die Einbindung in die Sammlung hochmittelalterlicher welfischer Artefakte und 4. der enge inhaltliche Bezug zur Burg, die am Ende des 19. Jahrhunderts als Rekonstruktion des von Heinrich dem Löwen in Auftrag gegebenen Palastbaus und zugleich als ein Denkmal des Herzogs errichtet worden war.

Äußere Erscheinung der Löwenfigur

Bei unbefangenen Betrachter*innen des im Knappensaal der Burg Dankwarderode aufgestellten Originals des Burglöwen (Abb. 130) kann der Eindruck entstehen, das Bildwerk in seiner ursprünglichen äußeren Erscheinung vor sich zu haben. Wie bereits erwähnt, trifft dies zumindest nicht für das Aussehen der ehemals farblich abgesetzten Augen zu (s. S. 100f.). Doch auch die übrige Oberfläche entspricht weitgehend nicht mehr ihrem ursprünglichen Zustand. Korrosionsprozesse zerstörten im Laufe der Jahrhunderte in unterschiedlich starkem Maße die oberste Schicht der Bronzewandung. Nach der von 1981 bis 1983 durchgeführten

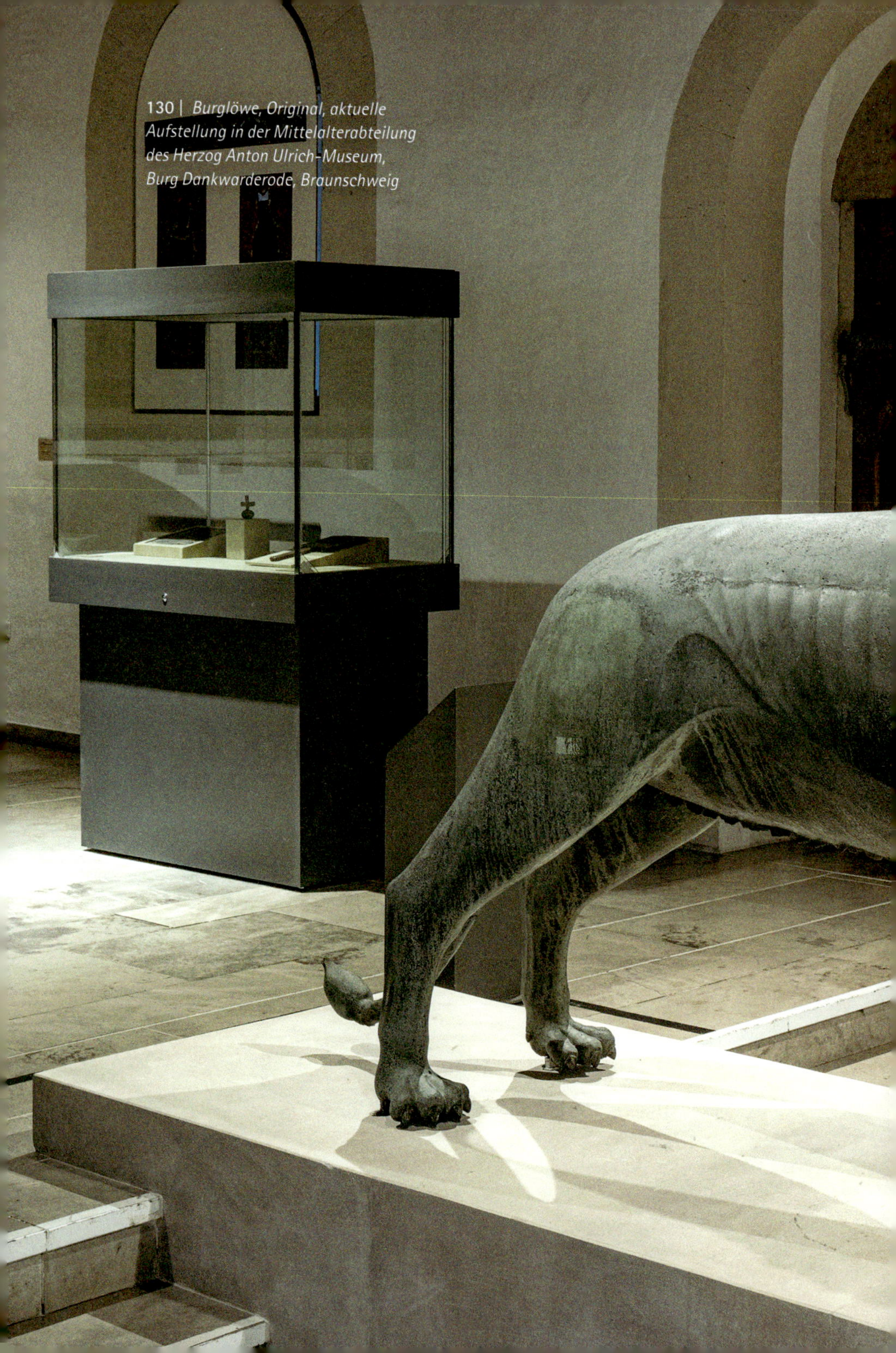

130 | *Burglöwe, Original, aktuelle Aufstellung in der Mittelalterabteilung des Herzog Anton Ulrich-Museum, Burg Dankwarderode, Braunschweig*

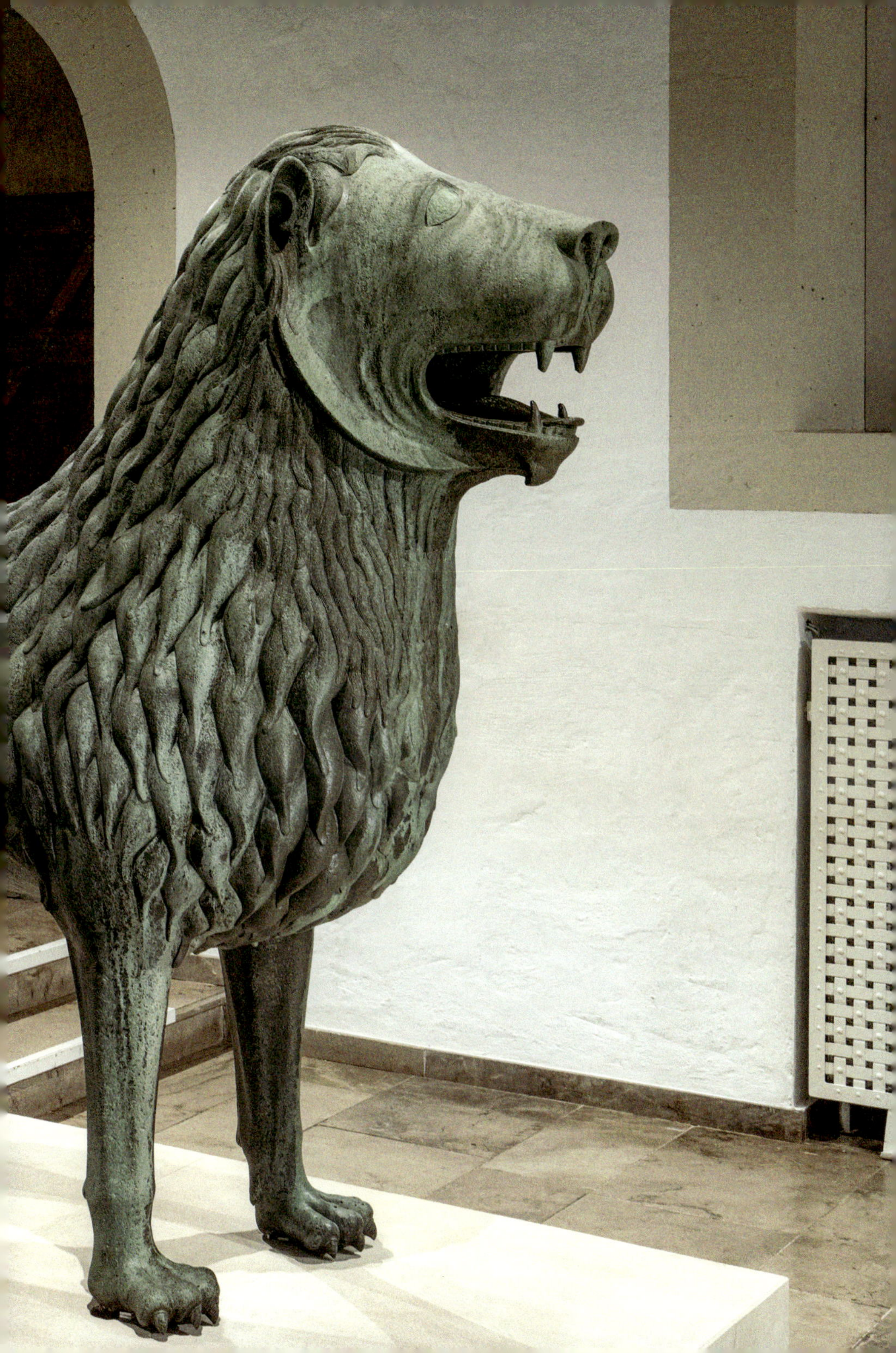

Reinigung und Konservierung tritt die Oberfläche als relativ matte, vernarbte, poröse Metallhaut in Erscheinung. Somit unterscheidet sie sich grundlegend von den im Original erhaltenen geglätteten, glänzenden Oberflächen anderer historischer Bronzen.

Die nach der Aufstellung des Burglöwen im Laufe der Zeit auftretenden Patinierungsprozesse dürften in den rund 800 Jahren seiner Präsenz auf dem Burgplatz vermutlich mehrmals zu einer „Auffrischung" der Oberfläche geführt haben. Wahrscheinlich war ein als unansehnlich empfundener Patinierungszustand auch mit der Grund, die Löwenfigur zu vergolden (s. S. 133). Karl Wilhelm Sack behauptet, ohne dies zu belegen, dass die Vergoldung um 1616 vorgenommen wurde, als Herzog Friedrich Ulrich das Löwenmonument renovieren ließ (s. S. 131f.). Möglicherweise färbte man bei dieser Gelegenheit zudem die Zunge mit roter Farbe. Der Braunschweiger Kunst- und Literaturhistoriker Carl Georg Wilhelm Schiller hatte sich um die Mitte des 19. Jahrhunderts notiert, dass an der Zunge rote Farbreste zu erkennen sind.

Da sich die Vergoldung mit der Zeit ablöste, sah man sich zunehmend mit einem unbefriedigendem Patinierungszustand konfrontiert. Wie aus der Bemerkung Christian Karl Platos vom „ganz grau geworden" Löwen (s. S. 140) zu schließen ist, erinnerte die Figur gegen Ende des 18. Jahrhunderts offensichtlich mehr an eine Stein- als an eine Bronzearbeit. Daraus ergibt sich eine Erklärung dafür, dass Zacharias Conrad von Uffenbach und Josef von Eichendorff der Ansicht waren, der Burglöwe sei aus Stein gemeißelt (s. S. 140). Bei der Restaurierung von 1858 (s. S. 184) versuchte man die Bronzeoberfläche durch einen mit organischen Materialien und Metallstaub angereicherten Firnis zu schützen und mit dieser Maßnahme zugleich das Erscheinungsbild der Figur in einen „ansehnlicheren" Zustand zu versetzen. Nach einer zu Beginn des 20. Jahrhunderts entstandenen Fotoaufnahme zu schließen, schien die Oberfläche des Burglöwen rund 50 Jahre nach dem Auftrag der Firnisschicht noch in einem verhältnismäßig homogenen Zustand zu sein (Abb. 131).

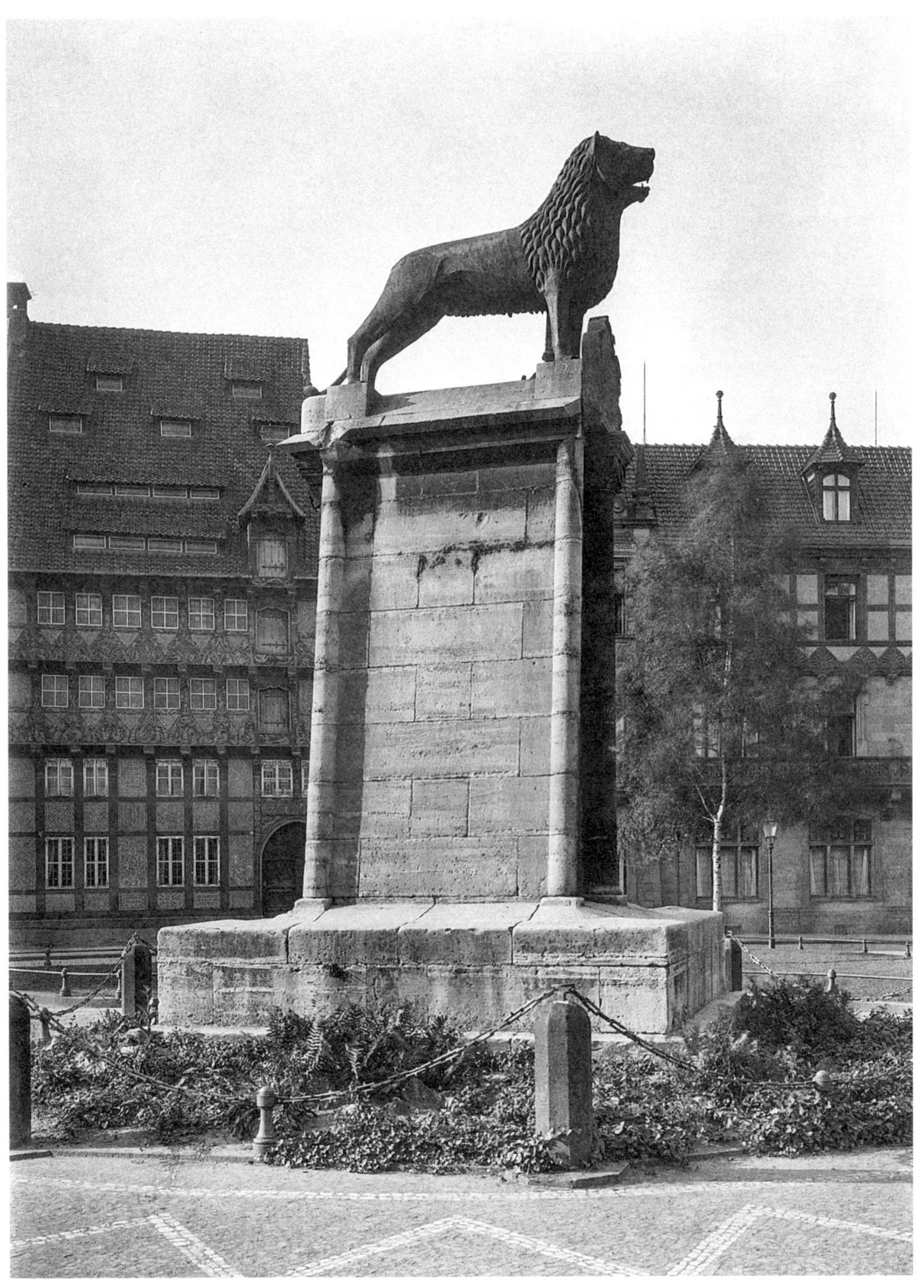

131 | *Löwenmonument, Burgplatz, Braunschweig, Aufnahme Anfang 20. Jahrhundert*

Bronzekopien des Burglöwen in Originalgröße*

Im Jahre 1858 wurde von Georg Ferdinand Howaldt eine Negativform der Löwenfigur angefertigt. Sie diente als Mutterform für die Produktion von Gipsabgüssen. Je ein Gipsabguss war zuvor von den Königlichen Museen in Berlin sowie vom Germanischen Nationalmuseum in Nürnberg bestellt worden. Weitere Gipsabgüsse erwarben in der zweiten Hälfte des 19. Jahrhunderts das Welfenmuseum in Hannover, das Victoria and Albert Museum in London sowie das Städtische Museum in Braunschweig (Abb. 132).

Anhand des Gipsabgusses im Städtischen Museum wurde 1883 von Hermann Howaldt, dem Sohn Georg Ferdinand Howaldts, die erste Bronzekopie des Löwen hergestellt. Nach ihrer

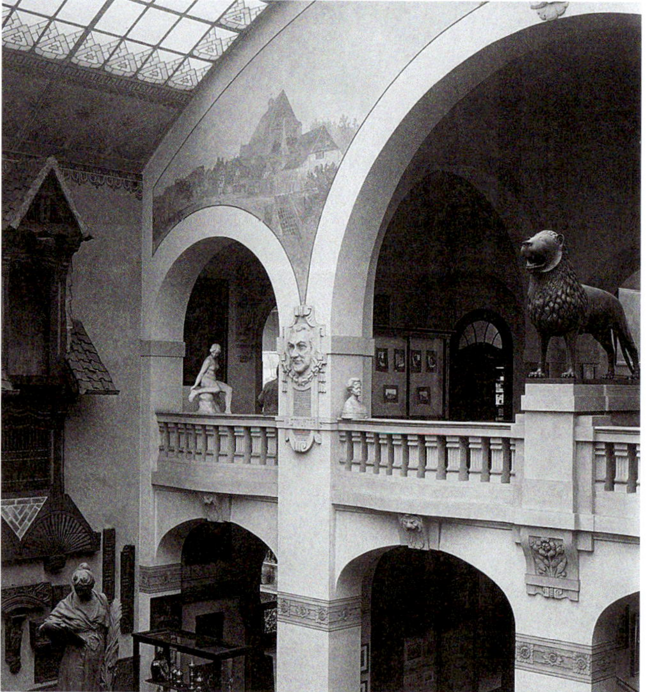

132 | *Gipsabguss des Burglöwen im Städtischen Museum, Braunschweig, Aufnahme zwischen 1906 und 1928*

* Abbildungen: https://de.wikipedia.org/wiki/Liste_der_Kopien_des_Braunschweiger_L%C3%B6wen

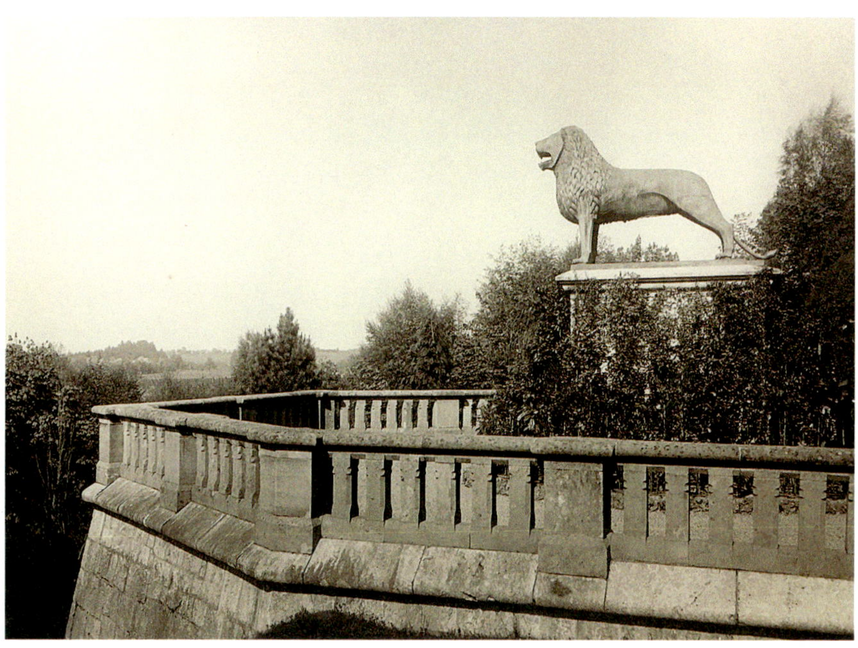

133 | *Kopie des Burglöwen, Bronze, Schlosspark Cumberland, Aufnahme um 1907*

Fertigstellung ging sie als Geschenk Herzog Wilhelms von Braunschweig an die Großherzogin Augusta Caroline von Mecklenburg-Strelitz, die welfischer Abstammung war. Sie ließ sie in der Vorhalle des von Heinrich dem Löwen gegründeten Ratzeburger Doms aufstellen. Heute steht die Kopie vor dem Dom.

Im gleichen Jahr entstand in Howaldts Werkstatt eine weitere Bronzekopie. Sie war von Ernst August, Herzog von Cumberland, bestellt worden. Der Welfe Ernst August, Kronprinz von Hannover, lebte seit der preußischen Annexion des Königreichs Hannover im Jahre 1866 in Österreich im Exil. Die Bronzekopie fand ihren Platz im Park des Exil-Schlosses Cumberland (bei Gmunden) (Abb. 133). Der Löwe blickte dabei in Richtung der Stadt Braunschweig. Als der Sohn Ernst Augusts gleichen Namens 1930 mit seiner Familie in das Schloss Blankenburg am Harz umzog, wurde die Bronzekopie mitgenommen. Sie ist dort seit 1952 im Schlosspark aufgestellt. Auch an diesem Standort blickt der Löwe in Richtung der Stadt Braunschweig.

DIE BEDEUTUNG DES LÖWENMONUMENTS FÜR DIE NACHFAHREN HEINRICHS DES LÖWEN

Das Herrschergeschlecht der Welfen verehrte ihren Vorfahren Heinrich den Löwen hauptsächlich wegen seiner unvergleichlichen Machtfülle als Herzog von Bayern und Sachsen und wegen seines großen Nachruhms, mit dem sich kein anderer mittelalterlicher Welfenfürst messen lassen kann. Das Löwenmonument als öffentliches, von Heinrich dem Löwen selbst in Auftrag gegebenes Bildsymbol seiner Person wurde und wird von den welfischen Nachfahren gleichsam als ein Denkmal ihres berühmten Ahnherrn in Ehren gehalten. Zugleich sahen und sehen sie in der Löwenfigur das traditionelle Symboltier ihres Geschlechts, das sich gegen Ende der hochmittelalterlichen Zeit als ihr Wappentier etabliert hatte. Somit wurde und wird es sowohl als genealogisches wie auch als heraldisches Identifikationsobjekt respektiert. Spätestens seit der zweiten Hälfte des 15. Jahrhunderts, zu einer Zeit, in der das rund 200 Jahre dauernde Zerwürfnis zwischen den Herzögen der Linie Braunschweig-Wolfenbüttel und der Stadt Braunschweig seinen Anfang nahm, wurde das Löwenmonument für die Welfen zusätzlich zu einem Symbol ihrer Herrschaftsrechte und Machtansprüche an der von Heinrich dem Löwen zu seiner Residenz ausgebauten Stadt. •

Im Jahr 1890 lieferte Howaldt jun. zwei Bronzekopien des Burglöwen an die im letzten Drittel des 19. Jahrhunderts rekonstruierte Kaiserpfalz in Goslar (Abb. 134). Sie „bewachen" dort, axialsymmetrisch aufgestellt, die auf die Terrasse führende Freitreppe. Ein mittig angelegter, halbkreisförmiger Vorsprung der

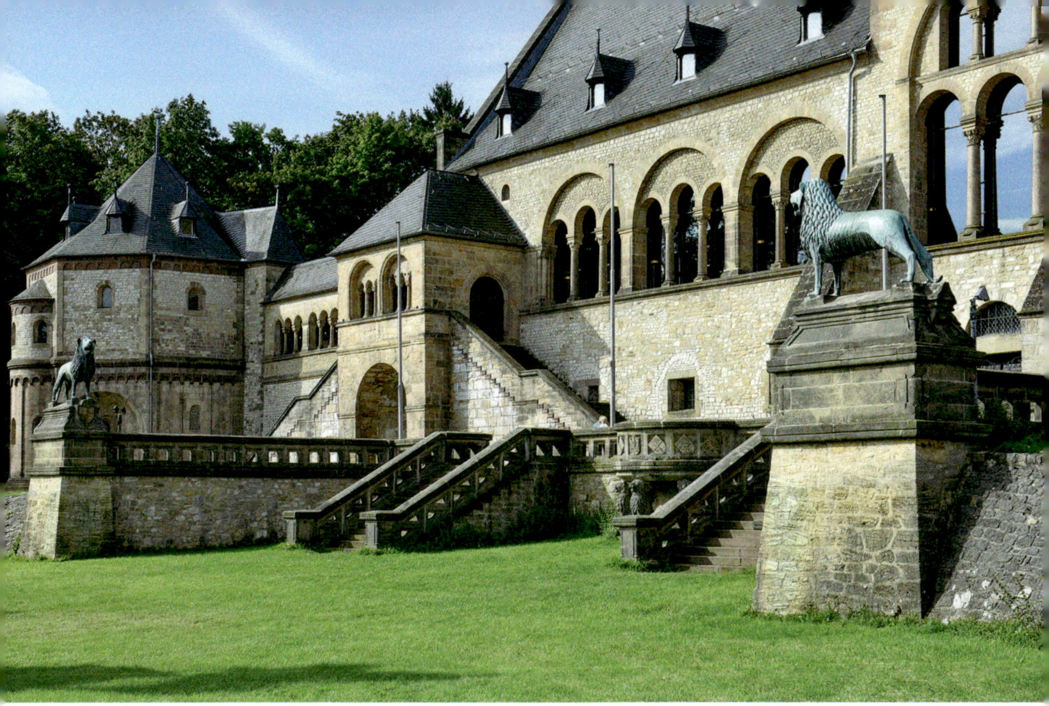

134 | *Kopien des Burglöwen, Bronze, 1890, Kaiserpfalz, Goslar*

Terrasse wird von drei sitzenden Löwen aus Stein gestützt (Abb. 135). Sie sind bis hin zu einzelnen Details nach dem Vorbild des bronzenen Löwen gearbeitet. Somit begegnet vor der Kaiserpfalz den Besucher*innen fünfmal der Burglöwe. Aufgrund seiner Vervielfachung hat er hier eher den Charakter einer in die Axialsymmetrie der Treppenanlage eingebundenen Architektur-

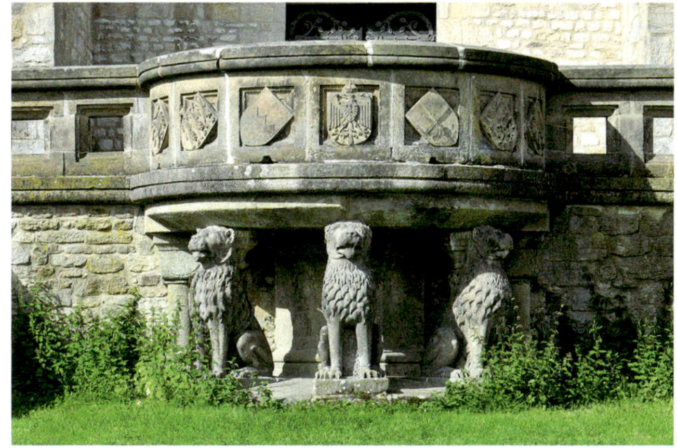

135 | *Drei Löwen nach dem Vorbild des Burglöwen, Stein, um 1890, Kaiserpfalz, Goslar*

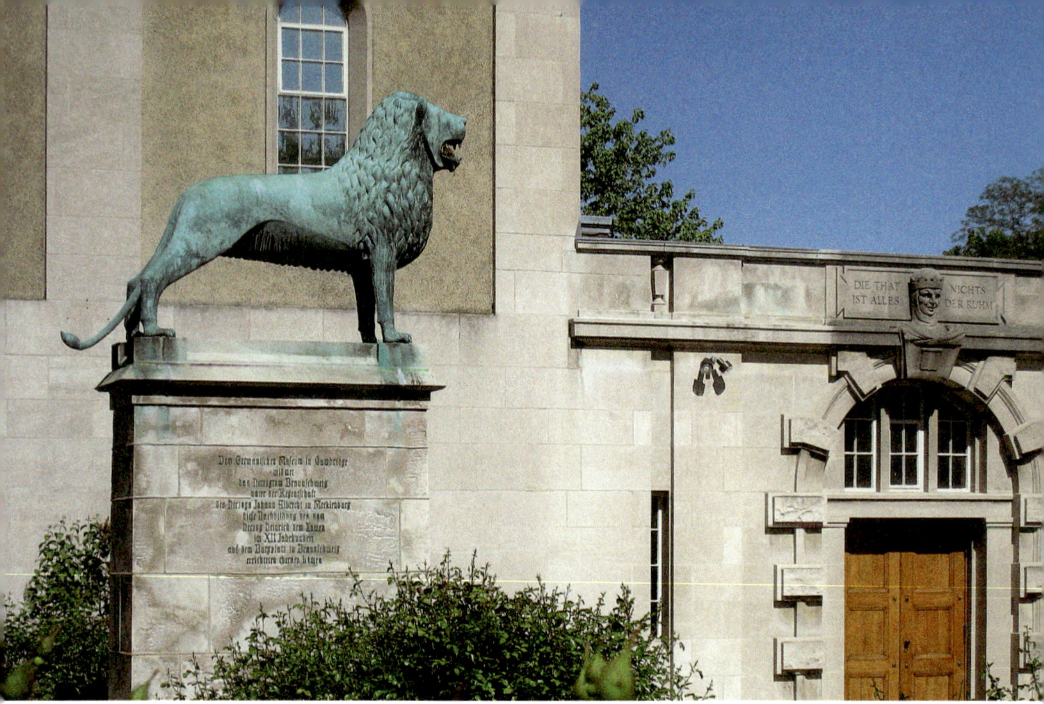

skulptur als den einer auf Heinrich den Löwen zu beziehenden Symbolfigur.

136 | *Kopie des Burglöwen, Bronze, 1913, Harvard-Universität, Vorplatz Adolphus Busch Hall*

Im 20. Jahrhundert wurden weitere Bronzekopien des Burglöwen in Originalgröße angefertigt. Im Jahr 1913 traf ein Bronzeabguss im Germanischen Museum der Harvard Universität in Cambridge ein. Er war auf Vermittlung Paul Clemens, des Provinzialkonservators der Rheinprovinz, von der Braunschweigischen Herzoglichen Landesregierung dem Museum gestiftet worden. Aufgestellt wurde er im Garten des damals im Bau befindlichen neuen Museumsgebäudes, der heutigen Adolphus Busch Hall (Abb. 136).

DER BURGLÖWE IN DEN USA

Die Aufstellung der Löwenkopie vor dem Germanischen Museum fiel in eine Zeit, als die deutsche Kultur an der Ostküste der USA hohes Ansehen genoss. Kuno Francke, der Kurator des Museums, hatte die Vision, dass das Löwenstandbild „als weithin wirkender Vertreter deutscher Tüchtigkeit und Mannhaftigkeit auf dem Boden der Neuen Welt dastehen“ wird. Mit Beginn des ersten Weltkriegs kam es zu einer Eintrübung der deutschfreundlichen Stimmung. Das Versenken des britischen Passagierschiffs Lusitania durch ein deutsches U-Boot, bei dem 128 US-Amerikaner ums Leben kamen, war Anlass für eine Protestaktion auf dem Gelände des Germanischen Museums. Die New York Times berichtet: „Der vom Deutschen Kaiser gestiftete Löwe vor dem Germanischen Museum der Harvard-Universität ist mit einem Trauerflor umhüllt, der die Aufschrift trägt: ‚1147 Leichen, neues Geschenk des Kaisers. Zur Erinnerung an den Lusitania-Meuchelmord.‘“ •

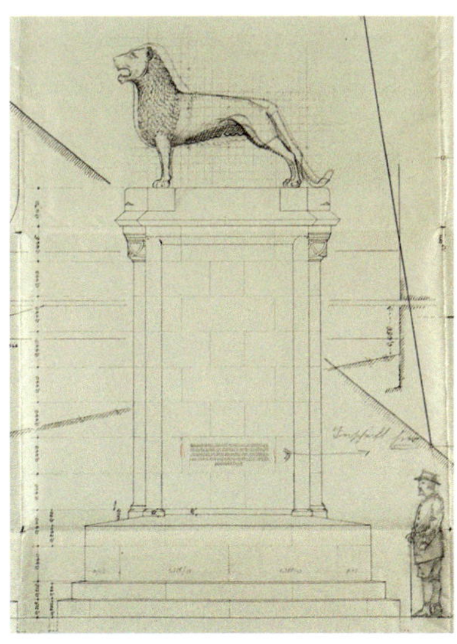

137 | *Ludwig Winter, Entwurfszeichnung für die Aufstellung der Kopie des Burglöwen vor Schloss Wiligrad, um 1913*

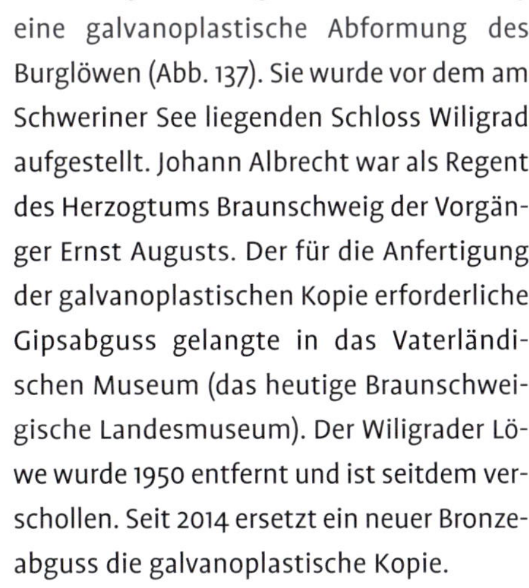

1914 erhielt Johann Albrecht, Herzog zu Mecklenburg, als Geschenk des regierenden Herzogs Ernst August von Braunschweig eine galvanoplastische Abformung des Burglöwen (Abb. 137). Sie wurde vor dem am Schweriner See liegenden Schloss Wiligrad aufgestellt. Johann Albrecht war als Regent des Herzogtums Braunschweig der Vorgänger Ernst Augusts. Der für die Anfertigung der galvanoplastischen Kopie erforderliche Gipsabguss gelangte in das Vaterländischen Museum (das heutige Braunschweigische Landesmuseum). Der Wiligrader Löwe wurde 1950 entfernt und ist seitdem verschollen. Seit 2014 ersetzt ein neuer Bronzeabguss die galvanoplastische Kopie.

1930 wurde an der Südseite des Lübecker Doms eine aus künstlichem Basalt angefertigte Kopie des Burglöwen aufgestellt. Sie war um ein Viertel kleiner als das Original. Die Stadt Lübeck gehört zu den bedeutendsten Neugründungen Heinrichs des Löwen. Den Bau des 1173 gegründeten Doms unterstützte der Herzog mit mehreren Stiftungen. Der Basalt-Löwe wurde im Zweiten Weltkrieg zerstört. Seit 1975 steht an der Nordseite des Lübecker Doms eine Bronzekopie des Braunschweiger Löwen. Finanziert wurde sie durch eine Privatstiftung.

Anfang 1937 übergab der Braunschweigische Ministerpräsident Dietrich Klagges Hermann Göring als Geburtstagsgeschenk eine Bronzekopie des Löwen (Abb. 138). Dieser ließ sie auf dem Gelände seines Landguts Carinhall aufstellen. Bald nach dem Krieg wurde Görings Bronzelöwe eingeschmolzen.

Wie bereits erwähnt (s. S. 184f.), nahm man 1941 den originalen Burglöwen vom Sockel und ersetzte ihn durch einen im Braunschweigischen Landesmuseum erhaltenen Bronzeabguss. Wann der Abguss angefertigt wurde und wofür er ursprünglich bestimmt war, ist nicht geklärt. Zwischen 1941 und 1944 angefertigte Fotos belegen (Abb. 139), dass er mit einem Firnis überzogen war, der inzwischen weitgehend abgetragen ist. Die Augenscheibe und die Pupille waren kontrastierend gegeneinander

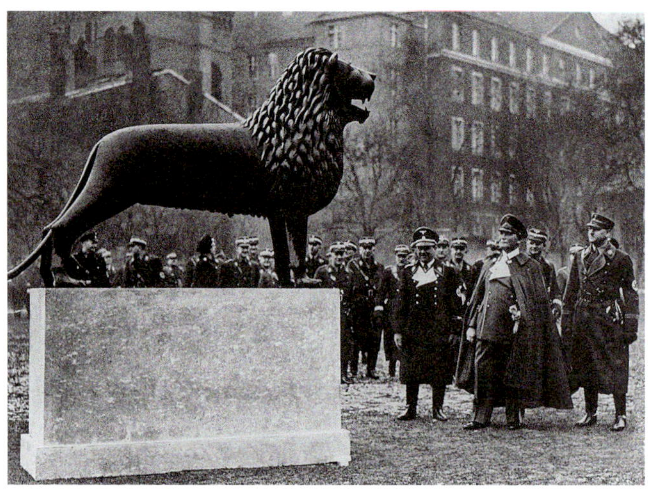

138 | *Kopie des Burglöwen für Hermann Göring, Bronze, Übergabe in Berlin, 1937*

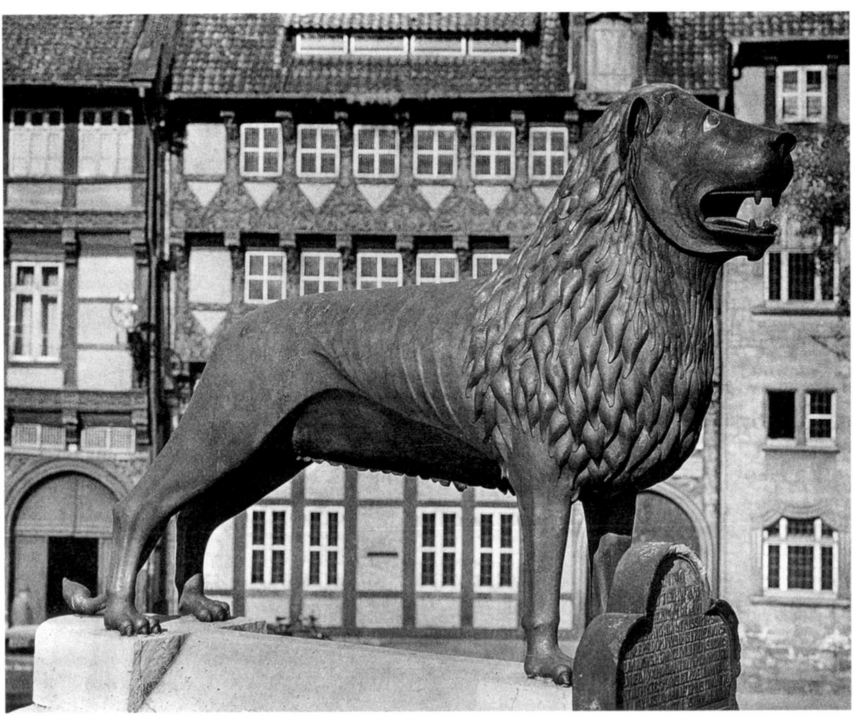

139 | *Stellvertreterkopie des Burglöwen auf dem Originalsockel, Bronze, Burgplatz, Aufnahme zwischen 1941 und 1944*

abgesetzt. Archivalisch belegt ist ein im September 1936 im Auftrag des Braunschweigischen Staatsministeriums hergestellter Abguss. Es könnte sich jedoch dabei um den Bronzelöwen handeln, den Hermann Göring Anfang 1937 als Geschenk erhielt.

Vorlage für die 1980 anstelle des Originallöwen auf dem Burgplatz aufgestellte Bronzekopie (Abb. 22) (s. S. 12 und 186) war ein in der Gipsformerei der Staatlichen Museen in Berlin aufbewahrter Gipsabguss. Die Korrekturen der vom Original abweichenden Details sowie der Guss und die Überarbeitung der Figur wurden unter der fachkundigen Aufsicht des renommierten Braunschweiger Bildhauers Jürgen Weber vorgenommen. Zudem war er eigenhändig an den Nachbesserungen beteiligt. Auf diese Weise entstand ein Abguss von hoher Qualität.

Wie die Stadt Lübeck gilt Schwerin als eine Neugründung Heinrichs des Löwen. Auch hier war der Herzog maßgeblich an der Gründung des Doms beteiligt. An dessen Nordseite wurde 1995 zur 1000-Jahrfeier Mecklenburgs eine Bronzekopie des Burglöwen aufgestellt.

Im selben Jahr erhielt Schwerin zur Erinnerung an Herzog Heinrich eine weiteres, von dem zeitgenössischen Bildhauer Peter Lenk geschaffenes Löwendenkmal, das seinen Platz an der Nordseite des Altstädtischen Markts fand (Abb. 140). Lenk gestaltete die angriffslustig wirkende Löwenfigur nicht nach dem Vorbild des Burglöwen, sondern nach dem zweier Löwen, die 1804 vor Schloss Monrepos in Ludwigsburg aufgestellt worden waren. Am Sockel des Standbilds sind vier Reliefs mit je einer Episode aus der Herrschaftsgeschichte des Herzogs angebracht. Eines von ihnen zeigt die Anfertigung des Modells des bronzenen Löwen (Abb. 141). Im oberen Bildfeld ist der Herzog wiedergegeben, wie er auf allen Vieren stehend bzw. kniend für die Modellierung seines „stellvertretenden Bildnisses" posiert.

Der bislang jüngste, 1999 fertiggestellte Bronzenachguss befindet sich an der Nordseite der Basilika in Weingarten. Er soll daran erinnern, dass an diesem Ort in der Mitte des 11. Jahrhun-

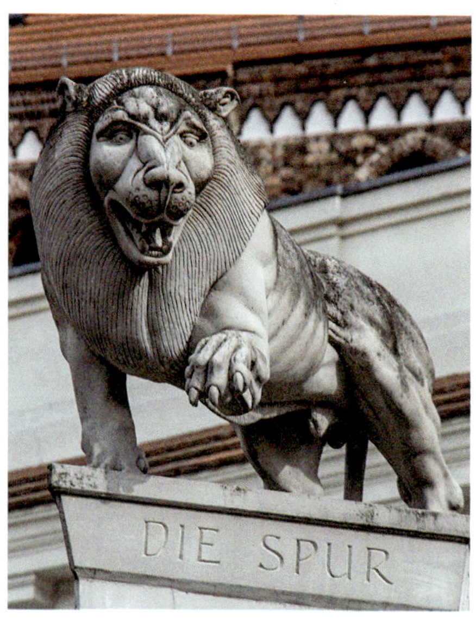

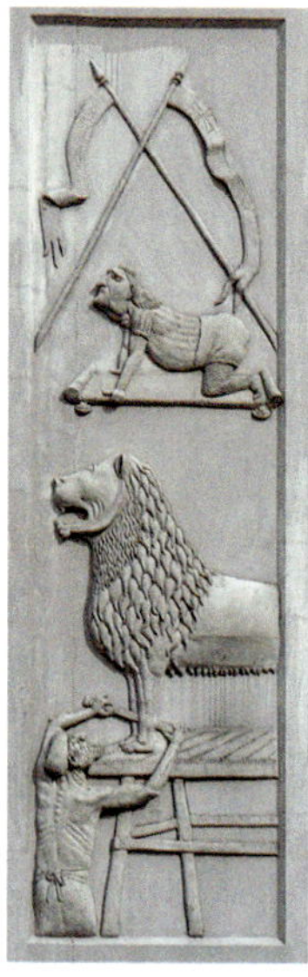

140 | *Peter Lenk, Löwendenkmal, Schwerin, Ausschnitt, Stein, 1995*

141 | *Peter Lenk, Löwendenkmal, Schwerin, Sockelseite, Stein, 1995*

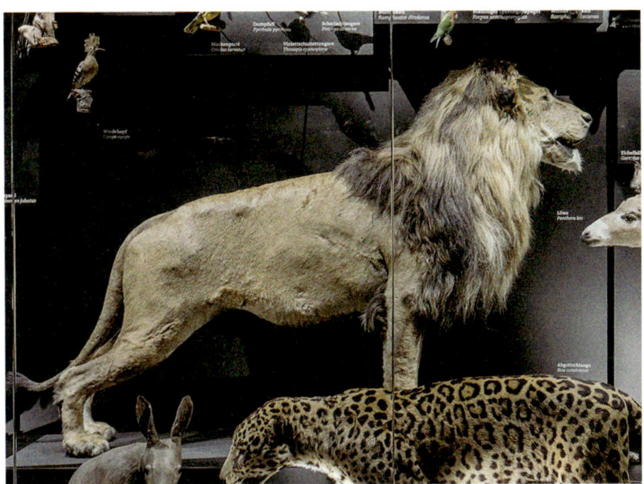

142 | *Löwenpräparat, Staatliches Naturhistorisches Museum Braunschweig, Schaumagazin, 1942/43*

derts das Hauskloster der welfischen Vorfahren Heinrichs des Löwen gegründet wurde.

Eine kuriose, in den Jahren 1942/43 aus dem Fell zweier Löwen als zoologisches Präparat angefertigte „Kopie" des Burglöwen ist im Schaumagazin des Staatlichen Naturhistorischen Museums Braunschweig zu besichtigen (Abb. 142).

Bei der Gipsformerei der Staatlichen Museen zu Berlin kann ein Gipsabguss des Burglöwen im Maßstab 1:1 bestellt werden. Die dort vorhandene Mutterform wurde 1914 erworben.

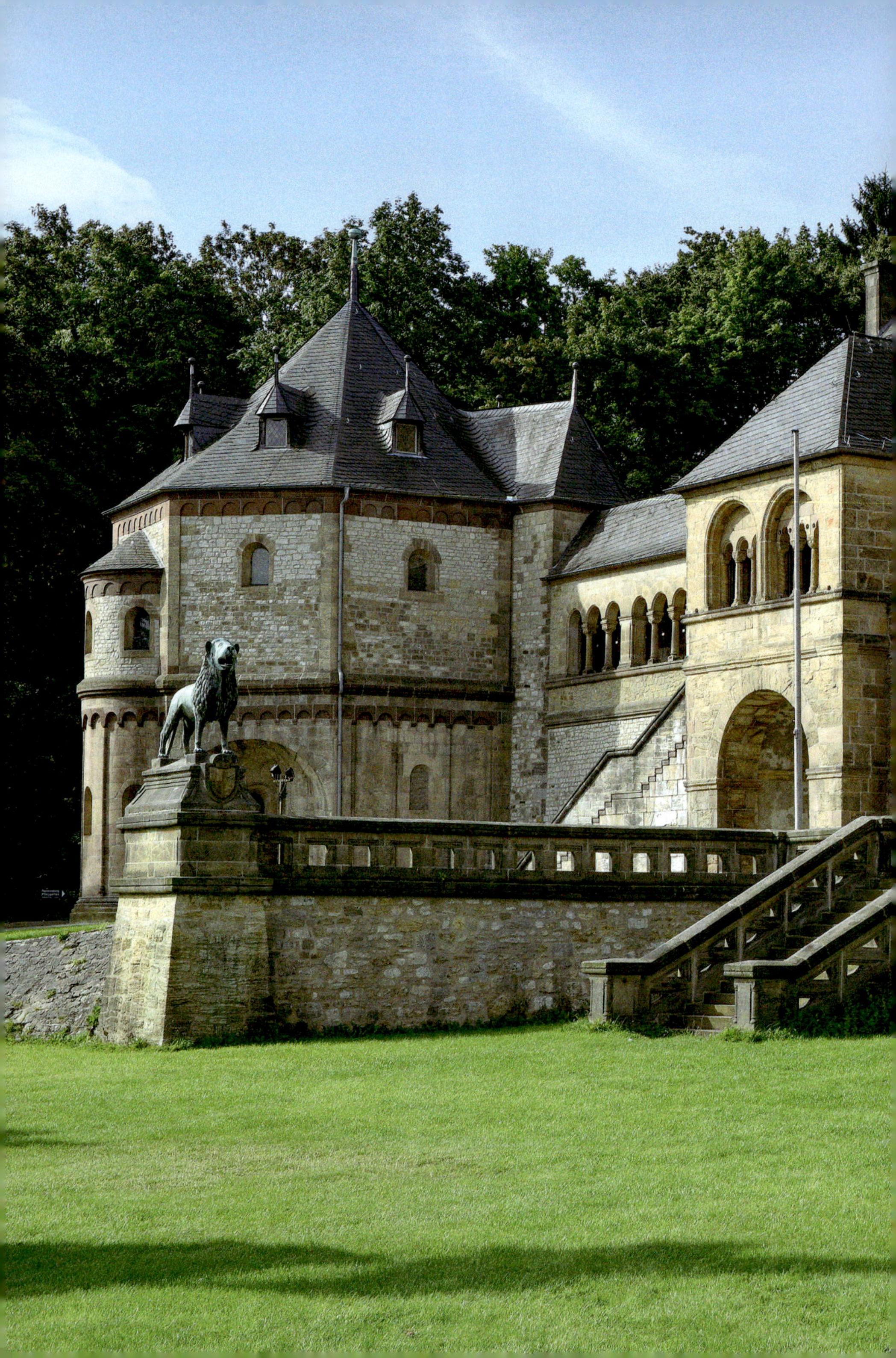

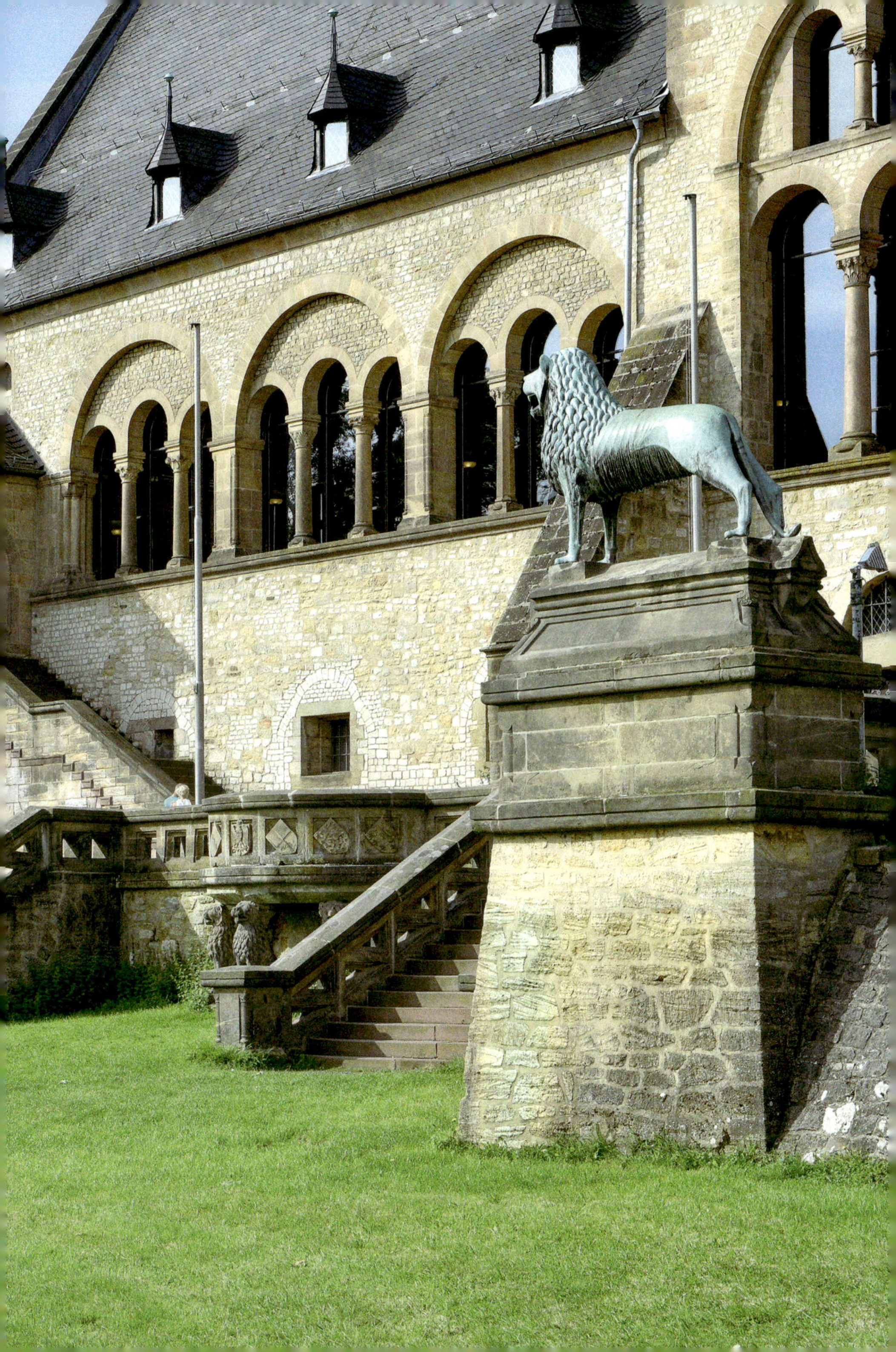

Literatur

850 Jahre Braunschweiger Löwe: Dokumentation der Tagung am 10. und 11. März 2017. Hrsg. von Brage Bei der Wieden, Jochen Luckhardt und Heike Pöppelmann. Braunschweig 2019

Bernd Schneidmüller, Harald Wolter-von dem Knesebeck, Das Evangeliar Heinrichs des Löwen und Mathildes von England. Darmstadt 2018

Joachim Ehlers, Heinrich der Löwe: Der ehrgeizige Welfenfürst. Darmstadt 2021 [2., bibliografisch aktualisierte Auflage der Ausgabe von 2008]

Joachim Ehlers, Heinrich der Löwe: Eine Biographie. München 2008

Dirk Jäckel, Der Herrscher als Löwe: Ursprung und Gebrauch eines politischen Symbols im Früh- und Hochmittelalter. Köln 2006

Peter Seiler, Der Braunschweiger Burglöwe als Gegenstand einer historisch-kritischen Ikonologie. Problemanalysen und Interpretationsansätze. Habilitationsschrift. Berlin 2000 [unveröffentlicht]

Heinrich der Löwe und seine Zeit: Herrschaft und Repräsentation der Welfen 1125 bis 1235. Katalog der Ausstellung Braunschweig 1995 / Herzog Anton Ulrich-Museum / Braunschweigisches Landesmuseum. Hrsg. von Jochen Luckhardt und Franz Niehoff. Band 1 bis 3. München 1995

Der Braunschweiger Löwe. Hrsg. von Gerd Spies. Braunschweig 1985

Der Braunschweiger Burglöwe: Bericht über ein wissenschaftliches Symposium in Braunschweig vom 12.10. bis 15.10.1983. Hrsg. von Martin Gosebruch. Göttingen 1985

Bildnachweis

1 Julius Menadier, Deutsche Münzen, 1. Band, Berlin 1891, S. 41. – **2** Herzog Anton Ulrich-Museum, Braunschweig, Münzkabinett, 221/12. – **3** Sammlung Kreismuseum Peine, Fund Mödesse II, Nr. 25a; Niedersächsisches Landesamt für Denkmalpflege Hannover, Foto: Utz Böhner (Aufnahme), Vijay Diaz (Bearbeitung). – **4** Niedersächsisches Landesarchiv – Abteilung Hannover, Cal. Or. 33 Salem, Nr. 1. – **5** Herzog Anton Ulrich-Museum, Braunschweig, MA 384, Foto: Bernd-Peter Keiser. **6** Bridgeman Images, IL3037061. – **7** Universitätsbibliothek Heidelberg, https://doi.org/10.11588/diglit.14662#0137. – **8** Niedersächsisches Landesarchiv – Abteilung Wolfenbüttel, Landschaftliche Bibliothek, LB Nr. 1286, S. 85. – **9** Herzog August Bibliothek, Wolfenbüttel, Cod. Guelf. 105 Noviss. 2°, fol. 19r. – **10** Herzog August Bibliothek, Wolfenbüttel, Cod. Guelf. 105 Noviss. 2°, fol. 171v. – **11** Herzog August Bibliothek, Wolfenbüttel, Cod. Guelf. 105 Noviss. 2°, fol. 172r. – **12** Herzog Anton Ulrich-Museum, Braunschweig, Münzkabinett, 210a/5. – **13** Herzog August Bibliothek, Wolfenbüttel, Cod. Guelf. 105 Noviss. 2°, fol. 74v, Ausschnitt. – **14** Ludwig Winter, Die Burg Dankwarderode zu Braunschweig, Braunschweig 1883, Tafeln, Blatt VI. – **15** Roma, Musei Capitolini, Palazzo dei Conservatori; Archivio Fotografico dei Musei Capitolini; Bildquelle: Wikipedia „Kapitolinische Wölfin", © Roma, Sovrintendenza Capitolina ai Beni Culturali. – **16** Meyers Konversationslexikon, 1897, Stichwort „Deutsche Reichskleinodien". Reprovorlage: AnteSaturi, „Deutsche Reichskleinodien". – **17** Le Mans, Museum Jean-Claude Boulard – Carré Plantagenêt, N° inv. 231.1.1815, © Ville du Mans. – **18** forumancientcoins.com. – **19a** Stiftung Braunschweigischer Kulturbesitz, Braunschweig, Foto: Peter Eberts. – **19b** Foto: Alfred Walz. – **20** © Daniela Selbmann. – **21** Der Braunschweiger Löwe, hrsg. von Gerd Spies, Braunschweig 1985, S. 437, Abb. 6. – **22** © Braunschweig Stadtmarketing GmbH / Christian Bierwagen. – **23** Herzog Anton Ulrich-Museum, Braunschweig, MA 384, Foto: Kathrin Ulrich. – **24** Universitätsbibliothek Erlangen-Nürnberg, MS 9, fol. 49v, Ausschnitt. – **25** Bayerische Staatsbibliothek, München, Clm 10077, fol. 222v, Ausschnitt. – **26** Herzog August Bibliothek, Wolfenbüttel, Cod. Guelf. 65 Helmst., fol. 6r, Ausschnitt. – **27** Getty Museum, Los Angeles, Ms. 64 (97.MG.21), fol. 111v; Digitales Bild mit freundlicher Genehmigung des Getty-Open-Content-Programms, Ausschnitt. – **28** Ernst Günther Grimme, Das heilige Kreuz von Engelberg, Sonderdruck aus Heft 35/1968 der Aachener Kunstblätter, Düsseldorf, S. 78, Taf. XX, Foto: Ann Münchow. – **29** Universitätsbibliothek Heidelberg, Cod. Pal. Germ. 112, Ausschnitt, https://digi.ub.uni-heidelberg.de/diglit/cpg112/0066. – **30** Bibliothèque royale, Brüssel, Ms 3089, Officium canonicum et missae de S. Michaele et SS. Angelis, fol. 23. – **31** Württembergische Landesbibliothek, Stuttgart, Cod. Brev. 100, fol. Iv. – **32** https://commons.wikimedia.org/wiki/File:Braunschweig_2016-09-03v.jpg?uselang=de. Lizenz: https://creativecommons.org/licenses/by-sa/4.0/deed.de. Urheber: Holbein 66, unverändert übernommen. – **33** Herzog August Bibliothek, Wolfenbüttel, Cod. Guelf. 105 Noviss. 2°, fol. 75v, Ausschnitt. – **34** Herzog Anton Ulrich-Museum, Braunschweig, MA 384, Foto: Claus Cordes. – **35** Universitätsbibliothek Heidelberg, https://doi.org/10.11588/diglit.14662#0137. – **36** Herzog August Bibliothek, Wolfenbüttel, Cod. Guelf. 105 Noviss. 2°, fol. 19r. – **37** Herzog August Bibliothek, Wolfenbüttel, Cod. Guelf. 105 Noviss. 2°, fol. 21r. – **38** Bibliothèque nationale de France, Paris, Manuscrit Latin 8663, fol. 21r, Ausschnitt. – **39** Biblioteca Apostolica Vaticana, Vatikan, Reg. Lat. 309, fol. 136r, Ausschnitt. – **40** Dombibliothek Hildesheim, HS St.God. 1 (Eigentum der Basilika St. Godehard, Hildesheim), S. 9, Ausschnitt. – **41** Biblioteca Apostolica Vaticana, Vatikan, Vat.Lat. 9846, fol. 71v. – **42, 43** © Sarah Pleikies. – **44** Stadtarchiv Braunschweig E 44 II 4: 15, Foto: Bernd-Peter Keiser. – **45** © Dommuseum Hildesheim, 2006-1, Foto: Florian Monheim. – **46a** Herzog Anton Ulrich-Museum, Braunschweig, MA 384, Foto: Kathrin Ulrich. – **46b** Der Braunschweiger Löwe, hrsg. von Gerd Spies, Braunschweig 1985, S. 434, Abb. 3. – **47, 48, 49** Herzog Anton Ulrich-Museum, Braunschweig, MA 384, Foto: Kathrin Ulrich. – **50** Adobe Stock 8821507, Foto: Eric Isselèe. – **51** Kunsthistorisches Museum, Wien, Inv.Nr. KK 83, © KHM-Museumsverband. – **52** © Dommuseum Hildesheim, DS 23, Foto: Florian Monheim. – **53** Stiftskirche St. Johannes Cappenberg, Foto: Stephan Kube, Greven. – **54** Herzog Anton Ulrich-Museum, Braunschweig, MA 384, Foto: Claus Cordes. – **55** Stiftskirche St. Johannes Cappenberg, Foto: Stephan Kube, Greven. – **56** Staatliche Museen zu Berlin, Kunstgewerbemuseum, K 4165, Foto: Hans-Joachim Bartsch. – **57** Alamy, G1CWGC. – **58, 59** Herzog August Bibliothek, Wolfenbüttel, M: Gl 4° 91, fol. 138v, Ausschnitt. – **59** Herzog August Bibliothek, Wolfenbüttel, M: Gl 4° 91, fol. 128v. – **60** Foto: Alfred Walz. – **61** Foto: Otto Hoppe. – **62** Stadtarchiv Braunschweig, H XVI A XI 1 Burglöwe F2. – **63** Universitätsbibliothek Heidelberg, https://doi.org/10.11588/diglit.14662#0178. – **64** Universitätsbibliothek Heidelberg, https://doi.org/10.11588/ diglit.14662#0015, Ausschnitt. – **65** © Städtisches Museum Braunschweig. – **66** Kloster Ebstorf. – **67** Die Münzen und Medaillen der Herzöge von Sachsen-Lauenburg, bearb. von Max Schmidt, Ratzeburg, 1884, Taf. III, Nr. 2. – **68** Niedersächsisches Landesarchiv – Abteilung Wolfenbüttel, Urk 25

Nr. 842. – **69, 70** Herzog August Bibliothek, Wolfenbüttel, M: Gn4° 174:3, S. 1449, Ausschnitte. – **71** Herzog August Bibliothek, Wolfenbüttel, M: Gn4° 174:3, S. 1448, Ausschnitt. – **72** Herzog August Bibliothek, Wolfenbüttel, Cod. Guelf. A.D.Extrav., fol. 115v, Ausschnitt. – **73** Herzog August Bibliothek, Wolfenbüttel, Cod. Guelf. 129 Extrav., fol. 178v, Ausschnitt. – **74** Herzog August Bibliothek, Wolfenbüttel, Graph. A4: 19. – **75, 76, 77** © TU Braunschweig, Institut für Baugeschichte, Foto: Gunnar Schulz-Lehnfeld. – **78** © Städtisches Museum Braunschweig. – **79** Stadtarchiv Braunschweig, H XI 2:2, Ausschnitt. – **80** Herzog August Bibliothek, Wolfenbüttel, M: Gn4° 174:3, S. 1451, Ausschnitt. – **81** Niedersächsisches Landesarchiv – Abteilung Wolfenbüttel, K 13342, Ausschnitt. – **82** Herzog Anton Ulrich-Museum, Braunschweig, JGBeck AB 3.20, Ausschnitt, Foto: Ann-Katrin Senff. – **83** Der Braunschweiger Löwe, hrsg. von Gerd Spies, Braunschweig 1985, S. 48, Abb. 17. – **84** Herzog August Bibliothek Wolfenbüttel, Top. App. 1:164.1. – **85** Herzog August Bibliothek, Wolfenbüttel M: Gl 4° 46. – **86** Graphikantiquariat Koenitz, Leipzig. – **87** Herzog Anton Ulrich-Museum, Braunschweig, ZL 06/8247, Foto: Ursula Mangholz. – **88** © Städtisches Museum Braunschweig, Foto: Dirk Scherer. – **89** © Bildarchiv Foto Marburg, fm1017050. – **90** https://de.wikipedia.org/wiki/Datei:Braunschweiger_Loewe_Gedenkmedaille_von_18 61_Braunschweig_%28Revers%29.jpg#filelinks Lizenz: https://creativecommons.org/licenses/ by-sa/3.0/de/legalcode. – **91** © Georg Knappworst. – **92** © Richard Borek Stiftung, Foto: Peter Sierigk. – **93** Wikipedia: Bergischer Löwe, Foto: Julius Söhn, 1916. – **94** Herzog Anton Ulrich-Museum, Braunschweig, ZL 06/8363, Foto: Ursula Mangholz. – **95** © Löwe vor Burg Dankwarderode, Braunschweig, Gerd Winner. – **96** © Heinrich Heidersberger, Braunschweig, 1956. – **97** Archiv Fischer. – **98** RVB Trading, Stockport. – **99–123** Siehe Hinweis bei der jeweiligen Bildunterschrift. – **124** Stadtarchiv Braunschweig, H XVI AXI 1 Burglöwe F5. – **125** Braunschweigisches Landesmuseum, Foto: A. Pröhle. – **126** Braunschweigisches Landesmuseum, Foto: I. Simon. – **127** Stadtarchiv Braunschweig, H VII 147. – **128** NLD, Niedersächsisches Landesamt für Denkmalpflege, Hannover. – **129** Stadtarchiv Braunschweig, E 44 II 4 7 001, Foto: Ingrid Reindell. – **130** Herzog Anton Ulrich-Museum, Braunschweig, MA 384, Foto: Kathrin Ulrich. – **131** © Bildarchiv Foto Marburg, fm619605. – **132** © Städtisches Museum Braunschweig. – **133** MatrixMedia Verlag Göttingen. – **134, 135** HARZ- PHOTOS, Raymond Faure. – **136** Wikipedia: Lion in Courtyard, Harvard University.jpg. – **137** Stadtarchiv Braunschweig, G XII 1 Nr. 3. – **138** Stadtarchiv Braunschweig, H XVI AXI 1 Burglöwe F1. – **139** © Bildarchiv Foto Marburg, fm343619. – **140, 141** René & Peter van der Krogt, https://statues.vanderkrogt.net. – **142** Foto: Tobias Wille

FÖRDERUNG DER DRUCKLEGUNG:

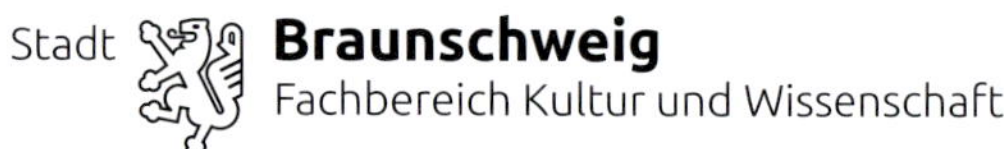

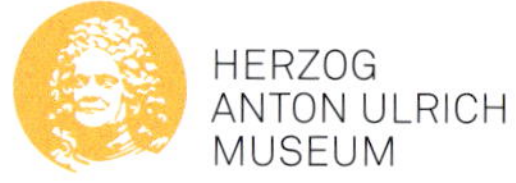

Michael Imhof Verlag GmbH & Co. KG
Stettiner Straße 25 | 36100 Petersberg
Tel.: 0661/2919166-0 | Fax: 0661/2919166-9
www.imhof-verlag.de | info@imhof-verlag.de

Gestaltung und Reproduktion: Vicki Schirdewahn, Michael Imhof Verlag
Druck: Dardedze Hologrāfija, Riga

Printed in EU

ISBN 978-3-7319-1375-7